Beschaffungsportfolios

Andreas Jonen

Beschaffungsportfolios

Überblick – Bewertung – Referenzmodell

Andreas Jonen
Duale Hochschule Baden-Württemberg
Mannheim, Deutschland

ISBN 978-3-658-39923-8   ISBN 978-3-658-39924-5   (eBook)
https://doi.org/10.1007/978-3-658-39924-5

Die Deutsche Nationalbibliothek verzeichnet diese Publikation in der Deutschen Nationalbibliografie;
detaillierte bibliografische Daten sind im Internet über http://dnb.d-nb.de abrufbar.

Planung/Lektorat: Susanne Kramer
Springer Gabler ist ein Imprint der eingetragenen Gesellschaft Springer Fachmedien Wiesbaden GmbH und ist
ein Teil von Springer Nature.
Die Anschrift der Gesellschaft ist: Abraham-Lincoln-Str. 46, 65189 Wiesbaden, Germany

Inhaltsverzeichnis

Abkürzungsverzeichnis

AHP	Analytical Hierarchy Process
ANP	Analytical Network Process
BWM	Best-worst Methode
KME	Kombinationsmatrix Einkauf

Einleitung

1

Die **Notwendigkeit,** sich **strategisch** im Beschaffungsbereich zu **positionieren,** wird neben den allgemeinen daraus entstehenden Vorteilen[1] unterstrichen durch den vertriebsseitigen Kostendruck, die Steigerung der Relevanz der Beschaffung durch die reduzierten Fertigungstiefen und die daraus resultierende wachsende Auswirkung auf Margen und auch die Liquidität.[2] Der Antrieb, das Lieferantenmanagement zu verbessern, basiert auf der auch empirisch abgesicherten Erkenntnis, dass dadurch hochrelevante Wettbewerbsvorteile erreicht und aufrechterhalten werden können.[3] Dabei sollen jedoch nicht nur Kosten- und Liquiditätsaspekte mit einbezogen werden, sondern auch die Versorgungssicherheit spielt eine wichtige und häufig sogar übergeordnete Rolle, was durch die Auswirkungen der Covid-19-Pandemie und des russischen Angriffskrieges gegen die Ukraine auf die Lieferkette noch einmal deutlich gemacht wurde.

Eine grundsätzliche Herangehensweise bei der Auswahl der bestmöglichen Strategie ist, unter Einbezug der wesentlichen **betrieblichen Gegebenheiten** und **Umweltbedingungen** die bestmögliche Kombination von strategischen Maßnahmen zu identifizieren.[4] Genau hier setzen Portfolios allgemein[5] und die Beschaffungsportfolios im Speziellen an.

---

[1] Vgl. Montgomery et al. (2018): S. 192.

[2] Vgl. Wagner und Johnson (2004): S. 728 und Jonen (2019): S. 921.

[3] Vgl. Montgomery et al. (2018): S. 193, Gelderman und van Weele (2005): S. 19 und Chen et al. (2004): S. 516.

[4] Vgl. Heege (1987): S. 6 und Hammer (1995): S. 179.

[5] Erstmalige Ausführung zur Anwendung der Portfolio-Technik in der Unternehmensplanung siehe Tilles (1966): 72 ff.

A. Jonen, *Beschaffungsportfolios,* https://doi.org/10.1007/978-3-658-39924-5_1

Portfolios haben bei der **Visualisierung** der strategischen Analyseergebnisse und der Ableitung von Strategien seit vielen Jahrzehnten eine herausragende Rolle gespielt.[6] In den letzten Dezennien ist eine verstärkte Verwendung im Beschaffungsbereich festzustellen[7] und die Beschaffungsportfolios haben sich zu einem wesentlichen Beschaffungscontrollinginstrument etabliert.[8] Von einer bloßen Modeerscheinung kann hier nicht gesprochen werden.[9]

Der Markt an Portfolios im Allgemeinen[10] und im Speziellen für den Beschaffungsbereich bietet eine Vielzahl von unterschiedlichen Dimensionen und deren Kombinationen in Form von Matrizen. Diese zielen teilweise auf sehr ähnliche und in Teilen auf grundsätzlich unterschiedliche Strategie-Entscheidungsbereiche ab.[11] Bei einigen Beschaffungsportfolios werden die entwickelten Matrizen sogar nochmals miteinander **kombiniert,** um daraus eine Matrix mit einer erneut höheren wissensökonomischen Reife zu bilden.[12]

Allgemein sind die Portfolio-Modelle bisher kaum erforscht worden. Höchstens herausragende Portfolios, wie das BCG-Portfolio, sind einer genaueren Analyse unterzogen worden. Dabei sind **gravierende Nutzungsprobleme** festgestellt worden.[13] Basierend auf diesen Ergebnissen existiert ein intensiver Bedarf für eine tiefer gehende Analyse zu den Portfolios allgemein und spezifisch den Beschaffungsportfolios.

Die Notwendigkeit einer **intensiveren strategischen Ausrichtung,** insbesondere mit Blick auf die Lieferanten wird auch durch empirische Studien belegt. Lasch et al. (2001) stellten fest, dass bei der Lieferantenbewertung strategische Ziele nur sehr selten integriert wurden.[14]

---

[6]Vgl. Arnolds et al. (2016): S. 35, Hopfenbeck (2002): S. 612, Roland (1993): S. 99, Bräkling et al. (2012): S. 2 und Stölzle und Kirst (2006): S. 243. Welge (1997) stellten 1997 fest, dass 75,5 % der Unternehmen die Strategieformulierung mit Methoden unterstützen, von denen wiederum 75 % die Portfolio-Methode einsetzen, womit diese „mit absolutem Abstand das dominierende Planungsinstrument" ist. Welge (1997): S. 799. Knauer et al. (2012) Stellen fest, dass die Portfolio-Analysen Platz 10 von allen Controlling-Instrumenten einnehmen und in über 71 % der analysierten Lehrbücher enthalten war. Siehe Knauer et al. (2012): S. 69.

[7]Vgl. Nellore und Söderquist, K. (2000): S. 245, Montgomery et al. (2018): S. 193, Hubmann und Barth (1990): S. 26 und Knight et al. (2014): S. 272.

[8]Vgl. Bräkling et al. (2012): S. 12.

[9]Vgl. Hopfenbeck (2002): S. 624.

[10]Vgl. Lange (1981): S. 45.

[11]Vgl. Eßig und Buck (2007): S. 171.

[12]Vgl. Jonen und Lingnau (2007): S. 7.

[13]Vgl. Drews (2013): S. 74.

[14]Vgl. Lasch et al. (2001): S. 22.

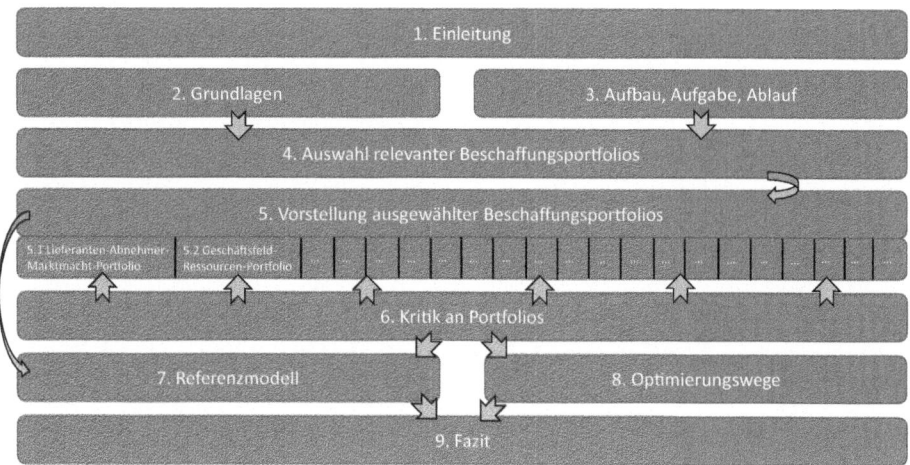

Abb. 1.1 Struktur der Ausarbeitung

Zielsetzung dieses Buches ist es, die relevanten Beschaffungsportfolios darzustellen, herauszuarbeiten, welche **Dimensionen** bzw. **Portfolios** überhaupt sinnvoll sind, und insbesondere, für welche Entscheidungs- bzw. Analysesituation diese angewendet werden sollten. Somit soll Licht in das „Dickicht" der verschiedenen Angebote auf dem Beschaffungsportfolio-Markt gebracht werden. Außerdem sollen auf Basis der allgemeinen und spezifischen Kritik an Portfolios Optimierungspotentiale eruiert werden. Damit wird dem Anwender ein strukturierter Überblick über die Möglichkeiten des Aufbaus und der Nutzung von Beschaffungsportfolios gegeben.

Methodisch werden dazu alle relevanten Beschaffungsportfolios hinsichtlich der Input- und Output-Größen analysiert. Anschließend wird aufbauend auf dem herausgearbeiteten Nutzen und der Kritik unter Anwendung des situativen Ansatzes ein Strukturmodell zur Auswahl eines geeigneten Beschaffungsportfolios aufgebaut.

Abb. 1.1 zeigt die **Struktur** des Buches. Nachdem die Grundlagen (Kap. 2) und Grundprinzipien (Aufbau, Aufgabe, Ablauf) der Beschaffungsportfolios (Kap. 3) vorgestellt wurden, wird auf die relevanten Einzelportfolios eingegangen (Kap. 5). Dazu muss im Vorfeld eine Auswahl auf der Basis von Kriterien erfolgen (Kap. 4). Über die Erkenntnisse der Einzelportfolios wird die Kritik an diesen zusammengefasst (Kap. 6), um sie im Anschluss für eine Reduktion der Negativpunkte zu nutzen. Dies erfolgt auf zwei Wegen: 1) Entwicklung eines Referenzmodells, welches eine situationsadäquate Auswahl des Beschaffungsportfolios ermöglicht (Kap. 7). 2) Herausarbeiten unterschiedlicher Anpassungen, die im Rahmen der Optimierungswege (Kap. 8) vorgestellt werden. Das Buch schließt mit einem Fazit (Kap. 9), welches sich insbesondere auf zukünftige Forschungsfelder konzentriert.

Grundlagen zu Portfolios

2

2.1 Der Weg vom Finanzportfolio zum Beschaffungsportfolio

Der Begriff des Portfolios entstammt der **finanztheoretischen** Literatur und wird dort für ein Wertpapierbündel verwendet, welches nach den Kriterien Erwartungsgewinn und Risiko[1] zusammengestellt ist.[2] Markowitz (1952) hatte auf Basis der Portfoliotheorie nachweisen können, dass eine Diversifizierung nicht nur abhängig ist von der Anzahl unterschiedlicher Wertpapiere, sondern von deren Verschiedenartigkeit.[3]

Das finanzwirtschaftliche Konzept wurde in den siebziger Jahren auf den leistungswirtschaftlichen Bereich übertragen.[4] Im Bereich des **strategischen Managements,** insbesondere in Bezug auf Produkte, Märkte und Geschäftsfelder bzw. -einheiten[5], aber auch durch Technologien oder Kompetenzen haben sich die Portfolios zu den am meisten verwendeten Instrumenten entwickelt,[6] um Standard-

---

[1] Zur Risikodefinition siehe Jonen (2008): S. 5–33.

[2] Vgl. Harting (1994): S. 36, Götze und Rudolph (1994): S. 30 und Heimbrock (2001): S. 159.

[3] Vgl. Markowitz (1952): S. 89.

[4] Vgl. Thiemt (2003): S. 178.

[5] Vgl. Götze und Rudolph (1994): S. 31.

[6] Vgl. Drews (2008): S. 40, Thiemt (2003): S. 179, Götze und Rudolph (1994): S. 31, Robens (1985): S. 191 und Albach (1978): S. 705. Als Urtyp wird hier die von der Boston Consulting Group entwickelte Produkt-Markt-bezogene Portfolioanalyse eingeordnet. Vgl. Weber et al. (2000): S. 204.

© Der/die Autor(en), exklusiv lizenziert an Springer Fachmedien Wiesbaden GmbH, ein Teil von Springer Nature 2023
A. Jonen, *Beschaffungsportfolios,* https://doi.org/10.1007/978-3-658-39924-5_2

Heuristiken bzw. Normstrategien auszuwählen.[7] Die Ansätze waren zunächst stark absatzorientiert,[8] mittlerweile haben sich auch für den Beschaffungsbereich eine wachsende Reihe von Ansätzen entwickelt,[9] die intensiv von der Praxis genutzt und in der Theorie diskutiert werden.[10] Die Portfolio-Modelle für die verschiedenen Bereiche weisen einige Gemeinsamkeiten auf.[11] Der Einsatz dieser Technik dient im Wesentlichen dazu, ein diffus scheinendes Problemfeld mithilfe einer **systematischen** Analyse komprimiert[12] und übersichtlich dazustellen (Ist-Analyse).[13]

Die Anwendungsvorteile und die Beliebtheit der Portfoliomodelle lassen sich auch anhand von **Urteils- und Verfügbarkeitsheuristiken** erklären. Im Bereich der Urteilsheuristiken ist die Repräsentativititäsheuritisk in besonderem Maße relevant. Diese beinhaltet die Erkenntnis, dass Menschen den Wunsch haben, Objekte bestimmten Kategorien zuzuordnen, da auf diesem Weg Urteile und Entscheidungen vereinfacht getroffen werden können. Erklärungsansatz ist dabei, dass über die Zuordnung die Effizienz gesteigert werden kann, da nicht für jeden Einzelfall, sondern lediglich für die Kategorien Erkenntnisse und Maßnahmen abgeleitet werden müssen. Bei den Verfügbarkeitsheuristiken wurde festgestellt, dass Menschen solche Informationen mit einer höheren Wahrscheinlichkeit nutzen, die einfach verfügbar ist. Da Entscheidungsträger die Portfoliomodelle im Studium und während ihrer beruflichen Laufbahn kennen gelernt haben und diese ein relativ simples Instrument darstellen, sind die Erkenntnisse aus den Modellen einfach verfügbar und werden gerne genutzt.[14]

Auf diesem Weg können Bedrohungspotenziale aufgedeckt und strategische Chancen identifiziert werden. Hauptziel ist, basierend auf diesen Erkenntnissen, **Beschaffungs-**

---

[7]Vgl. Weber et al. (2000): S. 203, Hopfenbeck (2002): S. 612, Stölzle und Kirst (2006): S. 242. Einen breiten Überblick über existierende Portfolios (55 an der Zahl) liefern Lowy und Hood (2004): S. 91–179. Bei einer Literaturrecherche zu Portfoliomodellen stieß Drews (2013) auf über 80 betriebswirtschaftliche Portfoliomodelle. Siehe Drews (2013): S. 75.

[8]Vgl. Roland (1993): S. 127 und Bräkling et al. (2012): S. 17. Einsatzgebiete sind Produktportfolios, Fertigungs- / Technologieportfolios, Innovationsportfolios, Personalportfolios und Finanzierungsportfolios. Vgl. Bräkling et al. (2012): S. 20.

[9]Vgl. Nellore und Söderquist (2000): S. 246, Pagell et al. (2010): S. 70:, Drews (2013): S. 74, Hubmann und Barth (1990): S. 27, Lieberum (1999): S. 62, Zhu et al. (2010): 308, 315, Harting (1994): S. 36 und Montgomery et al. (2018): S. 201.

[10]Vgl. Dubois und Pedersen (2002): 35, 37, Caniëls und Gelderman (2007): S. 227 und Pagell et al. (2010): S. 57.

[11]Vgl. Drews (2013): S. 74.

[12]Vgl. Drews (2013): S. 75, Menze (1993): S. 251 und Drews (2018): S. 38.

[13]Vgl. Wildemann (2009): S. 88, Bräkling et al. (2012): S. 7, Lieberum (1999): S. 57 und Voigt (2008): S. 209.

[14]Vgl. Drews, H. (2013): S. 75.

strategien (sogenannte Normstrategien) zu entwickeln.[15] Diese unterstützen die Ideenentwicklung für künftige Handlungsrichtungen.[16] Als Vorarbeit sind für alle Portfolios die kritischen Beschaffungsobjekte und –märkte sowie die dazugehörigen Lieferanten zu bestimmen.[17] Grundsätzlich kann unterschieden werden in die von der Umwelt bestimmten und damit in der Regel nicht selber beeinflussbaren (Marktattraktivität, Branchenattraktivität, Marktwachstum) und die unternehmensbezogenen Faktoren (Produktlebenszyklus, Geschäftsfeldstärke, relativer Marktanteil, relative Wettbewerbsstärke).[18] Die Entwicklung verlief dabei von Portfolios, welche primär den Preis und die Qualität der gelieferten Objekte betrachten, zu multiplen und breit gefächerten Beurteilungskriterien.[19]

2.2 Praxisrelevanz

Im Beschaffungsbereich waren Portfolios im Jahr 1982 das Instrument, welches am **wenigsten bekannt** war und im geringsten Maß als geeignet eingeschätzt wurde, um strategische Aktivitäten zu unterstützen. Unter den 13 abgefragten Instrumenten waren Wertanalyse oder Kosten-Nutzen-Analyse mit deutlich höheren Bekanntheitsgraden versehen.[20] Die geringe Wertschätzung der Portfolios wurde bereits 1982 von den Autoren als wenig plausibel eingeordnet.[21]

Empirisch konnte ab den 2000er Jahren zum einen nachgewiesen werden, dass die Umsetzung einer strategischen Beschaffung einen signifikant **positiven Effekt** auf die **Leistung** der Beschaffung (111 Unternehmen in UK mit mindestens 100 Mitarbeitern analysiert)[22] und als Ergebnis eine höhere Passung zwischen Lieferanten und Käufer (50 Unternehmen in UK, alle Größenklassen analysiert) hat.[23] Hinsichtlich der **Nutzungsintensität** wurde in den Niederlanden eine 74 %ige Nutzungsrate (215 Beschaffungs-

---

[15]Vgl. Piontek (1993): S. 21, Nolte (2015): S. 99, Ansoff und Leontiades (1976): S. 13, Harting (1994): S. 37 und Wildemann (2009): S. 466.

[16]Vgl. Wildemann (2009): S. 56.

[17]Vgl. Piontek (1993): S. 22.

[18]Vgl. Harting (1994): S. 36, Lange (1981): S. 46, Thiemt (2003): S. 213, Sonnenberg (1996): S. 55 und Heege (1987): S. 9.

[19]Vgl. Stölzle und Kirst (2006): S. 243.

[20]Siehe Winand und Welters (1982): S. 24. Die Erhebung wurde unter 63 Führungskräften aus Wirtschaft und Verwaltung durchgeführt. Siehe Winand und Welters (1982): 9, 13.

[21]Vgl. Winand und Welters (1982): S. 23.

[22]Vgl. Lawson et al. (2009): 2658 f. Zu einer Fallstudie bei Motorola, welche die Vorteile des strategischen Managements der Lieferanten zeigt siehe Metty et al. (2005): 7 ff.

[23]Vgl. Pressey et al. (2007): S. 289.

manager, verarbeitende Industrie)[24] und in Frankreich eine 55 %ige Nutzungsrate (63 Alumni eines Beschaffungsmaster-Programms mit einem sehr geringen Anteil von klein- und mittelständischen Unternehmen)[25] festgestellt. In einer Befragung von Unternehmen über alle Branchen hinweg konnte aufgezeigt werden, dass das Beschaffungsportfolio am zweithäufigsten eingesetzt wurde. Dabei war die Lieferantenbewertung auf Platz eins.[26]

Gelderman, C. J./ van Weele, A. J. (2005) haben eine **empirische Studie** durchgeführt, um zu analysieren, inwieweit der Einsatz von Beschaffungsportfolios zu einer **höheren Ausgereiftheit** („sophistication") der Beschaffungsfunktion führt. Die Ausgereiftheit wurde dabei als das Niveau der Professionalität definiert und operationalisiert über Indikatoren, wie die hierarchische Einordnung, der Beitrag zur Wettbewerbsposition, den Fähigkeiten der Beschaffungsabteilung und die Orientierung an kollaborativen Lieferantenbeziehungen.[27] Die Untersuchung wurde im Jahr 2002 bei 238 niederländischen Industrieunternehmen durchgeführt.[28] Es konnte festgestellt werden, dass bei Beschaffungsabteilungen, welche Portfolios einsetzen, eine hierarchisch höhere Ansiedelung der Beschaffungsfunktion erfolgt und eine höhere Professionalität der Funktion vorliegt. Außerdem konnte ermittelt werden, dass bei Großunternehmen deutlich häufiger Beschaffungsportfolios eingesetzt werden (Großunternehmen setzen mit einer 2,6-fach höheren Wahrscheinlichkeit ein Beschaffungsportfolio ein).[29]

In einer Fallstudienuntersuchung konnten Wagner, S. M./ Johnson, J. L. (2004) feststellen, dass Manager mit Blick auf die Nutzung von Beschaffungsportfolios **positive Wirkungen antizipieren**.[30] Dies ist konsistent mit den Ergebnissen zu allgemeinen formalen Strategieplanungs-Instrumenten.[31]

---

[24] Vgl. Gelderman (2003): S. 224.

[25] Vgl. Kibbeling (2005): S. 89.

[26] Vgl. Cox et al. (2014): S. 254. Insgesamt wurden bei 122 Unternehmen 42 Instrumente abgefragt. Vgl. Cox und Watson (2004): S. 21.

[27] Vgl. Gelderman und van Weele (2005): S. 22.

[28] Vgl. Gelderman und van Weele (2005): 20, 23.

[29] Vgl. Gelderman und van Weele (2005): S. 25.

[30] Vgl. Wagner und Johnson (2004): S. 721.

[31] Siehe Claycomb et al. (2000): 228 f. und Pearce et al. (1987): 658 ff.

Aufbau, Aufgabe und Ablauf von Beschaffungsportfolios

3

3.1 Zielsetzung

Grundsätzlich sind Portfolios in den strategischen Planungsprozess einzuordnen[1] und sollen dazu dienen, **Erfolgspotenziale** zu schaffen oder zu erhalten.[2] Die Beschaffungsportfolios adressieren im Wesentlichen die Hauptziele des Beschaffungsbereichs, der Kostenminimierung und Bedarfsdeckung.[3] Um diese Ziele zu unterstützen, stellen die Portfolios die Ausgangssituation anschaulich dar[4] und leiten aus dieser Handlungsempfehlungen für den Beschaffungsbereich ab.[5] Die Ausgangssituation ist definiert über die Eigenschaften der Objekte und den gegebenen Rahmenbedingungen.[6] Damit ist die Grundidee des Portfolios klar innerhalb des situationsspezifischen Ansatzes zu verorten.[7] Die Portfoliomethode geht im Gegensatz zur Nutzwertanalyse davon aus, dass Merkmale existieren, bei denen eine negative Ausprägung nicht durch ein anderes Merkmal **kompensierbar** ist. Deswegen werden alle kompensierbaren Merkmale in jeweils einer Dimension aggregiert oder auf jeweils eine Variable reduziert,[8] insofern dies die Genauigkeit der Situationsabbildung erhöht. Die nicht-kompensierbaren Merkmale werden dimensionsgetrennt in das Portfolio aufgenommen.

---

[1] Vgl. Lieberum (1999): S. 63.

[2] Vgl. Bräkling et al. (2012): 11, 19.

[3] Vgl. Harting (1994): S. 36 und Drews (2013): S. 75.

[4] Vgl. Heege (1987): S. 93, Hopfenbeck (2002): S. 623, Szyperski und Winand, U. (1978): S. 123, Gelderman und van Weele (2005): S. 21 und Lieberum (1999): S. 64.

[5] Vgl. Hubmann und Barth (1990): S. 26 und Drews (2018): S. 39.

[6] Vgl. Baumgarten und Wolff (1999): S. 327.

[7] Vgl. Kieser (2019): S. 169, Hübner und Jahnes (1998): S. 59 und Siedenbiedel (2020): S. 2.

[8] Vgl. Menze (1993): S. 257.

A. Jonen, *Beschaffungsportfolios*, https://doi.org/10.1007/978-3-658-39924-5_3

Abhängig vom betrachteten Sachverhalt und den darauf basierenden Dimensionen werden beim Einsatz der Portfolio-Technik im Beschaffungsbereich folgende **Ziele** auf der Grundlage von möglichst wenigen Daten[9] und einer einfachen Handhabbarkeit[10] verfolgt:

- **Rationalisierung** der Beschaffungsentscheidungen[11] durch Segmentierung der Lieferanten[12] und Identifikation von lieferanten- und materialspezifischen Strategien[13] zur Kontrolle und Analyse der Lieferanten,[14]
- Erfassung der **strategischen Ausgangssituation**,[15] häufig hinsichtlich der **Lieferanten** zur Begrenzung der Lieferanten sowie zur Beurteilung bzw. Auswahl[16] und Konzentration auf wesentliche Lieferanten,[17] mithilfe der Überwindung des Dekompositionszwangs,[18] welcher bei der geschäftsbereichs- oder sogar unternehmensweiten Strategiebildung existiert,
- Konzentration auf **wesentliche Beschaffungsobjekte**,[19] also eine Ressourcenallokation[20] auf die relevantesten Objekte[21] und Auswahl von situationsgerechten Strategien,[22]
- Identifikation, Bewertung und Steuerung der **Beschaffungsrisiken**[23] bzw. Aufdeckung von Bedrohungspotenzialen und Aufdeckung von Chancen,[24]
- Auffinden einer **Lieferantenkombination**, welche für den Abnehmer einen maximalen Wertbeitrag im Verhältnis zum Risiko bietet[25],

---

[9]Vgl. Drews (2008): S. 41.

[10]Vgl. Weber et al. (2000): S. 206 und Robens (1985): S. 199.

[11]Vgl. Terpend et al. (2011): S. 74 und Heege (1987): S. 97.

[12]Vgl. Rezaei und Fallah Lajimi (2019): 419 f. und Janker und Janker (2008): S. 135.

[13]Vgl. Rezaei und Fallah Lajimi (2019): S. 419, Szyperski und Winand (1978): S. 124, Kraljic (1977): S. 74 und Rezaei und Ortt (2012): S. 4593.

[14]Vgl. Roland (1993): S. 103.

[15]Vgl. Heege (1987): S. 93 und Sonnenberg (1996): S. 60.

[16]Vgl. Stölzle und Kirst (2006): S. 242.

[17]Vgl. Olsen und Ellram (1997): S. 103.

[18]Vgl. Lange (1981): S. 47.

[19]Vgl. Terpend et al. (2011): S. 75, Ullmann und Siejek (2013): S. 194, Sonnenberg (1996): S. 60 und Katzmarzyk (1988): S. 186. Schneider (2005) schreibt von der Identifikation von „Kern- und Randleistungen". Schneider (2005): S. 156.

[20]Vgl. Drews (2018): S. 38, Hammer (1995): S. 178 und Menze (1993): S. 258.

[21]Vgl. Drews (2008): S. 41.

[22]Vgl. Bräkling et al. (2012): S. 23, Thiemt (2003): S. 182.

[23]Vgl. Wagner und Johnson (2004): S. 719, Boutellier und Wagner (2001): S. 39, Kraljic (1977): S. 74 und Harting (1994): S. 36.

[24]Vgl. Heege (1981): S. 18 und Bräkling et al. (2012): S. 23.

[25]Vgl. Stölzle und Kirst (2006): S. 249 und Bräkling et al. (2012): S. 3.

- **didaktisches Kommunikationsmittel,** mithilfe dessen die Maßnahmen der Beschaffung anderen Funktionsbereichen verständlich gemacht werden können[26] und das **Aufdecken** von **Unplausibilitäten** möglich ist.[27]

Durch die Bestimmung der passenden Strategien werden immer wieder, neben den objektbezogenen Vorteilen, intensive **Einsparungen** bei den **Personalkosten** ausgewiesen. So beispielsweise im Bereich der Bestellabwicklung von über 70 % oder der Warenannahme von knapp 90 %.[28]

Grundannahme ist dabei, dass hinsichtlich der möglichen Strategieausprägungen ein Kontinuum verschiedener Ausgestaltungsformen existiert.[29] Die adäquate Position innerhalb der möglichen Differenzierungsgrade soll mithilfe des Portfolios gefunden werden. Die Eignung der gewählten bzw. eingegrenzten Strategie ergibt sich auf Basis von **Effektivitäts-** und **Effizienzkriterien.** Effektiv sind die Beschaffungsstrategien, wenn die übergeordnete Zielsetzung mit den Strategien erreicht werden kann und effizient, wenn sie die wirtschaftlichste Strategiekombination darstellen.[30]

3.2 Ablauf der Durchführung der Portfolioanalyse

Die Portfolio-Matrix besteht üblicherweise aus zwei Dimensionen. Auch außerhalb des Beschaffungsbereiches beinhaltet die deutliche Mehrheit der Portfolios eine Dimension, die auf externen Umweltkriterien, und eine weitere, die auf internen Unternehmenskriterien basiert.[31] Abhängig von den Dimensionen umfasst die Anwendung von Beschaffungsportfolios folgende **Schritte:**[32]

---

[26] Vgl. Heege (1987): S. 94, Thiemt (2003): S. 205, Szyperski und Winand (1978): S. 125 und Dubois und Pedersen (2002): S. 37.

[27] Vgl. Besslich und Lumbe (1994): S. 24.

[28] Vgl. Baumgarten und Bodelschwing (1996): S. 38.

[29] Vgl. Wildemann (2002): S. 548. Beispielsweise das Kontinuum zwischen Eigenfertigung und Fremdfertigung.

[30] Vgl. Sonnenberg (1996): S. 52.

[31] Vgl. Arnolds et al. (2016): S. 29, Hopfenbeck (2002): S. 614, Lieberum (1999): S. 63, Weber et al. (2000): S. 203, Bräkling et al. (2012): S. 55 und Roland (1993): S. 128.

[32] Vgl. Nellore und Söderquist (2000): S. 246, Kraljic (1977): S. 74, Bräkling et al. (2012): 8, 12, Heege (1981): S. 21, Roland (1993): S. 130, Hubmann und Barth (1990): S. 27 und Fieten (1979): S. 20.

1. **Auswahl** und Abgrenzung der Objekte und Überprüfung der Unabhängigkeit (Bildung von möglichst homogenen **Clustern,** wie z. B. DIN/Normteile)[33], empfohlen werden nicht mehr als 20[34] bzw. 25 Gruppen,[35]
2. **Definition** der **Beurteilungskriterien** auf Basis der Einfluss- bzw. Erfolgsfaktoren,[36]
3. Analyse der Umwelt- und Unternehmenssituation bezüglich Produkte/Lieferanten (z. B. Anfälligkeit für Versorgungsstörungen, Wettbewerbsstruktur, Kapazitätsauslastung) hinsichtlich der **Einfluss-** bzw. **Erfolgsfaktoren,**[37]
4. **Aggregation** der Einflussfaktoren zu (meistens) zwei Schlüsselfaktoren, dazu ist eine **Gewichtung**[38] Voraussetzung,[39]
5. **Visualisierung** der Bewertungsergebnisse durch Portfolio (Ist-Portfolio),[40]
6. Ableitung von strategischen Grundrichtungen durch Interpretation der Position in Matrix **(Norm- bzw. Standardstrategien)**[41], sehr häufig zur Veränderung der Portfolioposition[42] (Soll-Portfolio),[43]
7. Hinweis auf gegenwärtige und zukünftige Probleme[44] und daraus abgeleitet Aufstellung von **Maßnahmen- bzw. Aktionsplänen,** um Produktanforderungen und Lieferantenbeziehung anzupassen.

---

[33] Vgl. Lange (1981): S. 162, Hubmann und Barth (1990): S. 27 und Wildemann (2002): S. 549.

[34] Vgl. Wildemann (2002): S. 549.

[35] Vgl. Wildemann (2009): S. 90.

[36] Wind und Mahajan (1981) zeigen bei Anwendung von vier ähnlichen Portfolios mit leicht veränderten Beurteilungskriterien auf, wie relevant die Wahl der Beurteilungskriterien ist. Lediglich eines der eingeordneten Objekte hatte bei allen vier Portfolios eine konsistente Position. Vgl. Wind und Mahajan (1981): S. 92–97.

[37] Vgl. Sonnenberg (1996): S. 60 und Wildemann (2009): S. 68.

[38] Vgl. Hopfenbeck (2002): S. 619.

[39] Dies ist darauf zurückzuführen, dass bereits bei den Produkt-Markt-Portfolios identifiziert wurde, dass Einzelfaktoren, wie die der Marktanteil und das Marktwachstum zwar signifikant für den Unternehmenserfolg sind, jedoch eine ganze Reihe von Erfolgsfaktoren für eine Einordnung bedeutsam sind. Vgl. Weber et al. (2000): S. 206.

[40] Vgl. Hopfenbeck (2002): S. 614. „Die Umweltdimension wird in der Regel auf der Ordinate aufgetragen, die Unternehmungsdimension auf der Abszisse." Hammer (1995): S. 179.

[41] Vgl. Harting (1994): S. 37, Sonnenberg (1996): S. 66, und Heege (1987): S. 9.

[42] Vgl. Sonnenberg (1996): S. 54.

[43] Vgl. Hopfenbeck (2002): S. 613.

[44] Vgl. Hammer (1995): S. 179.

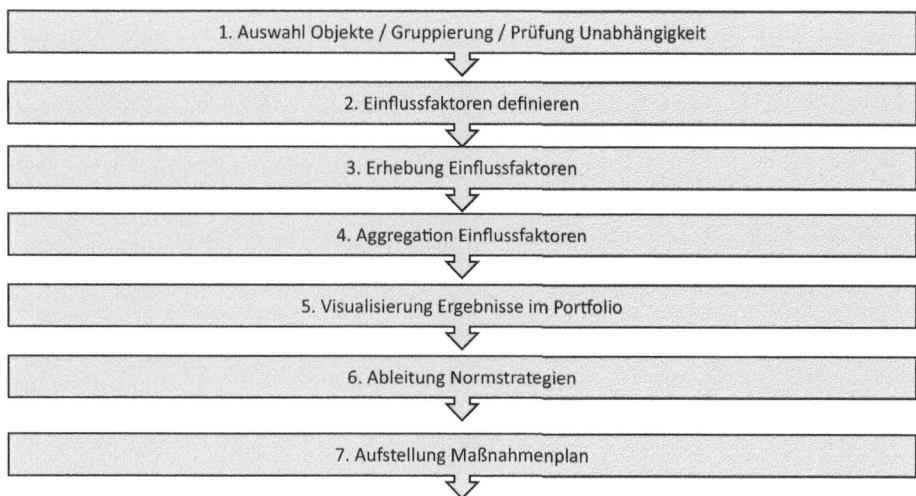

Abb. 3.1 Schritte bei der Erstellung eines Portfolios. (Quelle: In Anlehnung an Heege 1987: S. 12)

Abb. 3.1 zeigt zusammengefasst die **einzelnen Schritte** von den grundsätzlichen Vorarbeiten über die Erstellung des Portfolios bis zur Realisation der daraus abgeleiteten Maßnahmen.

Auswahl relevanter Beschaffungsportfolios

4

4.1 Selektion

Zur Eingrenzung der einbezogenen Portfolios müssen Auswahlkriterien definiert werden. Die Selektion der einbezogenen Portfolios basiert auf folgenden Ansprüchen:

- Aufnahme aller Portfolios, welche den Einsatz der Portfoliotechnik im Beschaffungsbereich **wesentlich geprägt** haben,[1]
- Erreichung einer möglichst hohen **Abdeckungsbreite** im Hinblick auf die **Einflussfaktoren**, auf denen Portfolios basieren und[2]
- Erreichung einer möglichst hohen **Abdeckungsbreite** im Hinblick auf die verschiedenen **methodischen Ausgestaltungen** (z. B. Anzahl Felder, Indexierung).

Hopfenbeck, W. (2002) führt die hohe Zahl der Portfolios im Bereich der Markt-, Produkt-, und Ressourcenportfolios auf die große Beliebtheit bei Beratungsgesellschaften

---

[1] Zu dieser Vorgehensweise siehe auch Drews (2013): S. 77. Die „Portfolio-Ansätze nach Kraljic, Heege und Albach (1978) und Wildemann […] haben im Beschaffungsmanagement den Einsatz der Portfoliotechnik wesentlich geprägt". Bräkling et al. (2012): S. 42. „Kraljic is widely viewed as a driving force behind the […] purchasing portfolios" Pagell et al. (2010): S. 57. „The Kraljic matrix has become the standard in the field of purchasing portfolio models. Moreover, it has become the dominant approach". Gelderman und van Weele (2005): S. 19 „Eine ganze Reihe von anderen Autoren verwendet Materialportfolios, die auf der Konzeption von Kraljic und Heege basieren." Eberle (2005): S. 160.

[2] Beispielsweise wurde die ABC-XYZ-Analyse (siehe Pojda (2013): S. 1267 und Sommerer (1998): 88, 94) nicht in das Analysespektrum aufgenommen, da mit dem ABC-Versorgungsrisiko-Portfolio bereits ein Portfolio basierend auf den Beschaffungsvolumina und einer die Risiken noch umfangreicher integrierenden Dimension enthalten war.

© Der/die Autor(en), exklusiv lizenziert an Springer Fachmedien Wiesbaden GmbH, ein Teil von Springer Nature 2023
A. Jonen, *Beschaffungsportfolios*, https://doi.org/10.1007/978-3-658-39924-5_4

Tab. 4.1 Überblick über Beschaffungsportfolios

#	Bezeichnung	Verfassende	Dimensionen	i/e	Beurteilungs-ziel	Anwendung	Felder/Strategien	Empirische Basis
1	Lieferanten-Abnehmer-Markt-macht-Portfolio	Kraljic, P. (1977)	Angebotsmacht	e	Lieferanten	Ableitung lieferanten-spezifischer Strategien zur Vergrößerung der Abnehmermacht	4/4	216 Beschaffungs-verantwortliche, Niederlande, Machtpositionen und Abhängigkeit bestätigt
			Nachfragemacht	i				
2	Geschäftsfeld-Ressourcen-Portfolio	Albach, H. (1978)	Produkte	i/e	Produkte	Ableitung von Strategien aufgrund produktspezifischer Situation an Absatz- und Beschaffungs-markt	9/3	Keine Angabe
			Ressourcen	i/e				
3	Beschaffungs-marktattraktivitäts-Wettbewerbsvorteils-Portfolio	Lindner, T. (1983)	Beschaffungsmarkt-attraktivität	e	Beschaffungs-markt	Ableitung marktspezifischer Strategien (Risikoabwehr, Übergang, marktbeeinflussend)	9/3	Keine Angabe
			Relativer Wettbewerbsvorteil	i				
4	Risiko-Portfolio: Versorgungs-störungen-Anfälligkeits-Portfolio	Heege, F. (1987)	Unternehmensseitig induzierte Risiken	i	Objekte	Strategien mit Fokus auf die Absicherung der Versorgung	4/3	Keine Angabe
			Beschaffungsmarkt-induzierte Risiken	e				
5	Beschaffungs-güterportfolio: ABC-Versorgungs-risiko-Portfolio	Heege, F. (1987)	ABC-Ausprägung (Einkaufsvolumen)	i	Objekte	Auswahl Strategien zur Reduktion der Risiken	4/4	Keine Angabe
			Versorgungsrisiko	i/e				

(Fortsetzung)

Tab. 4.1 (Fortsetzung)

#	Bezeichnung	Verfassende	Dimensionen	i/e	Beurteilungsziel	Anwendung	Felder/Strategien	Empirische Basis
6	Materialkosten-Senkungspotenzial-Portfolio	Katzmarzyk, J. (1988)	Unternehmensflexibilität	i	Objekte	Aufdeckung Kostensenkungspotenziale	4/4	Erfolgsfaktoren
			Einkaufsmarktattraktivität	e				
7	Beschaffungsmarkttypen-Quadrant	Koppelmann, U. (1991)	Preisgünstigkeit	e	Beschaffungsmarkt	Ableitung marktspezifischer Strategien, Unterstützung Auswahl Märkte	8/8	Keine Angabe
			Leistungsfähigkeit	e				
			Sicherheit	e				
8	Länder-Portfolios	Menze, T. (1993)	Leistungsfähigkeit	e	Lieferanten	Auswahl von internationalen Lieferanten	4/k.A	Keine Angabe
			Internationale Management-Kompetenz	e				
9	Integrierte materialwirtschaftliche Portfolio-Matrix	Harting, D. (1994)	Beschaffungsmarktattraktivitäts-Wettbewerbsvorteils-Portfolio	e/i	Strategische Ressourceneinheit	Produkt- und ressourcenspezifische Strategien	9/3	Keine Angabe
			Absatzorientiertes Portfolio	e/i	Strategische Geschäftseinheit			
10	Lieferanten-Auswahl-Würfel	Harting, D. (1994)	Exogene Risiken	e	Lieferanten	Lieferantenauswahl	4/3	Keine Angabe
			Endogene Risiken	e				
			Lieferantenbewertung	e				

(Fortsetzung)

Tab. 4.1 (Fortsetzung)

#	Bezeichnung	Verfassende	Dimensionen	i/e	Beurteilungs-ziel	Anwendung	Felder/Strategien	Empirische Basis
11	Branchensituations-Branchenabhängig-keits-Portfolio	Anders, W. (1994)	Branchensituation	i/e	Lieferanten	Ermittlung der Verhandlungsstärke für Branchen	8/5	Keine vorhanden, erfolgreicher Einsatz bei Großunternehmen
			Branchenabhängigkeit Lieferant	e				
12	Sourcingportfolio	Anders, W. (1994)	Attraktivität für Single Sourcing	e	Objekte	Entscheidung ob Single- oder Multiple Sourcing für Beschaffungsobjekt gewählt werden soll	9/4	Keine vorhanden
			Nachfragemacht	e				
13	Kontroll-Notwendigkeits-Portfolio	van Stekelenborg, R., H. A. und Kornelius, L. (1994)	Anforderungen interner Markt	i	Beschaffungsmarkt	Ableitung von Strategien, abzielend auf Marktsituation, insb. im Hinblick auf Kontrollnotwendigkeiten	4/4	Strategien basieren auf Fallstudien
			Limitationen/Möglichkeiten externer Markt	e				
14	Kombinations-Matrix Einkauf	Besslich, J. und Lumbe, H.-J. (1994)	Marktbezogene Risiken	e	Objekte	Ableitung von Strategien mit besonderem Fokus auf Kostenreduktion	4/4	Eine Fallstudie
			Unternehmensbezogene Risiken	e				
15	Lieferanten-beziehungs-Portfolio	Olsen, R. F. und Ellram, L. M. (1997)	Strategische Relevanz Einkaufsobjekt	i	Beziehung zu Lieferanten	Ableitung von Beziehungsstrategien	4/4 bzw. 3	Keine
			Schwierigkeit Management Einkaufssituation	e				

(Fortsetzung)

Tab. 4.1 (Fortsetzung)

#	Bezeichnung	Verfassende	Dimensionen	i/e	Beurteilungs-ziel	Anwendung	Felder/ Strategien	Empirische Basis
16	Beziehungsarten-Portfolio	Bensaou, M. (1999)	Investition des Käufers	i	Beziehung zu Lieferanten	Wahl einer optimalen Beziehung zum Lieferanten	4/4	Strategien basieren auf empirischen Erhebungen
			Investition des Lieferanten	e				
17	Supply-Chain-Portfolio	Kaufmann, L. und Germer, T. (2001)	Beanspruchung	e	Supply Chain Mitglieder	Risikostrategien in Bezug auf gesamte Lieferkette	4/4	Keine Angabe
			Belastbarkeit	i/e				
18	Optimale-Lieferantenzahl-Portfolio	Homburg, C. (2002)	Komplexität Beschaffungssituation	e	Produkte	Bestimmung Anzahl notwendiger Lieferanten für Produkte bzw. Produktgruppen	4/3	Hypothesentests, Daten von 165 Unternehmen aus 5 Branchen, aus dem Jahr 1993
			Wirtschaftliche Bedeutung des Produktes	i				
19	Bedeutungs-Komplexitäts-Portfolio	Wagner, S. M. (2003)	Bedeutung des Produktes	i	Lieferanten	Ableitung von Strategien für gesamte Branche	4/4	Keine vorhanden
			Komplexität des Beschaffungsmarktes	e				
20	Make-or-Buy-Portfolio	Schneider, D. (2005)	Strategische Relevanz	i	Objekte	Entscheidung zu Eigenfertigung oder Fremdbezug	4/2	Keine Angabe
			Auslagerungs-barrieren	i/e				
21	Beschaffungsquellen-portfolio	Wildemann, H. (2006)	Angebotsmacht	e	Lieferanten	Bestimmung zukünftiger Art und Intensität der Zusammenarbeit mit Lieferanten	4/4	Keine Angabe
			Lieferantenpotenzial	e				

(Fortsetzung)

Tab. 4.1 (Fortsetzung)

#	Bezeichnung	Verfassende	Dimensionen	i/e	Beurteilungsziel	Anwendung	Felder/Strategien	Empirische Basis
22	Global Sourcing Portfolio	Wildemann, H. (2006)	Beschaffungsmarktportfolio	e	Objekte/Beschaffungsmärkte	Auswahl von Global Sourcing-Strategien unter Einbezug von markt- und objektspezifischen Kriterien	16/8	Keine Angabe
			Beschaffungsgüterportfolio	i/e				
23	Kombiniertes Beschaffungsgüter/Beschaffungsquellenportfolio	Wildemann, H. (2009)	Beschaffungsquellenportfolio	e	Objekte/Lieferanten	Auswahl Strategien unter Einbezug von lieferanten- und objektspezifischen Kriterien	16/4	Hohe Anzahl von Fallstudien
			Beschaffungsgüterportfolio	i/e				
24	Portfolio ‚Grünes Lieferantenmanagement‘	Zhu, Q. et al. (2010)	Gesamtleistung des Lieferanten	e	Lieferanten	Auswahl Lieferant auf Basis von strategischen, organisatorischen und umweltorientierten Faktoren	4/4	Fallstudienbasierter Einsatz
			Relative Lieferantenmacht	e/i				
25	Nachhaltigkeitsportfolio	Pagell, M. et al. (2010)	Nachhaltigkeits-Risiko	e	Objekte	Auswahl nachhaltiger Beschaffungsstrategien	4/6	Fallstudien
			Lieferanten-Risiko	e				
26	Kundenstatus-Portfolio	Schiele, H. (2012)	Status Käufer bei Lieferanten	i/e	Lieferanten	Strategien zur Erreichung eines optimalen Kundenstatus unter Beachtung der eigenen und der Lieferantensituation	4/4	Keine Angabe
			Wettbewerbsfähigkeit bei Lieferanten	e				

(Fortsetzung)

Tab. 4.1 (Fortsetzung)

#	Bezeichnung	Verfassende	Dimensionen	i/e	Beurteilungs-ziel	Anwendung	Felder/Strategien	Empirische Basis
27	Kombiniertes Lieferanten-Abnehmer-Marktmacht- und Lieferantenpotenzial-Portfolio	Rezaei, J. und Ortt, R. (2012)	Lieferanten-Abnehmer-Marktmacht-Portfolio	e/i	Lieferanten	Strategien zum zukünftigen Umgang mit Lieferanten	16/6	Keine Angabe
			Lieferantenpotenzial-Portfolio (Fähigkeiten, Bereitschaft)	e				
28	Gartners Magischer Quadrant	Snapp. S. (2013) Black, D. et al. (2016)	Vollständigkeit Vision	e	Lieferanten	Auswahl Lieferanten auf Basis der materialinduzierten Notwendigkeit der Zukunfts- und Umsetzungsfähigkeit	4/4	Keine Angabe
			Fähigkeit Umsetzung	e				
29	Nachhaltigkeits-risiko-Portfolio	Fröhlich, E. et al. (2015)	Einfluss auf Gewinn	i	Lieferanten	Auswahl Lieferanten inklusive Nachhaltigkeitsrisiken	4/4	Keine Angabe
			Lieferantenrisiko/Komplexität	e				
			Nachhaltigkeitsrisiko Lieferant	e				

(Fortsetzung)

Tab. 4.1 (Fortsetzung)

#	Bezeichnung	Verfassende	Dimensionen	i/e	Beurteilungs-ziel	Anwendung	Felder/Strategien	Empirische Basis
30	Value-Risk-Supply-Portfolio (Wertbeitrags-Supply-Chain-Risiko-Portfolio)	Jonen (2022)	Wertbeitrag Beschaffungsobjekt	i	Objekte	Bestimmung von Strategien für die gesamten Partner der Supply Chain auf Basis von risiko-bestimmenden Faktoren der Supply Chain und dem Wert-beitrag des Objektes für das Unternehmen	4/4	Risikofaktoren und Strategien hergeleitet aus einer Vielzahl von existierenden empirischen Studien
			Supply-Chain-Risiko	e	Lieferanten			

zurück. Er beschreibt die Situation mit einer „inflationäre[n] Aufblähung an Veröffent-lichungen bzw. an neuen Portfolioansätzen"[3]. Bei den in diesem Buch ausgewählten 29 Portfolios ist eine solche Beraterlastigkeit nicht zu identifizieren. Lediglich 11 % sind als klare Beraterportfolios zu klassifizieren. Alle weiteren haben einen klaren Hochschul-bezug.[4]

4.2 Überblick

Tab. 4.1 zeigt die Übersicht über die relevanten Portfolios im Beschaffungsbereich. Ins-gesamt sind 29 Portfolios analysiert und ein Portfolio auf Basis der in diesem Buch erarbeiteten Kritik entwickelt worden. Sie unterscheiden sich im Wesentlichen nach der Art der Schlüsselfaktoren, die als maßgeblich für die Einordnung angesehen werden.[5] **Ordnungsobjekte** bzw. Determinanten sind entweder Beschaffungsobjekte (Einzel-materialien oder Materialgruppen, Waren bzw. Warengruppen), Absatz-Produkte, einzelne Lieferanten und Beschaffungsmärkte, sowie strategische Einheiten.[6] Dabei kann eine historische Entwicklung nachgezeichnet werden von einer anfangs reinen Konzentration auf die Materialien zu einer immer stärkeren Ausrichtung am Lieferanten[7] und der Beziehung zwischen Lieferant und Abnehmer.[8]

4.3 Empirische Auswertung

Zunächst soll mithilfe der **typologischen Methode,** welche eine der wichtigsten Erkenntnismethoden der Betriebswirtschaftslehre darstellt,[9] eine Erfassung und Ein-ordnung der Beschaffungsportfolios vorgenommen werden.[10] Das daraus resultierende Ordnungssystem[11] kann im weiteren Verlauf dazu genutzt werden, eine Auswahl von Beschaffungsportfolios zu unterstützten. Als Typ soll ein „Repräsentant einer Reihe von Erscheinungsformen (Objekte), die eine Anzahl gemeinsamer Merkmale (Eigenschaften)

---

[3] Hopfenbeck (2002): S. 615.

[4] Fünf der Portfolios (18 %) haben einen gemischten Bezug sowohl zu Hochschule und Beratung.

[5] Vgl. Arnolds et al. (2016): S. 29 und Heege (1987): S. 10.

[6] Vgl. Roland (1993): S. 99.

[7] Vgl. Rezaei und Fallah Lajimi (2019): S. 420.

[8] Vgl. Rezaei und Ortt (2012): S. 4598.

[9] Vgl. Knoblich (1972): S. 141. Auch das Werk von Gutenberg ist in einigen Teilen von Gedanken der typologischen Methode beeinflusst: Bei der Bestimmung des Betriebstyps wird versucht, die „typenbildenden Kräfte einzelwirtschaftlichen Geschehens" zu ermitteln. Gutenberg (1957): S. 26.

[10] Vgl. Scherer (1991): S. 35.

[11] Vgl. Scherer (1991): 36 f. und Lieberum (1999): 45, 341.

aufweisen"[12], verstanden werden. Dabei kann zwischen quantitativen und qualitativen Merkmalsarten differenziert werden.[13] Die typologische Ordnung ist im Gegensatz zur Klassifikation immer mehrdimensional.[14] Das Untersuchungsfeld sind die Beschaffungsportfolios und das Merkmalssystem. Es wird auf Basis der Bestandsaufnahme der ausgewählten und analysierten Portfolios aufgebaut.[15] Damit wird der Weg der vorwärtsgerichteten, progressiven Typenbildung verfolgt.[16]

Die Übersicht über die existierenden Beschaffungsportfolios lässt folgende fünf Hauptunterschiedsbereiche zwischen den Beschaffungsportfolios erkennen:[17]

1. **Zielrichtung:**[18] Lieferant (Lieferanten-Abnehmer-Marktmacht-Portfolio,[19] Portfolio Grünes Lieferantenmanagement,[20] Gartners Magischer Quadrant),[21] Produkt (Geschäftsfeld-Ressourcen-Portfolio),[22] Beschaffungsobjekt (Versorgungsstörungen-Anfälligkeits-Portfolio,[23] Beschaffungsgüterportfolio),[24] -markt (Beschaffungsmarkt-typen-Quadrant), Ressourcen- oder Geschäftseinheit (Integrierte materialwirtschaftliche Portfolio-Matrix),[25] Risiko (Lieferanten-Auswahl-Würfel)[26,27] oder Spezialthemen wie Nachhaltigkeit (Nachhaltigkeitsrisikoportfolio)[28]
2. **Dimensionen** bzw. Schlüsselfaktoren:
   1. Ausrichtung: rein extern (Lieferanten-Auswahl-Würfel),[29] intern und extern gemischt (Optimale-Lieferantenzahl-Portfolio)[30]

---

[12] Knoblich (1969): S. 25.

[13] Vgl. Knoblich (1972): S. 143.

[14] Vgl. Knoblich (1972): S. 142.

[15] Vgl. Lieberum (1999): S. 48.

[16] Vgl. Knoblich (1972): S. 144.

[17] Eberle (2005) Nimmt eine Unterteilung der Analyse-Dimensionen in Produkt, Markt, Lieferant und Zusammenarbeit vor. Siehe Eberle (2005): S. 143.

[18] Drews (2013) nennt diese Kategorie „zu positionierende Objekte". Siehe Drews (2013): S. 75.

[19] Siehe Abschn. 5.1

[20] Siehe Abschn. 5.24

[21] Siehe Abschn. 5.28

[22] Siehe Abschn. 5.2

[23] Siehe Abschn. 5.4

[24] Siehe Abschn. 5.5

[25] Siehe Abschn. 5.9

[26] Siehe Abschn. 5.10

[27] Zu der Gruppierung der risikoorientierten Portfolios siehe auch Eberle (2005): S. 150–153.

[28] Siehe Abschn. 5.25

[29] Siehe Abschn. 5.10

[30] Siehe Abschn. 5.18

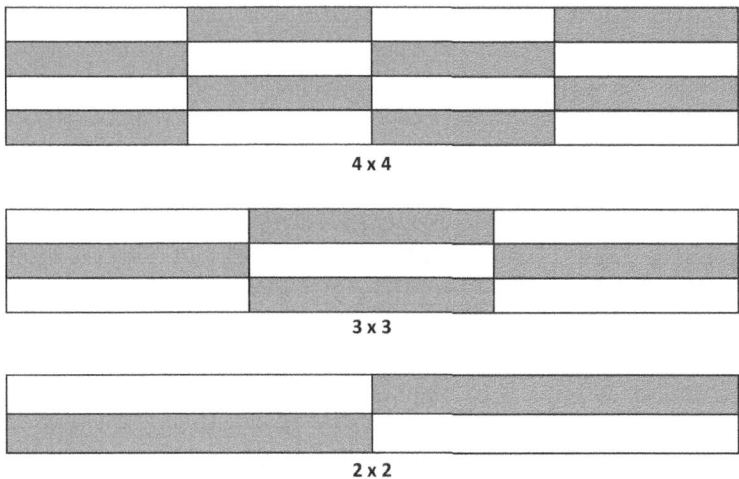

4 x 4

3 x 3

2 x 2

Abb. 4.1 Typologien der Portfolio-Methode. (Für einen Überblick: siehe Lange 1981: S. 48)

2. Zusammensetzung: multifaktorielle (Materialkosten-Senkungspotenzial-Portfolio)[31] oder monofaktorielle Ausgestaltung (ABC-Ausprägung beim Beschaffungsgüterportfolio)[32]

3. **Fundierung:** rein konzeptionell (Kontroll-Notwendigkeits-Portfolio)[33] oder Fallstudien (Nachhaltigkeitsporfolio)[34] bzw. empirische Unterlegung (Optimale-Lieferantenzahl-Portfolio)[35] der Felder und/oder Strategien vorhanden

4. **Ausgestaltung Matrix:** 2×2 (Kundenstatus-Portfolio),[36] 3×3 (Geschäftsfeld-Ressourcen-Portfolio)[37,38] oder 4×4 (Kombiniertes Beschaffungsgüter/quellenportfolio)[39] Felder oder in Ausnahmefällen 8 Felder (Branchensituations-Branchenabhängigkeits-Portfolio).[40,41] Einen Überblick über die Hauptarten zeigt Abb. 4.1.

---

[31] Siehe Abschn. 5.6

[32] Siehe Abschn 5.5

[33] Siehe Abschn. 5.13

[34] Siehe Abschn. 5.25

[35] Siehe Abschn. 5.18

[36] Siehe Abschn. 5.26

[37] Siehe Abschn 5.2

[38] Siehe auch Hopfenbeck (2002): S. 618.

[39] Siehe Abschn. 5.23

[40] Siehe Abschn 5.11

[41] Für einen Überblick siehe Lange (1981): S. 48.

5. **Differenziertheit bzw. Anzahl der Strategien:** drei (Integrierte materialwirtschaft-
liche Portfolio-Matrix), vier (Lieferanten-Abnehmer-Marktmacht-Portfolio),[42] sechs
(Kombiniertes Lieferanten-Abnehmer-Marktmacht- und Lieferantenpotenzial-
Portfolio)[43] oder acht (Beschaffungsmarkttypen-Quadrant)[44] verschiedene Strategien

Die Kapitelverweise hinter den Unterschiedsbereichen zeigen Beispiele von spezifischen
Portfolios, welche die jeweilige Ausgestaltung beinhalten.

Die empirische Analyse des einen entwickelten und der 29 identifizierten Portfolios
zeigt im Hinblick auf die verwendeten **Felder,** dass entweder 4, 8, 9 oder 16 Felder verwendet wurden.[45] Hierbei wird eigentlich immer eine quadratische Klassenbildung verfolgt.[46] Mehrheitlich wurde die Minimallösung mit vier Feldern gewählt (70 %), welches
generell bei Portfolios als die „Urform" eingeordnet wird.[47] Die Varianten 9 und 16
Felder liegen beinahe gleichauf bei ca. 13 % bzw. 10 % und die 8 Felder wurden zwei-
mal (7 %) verwendet. Im Mittel ergeben sich ca. 6,1 Felder.

Die **Dimensionen** sind bei 37 % der Portfolios in der üblichen Aufteilung nach einem
externen Umweltkriterium und einem internen Unternehmenskriterium.[48] Weitere 30 %
haben ein externes und ein gemischtes internes und externes Kriterium. Sechs Portfolios
(27 %) haben nur externe Dimensionen, und bei weiteren zwei Portfolios (7 %) sind
beide Dimensionen gemischt aus internen und externen Faktoren zusammengesetzt.
Im Hinblick auf die spezifischen Beurteilungsziele beinhalten 48 % der Portfolios
Lieferanten und 36 % Beschaffungsobjekte, wie Abb. 4.2 zeigt. Drei Portfolios (9 %)
haben den gesamten Beschaffungsmarkt als Ziel und jeweils eines (3 %) Produkte oder
strategische Einheiten.[49]

Die Anzahl der zugeordneten **Normstrategien** ist deutlich niedriger als die Zahl der
Felder bei durchschnittlich ca. 4,2. Dies kann darauf zurückgeführt werden, dass bei
einer Reihe von Portfolios mehrere Felder zu einer Normstrategie zusammengefasst
werden. Deutlich mehr als die Hälfte der Portfolios beinhalten vier Strategien (62 %),
21 % haben lediglich drei Strategien und die restlichen 17 % fünf, sechs oder acht
Strategien.

Im **Zeitablauf** kann beobachtet werden, dass nach einem stetigen Anstieg seit 1977
in der vergangenen Dekade das Wachstum deutlich gebremst wurde, wie Abb. 4.3 zeigt.

---

[42] Siehe Abschn. 5.1

[43] Siehe Abschn. 5.27

[44] Siehe Abschn. 5.7

[45] Vgl. Lieberum (1999): S. 64 und Thiemt, F. (2003): S. 178.

[46] Vgl. Sonnenberg (1996): S. 57.

[47] Siehe Weber et al. (2000): S. 205.

[48] Vgl. Arnolds et al. (2016): S. 29, Bräkling et al. (2012): S. 55 und Roland (1993): S. 128.

[49] Summe > 100 %, da einige Portfolios Mehrfach-Zielsetzungen haben.

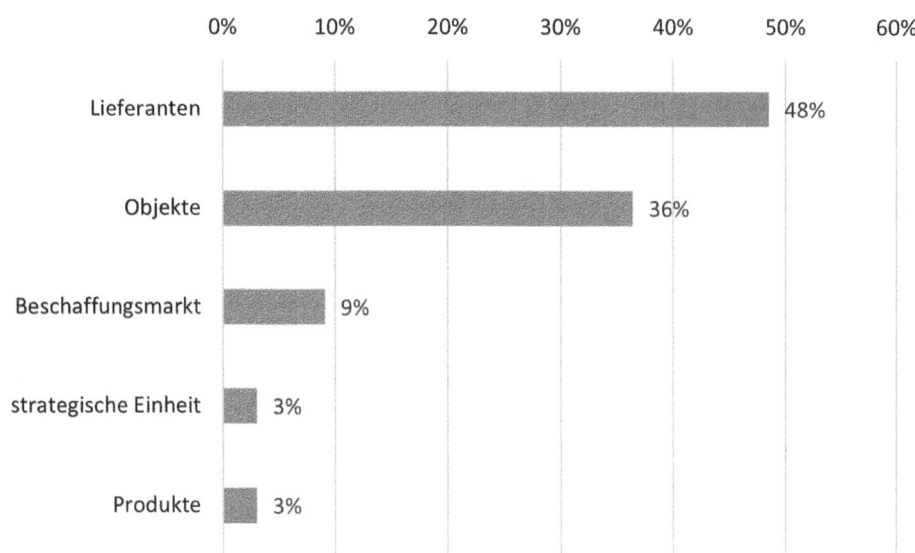

Abb. 4.2   Beurteilungsziele der Beschaffungsportfolios

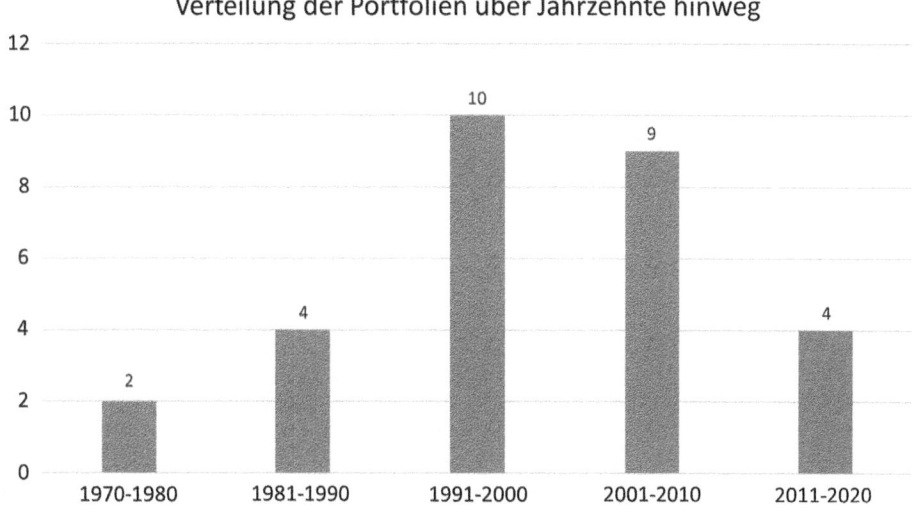

Abb. 4.3   Verteilung der Beschaffungsportfolios in den einzelnen Jahrzehnten

Bezüglich der der Anzahl der Normstrategien kann ein Anstieg beobachtet werden, der jedoch nicht signifikant ist.[50]

Bei der Beschreibung der einzelnen Portfolios wird in erster Linie auf die **Schlüssel-faktoren** eingegangen, welche konstituierend für die Dimensionen und damit das Portfolio sind, sowie auf die aus dem Ergebnis abgeleiteten **Norm-** bzw. **Standard-strategien,** welche sich auf den **Portfoliofeldern** ergeben. Jedes Portfolio wird abschließend in folgenden Kategorien kritisch analysiert:

- **Fundierung:** Auf welche Theorien oder bestehende Portfolios und hiermit gemachte Erkenntnisse wird zurückgegriffen?
- **Novitätsgrad:** Sind im Vergleich zu den existierenden Portfolios Innovationen enthalten?
- **Tiefe abgeleiteter Normstrategien:** Wie hoch ist der Detailierungsgrad der angegebenen Strategien?
- **Empirische Fundierung:** Existierte im Vorfeld der Entwicklung oder im Nachgang eine empirische Untersuchung zu den Dimensionen bzw. dem Erfolg der vorgeschlagenen Strategien?

Die Kritik wird dann abschließend in Kap. 6 dargestellt. Die Reihenfolge der Vorstellung der Portfolios erfolgt nach deren Publikationsjahr. Damit ist ein besseres Verständnis der Einschätzung des Novitätsgrades möglich und wenn ein neues Portfolio beschrieben wird, welches auf Teile von vorher publizierten Portfolios zurückgreift oder diese modifiziert, ist das notwendige Vorwissen bei der lesenden Person bereits vorhanden.

---

[50] Korrelation Jahr mit Anzahl Normstrategien bei 0,19.

Vorstellung ausgewählter Beschaffungsportfolios

5

5.1 Lieferanten-Abnehmer-Marktmacht-Portfolio

5.1.1 Motivation und Grundlagen

Motivation für die Entwicklung von Beschaffungs portfolios war die Notwendigkeit den „Strategie-Notstand im Beschaffungswesen"[1] zu beheben. Das Lieferanten-Abnehmer-Marktmacht-Portfolio ist das **dominante Beschaffungsportfolio,**[2] auf dem eine Reihe von anderen Portfolios basieren[3]. Es wurde im Jahr 1977[4] von Kraljic (1977) als Pionier der Lieferantensegmentierung[5] entwickelt[6] und im Jahr 1985[7] überarbeitet. Das hier vorgestellte Portfolio ist eine Variation bzw. Weiterentwicklung dieses Portfolios von Heege (1987).[8]

Im Mittelpunkt dieses Portfolios steht die Analyse des Stärkenverhältnisses der Marktpartner,[9] konkret der **Angebotsmacht** des Lieferanten (Lieferantenmacht) und der

---

[1] Kraljic (1977): S. 73.

[2] Vgl. Montgomery et al. (2018): S. 193.

[3] Vgl. Montgomery et al. (2018): S. 201.

[4] Siehe Kraljic (1977): 72 ff.

[5] Vgl. Rezaei und Ortt (2012): S. 4595.

[6] Vgl. Terpend et al. (2011): S. 75 Ansoff und Leontiades (1976) haben das erste beschaffungsorientierte Portfolio entwickelt. Siehe Ansoff und Leontiades (1976): 18 f. Dieses hat jedoch „keine großen Spuren in der deutschsprachigen Literatur hinterlassen". Dies kann auch darauf zurückgeführt werden, dass die verwendeten Dimensionen in hohem Maße voneinander abhängen. Thiemt (2003): S. 183.

[7] Siehe Kraljic (1985): 6 ff.

[8] Vgl. Bräkling et al. (2012): S. 33.

[9] Vgl. Roland (1993): S. 133.

Nachfragemacht des Beschaffers,[10] um basierend auf diesen Angaben die Verhandlungs-
strategie auszuwählen[11] und Möglichkeiten zu identifizieren, um die Verletzlichkeit durch
den Lieferanten zu reduzieren und die Abnehmermacht maximal auszunutzen.[12]

5.1.2 Dimensionen

Die **Lieferanten- bzw. Nachfragemacht** basiert auf unterschiedlichen Kriterien, welche
jeweils mit Kennzahlen gemessen werden können. Tab. 5.1 zeigt, welche wesentlichen Kriterien und Kennzahlen existieren. Darüber hinaus können je nach Situation

Tab. 5.1 Operationalisierung der Lieferanten- und Nachfragemacht. (Quelle: In Anlehnung an
Piontek (1993): S. 22, Harting (1994): 38 f., Bräkling et al. (2012): S. 35, Heege (1987): 20, 26
und Kraljic (1985): 8 f. Ein Beispiel mit einer Gewichtung zeigt Heege (1981): 18 f.)

Bereich		Kriterium	Kennzahl
Lieferanten- bzw. Angebots- macht	Marktdaten	Struktur des Angebotes	Anzahl der tatsächlichen Anbieter (Monopol versus Polypol)
			Marktgröße im Verhältnis zur Lieferanten- kapazität
		Konjunkturlage	Konjunkturindikatoren
		Einzigartigkeit des Produktes	Substitutionsgrad
		Durchschnittliches jährliches Marktwachstum	Marktanteilswachstum je Lieferanten
			Marktwachstum im Verhältnis zu Kapazitäts- ausweitung
		Möglichkeit des Auftretens potenzieller Wettbewerber	Anzahl der potenziellen Anbieter
	Lieferanten- daten	Anteil der Lieferanten am Gesamtmarkt	Marktanteil des Lieferanten
		Leistungsfähigkeit des Lieferanten[13]	Serviceniveau des Lieferanten
		Auslastung der Kapazität	Kapazitätsauslastungsgrad oder Engpass- risiken
		Gewinnschwelle	Break-even-point des Lieferanten
		Lieferantenrentabilität	Beispielsweise über Industriekostenkurve
		Eintrittsbarrieren	Erforderliches Kapital

(Fortsetzung)

---

[10] Vgl. Glantschnig (1994): S. 37 und Schmid (1983): S. 37.
[11] Vgl. Kaufmann et al. (2005): S. 10.
[12] Vgl. Darkow (2003): S. 135 und Padhi et al. (2012): S. 1.
[13] Vgl. Heege (1987): S. 19.

Tab. 5.1 (Fortsetzung)

Bereich		Kriterium	Kennzahl
Nachfrage-macht	Besonder-heiten des Bedarfs	Anteil des Bedarfs am Gesamtmarkt	Bedarfs- bzw. Nachfrageanteil
			Marktanteil im Vergleich zu den wichtigsten Wettbewerbern
		Nachfragewachstum	Jährliche Bedarfserhöhung in % im Verhält-nis zu Kapazitätsausweitung
	Alternativen	Möglichkeiten der Eigen-fertigung	Möglicher ,Make'-Anteil des Bedarfs-volumens
		Lieferantenentwicklung	Steigerung Lieferantenanzahl
Sachverhalte in anderen Unternehmensbereichen		Möglichkeiten zur Über-wälzung von Kosten-steigerungen[14]	Potenzielles Kostenüberwälzungsvolumen
		Ertragskraft des Haupt-produktes	Ertragsquote des Hauptproduktes
		Umstellungskosten	Umstellungskostenvolumen
			Potenzielle Kosten bei Lieferausfall

noch weitere Faktoren einbezogen werden, wie der Werbewert des Lieferanten für den Abnehmer oder auch mögliche Gegengeschäfte.[15]

Auf Basis der Kriterien findet eine Positionierung der **Ist-Situation** im Portfolio statt, wobei darauf hingewiesen wird, dass eine branchenorientierte Spezifikation der Kriterien vorzunehmen ist.[16] Dabei werden die Werte mithilfe von Gewichtungen nach folgendem Schema bewertet:

- 1 Punkt = Marktstärke gering
- 2 Punkte = Marktstärke durchschnittlich
- 3 Punkte = Marktstärke hoch

Anschließend findet eine Festlegung einer **Ideal-Situation** im Portfolio statt,[17] um dann im Anschluss eine **Soll-Situation** (Ziel) zu entwickeln. Diese ist ein Kompromiss zwischen Ist-Portfolio und Ideal-Portfolio, da ein ideales Portfolio in der Realität nicht immer oder nicht in der nächsten Planungsperiode erreicht werden kann.[18] Die einzelnen

---

[14] Wenn Preiserhöhungen nicht auf Kunde abgewälzt werden können, besteht für den Lieferanten die Gefahr, dass die Nachfrager Beschaffungsmengen reduzieren oder in Zukunft das Produkt sogar komplett einstellen und damit diese Umsätze wegfallen. Vgl. Heege (1987): S. 23.

[15] Vgl. Heege (1987): S. 27.

[16] Vgl. Kraljic (1985): S. 10.

[17] Vgl. Gabath (2010): S. 82.

[18] Vgl. Darkow (2003): S. 135.

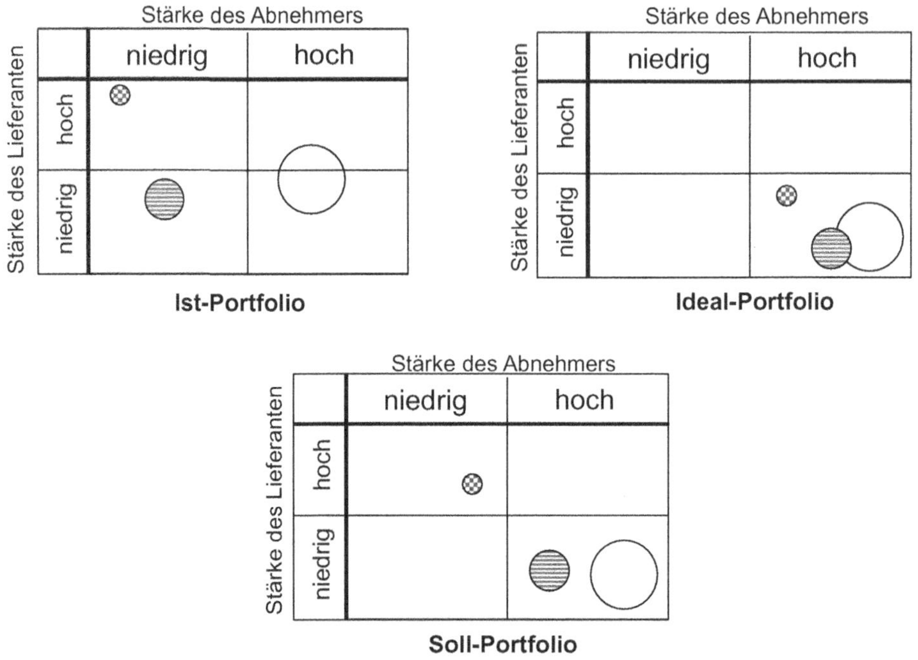

Abb. 5.1 Ist-, Ideal- und Soll-Marktmacht-Portfolio. (Quelle: In Anlehnung an Piontek (1993): S. 23 und Lindner (1983): S. 299)

Portfolios werden in Abb. 5.1 gezeigt. Den Abschluss bildet die Aufstellung von Normstrategien.[19]

5.1.3   Strategieableitung

Aufbauend auf der Einordnung des Kräfteverhältnisses zwischen Lieferanten und Abnehmer und den daraus resultierenden gewünschten Positionen existieren unterschiedliche Vorschläge für **Handlungsstrategien** bzw. Verhaltensmuster[20], wie Tab. 5.2 zeigt.
   Die Handlungsstrategien beinhalten folgende detaillierte Maßnahmen:[21]

---

[19] Hammer (1995) hat eine 3 X 3-Matrix zu der Beschaffungsmarkt-Unternehmensstärken-Matrix aufgeführt (Hammer (1995): S. 198) mit Verweis auf Kraljic (1977): S. 72).

[20] Vgl. Harting (1994): S. 40. Diese Ausrichtungen der Beschaffungsstrategien haben große Ähnlichkeit mit den vorgeschlagenen Strategien bei Hammann und Lohrberg (1986): S. 102.

[21] Vgl. Glantschnig (1994): S. 38: S. 38, Heege (1981): S. 20, Schmid (1983): S. 37, Arnolds et al. (2016): S. 31, Kraljic (1985): 9 f., Heege (1987): 30 ff. und Harting (1994): 40 f.

Tab. 5.2 Marktmachtportfolio[22]. (Quelle: In Anlehnung an Harting (1994): S. 40 und Kraljic (1985): 8, 12.)

		Marktmacht Abnehmer	
		hoch	niedrig
Marktmacht Lieferant	hoch	**Kategorie I:** Lieferant mit starker Machtposition	**Kategorie III:** einem marktmächtigen Abnehmer steht/ stehen ein/mehrere gleichmächtige Zulieferer gegenüber
		Engpass-Produkte (kritische Produkte) → Emanzipation	*Strategische Produkte → Geschäftsfreunde*
	niedrig	**Kategorie IV:** hier stehen sich schwache Abnehmer und schwache Zulieferer gegenüber	**Kategorie II:** Lieferant mit schwacher Marktposition
		Unkritische Produkte → Anpassung und Selektion	*Hebelprodukte → Chancenrealisierung*

- **Kategorie I, Emanzipationsstrategie:** Feld spiegelt Verkäufermarkt wieder und erfordert defensive Strategien. Initiierung von Maßnahmen, um die eigene Position zu stärken und sich aus der Abhängigkeit[23] vom Lieferanten zu lösen, dies kann auch eine Trennung vom Lieferanten bedeuten über Rückwärtsintegration oder das Finden von Substitutionsartikel. Ein wesentlicher Bestandteil dieser Strategie ist damit die Marktstrukturpolitik, d. h. die aktive Beeinflussung der Struktur des Marktes durch den Abnehmer.[24] Das endgültige Ziel besteht darin, Materialien aus dieser Kategorie in eine günstigere zu überführen.
- **Kategorie II, Chancenrealisierungsstrategie:** Aufgrund der Stärkesituation des Beschaffers sollte dieser versuchen, Preise und Konditionen zu seinem Vorteil nutzen, ferner können Zulieferer zu Leistungssteigerungen bewegt werden und damit die Vorteile für das einkaufende Unternehmen abgeschöpft werden. Die Beschaffung hat eine führende Rolle, welche durchaus aggressive Elemente enthalten kann.
- **Kategorie III, Geschäftsfreundestrategie:** Aufgrund der kräftemäßig ausgeglichenen Situation müssen beide Seiten genau abwägen, welche Strategien sinn-

---

[22] Die Produkteinordnungen (Engpass-, strategische, unkritische und Hebel-Produkte) werden kritisch gesehen, da im Marktmacht-Portfolio Objekt- / Lieferantenkombinationen und keine Produkte betrachtet werden. Genaugenommen besteht die Möglichkeit, bestimmte Objekte, insofern diese bei verschiedenen Lieferanten bezogen werden können, in unterschiedlichen Feldern der Matrix zu positionieren. Vgl. Roland (1993): S. 136.

[23] Vgl. Schnitzenbaumer und Wind (2013): S. 178.

[24] Dies kann beispielsweise die Förderung von kleineren Lieferanten betreffen, etwa durch langfristige Garantie von Abnahmemengen, Gewährung von Krediten zur Vorfinanzierung der Lieferung oder Schulung der Mitarbeiter des Lieferanten. Vgl. Heege (1987): S. 35.

voll eingesetzt werden können, Marktreaktionen des Partners müssen in Kalkül einbezogen werden. Das „Freunde" in der Bezeichnung impliziert keineswegs eine von Altruismus geprägte Beziehung, aber durchaus eine kooperative und kompromiss-bereite Haltung, die auch vom Marktpartner erwartet wird. Es finden sich in dieser Kategorie Elemente der Chancenrealisierungs- und Emanzipationsstrategie wieder. Auch kann Kontaktpflege eine Rolle spielen, um die Vertrauensbasis[25] auszubauen.[26]

- **Kategorie IV, Anpassungs- und Selektionsstrategie:** Markt ist geprägt von einer relativ großen Anonymität. Vorhaben ist eine Auswahl des optimalen aus dem Kreis der potenziellen Lieferanten. Zielsetzung ist, das Gleichgewicht der Kräfte zu erhalten. Vorgehen enthält wenige wirklich strategische Elemente.[27]

Zur konkreten Umsetzung der beiden Extrempositionen Chancenrealisierung und Emanzipation können geordnet nach den Gestaltungsfeldern die in Tab. 5.3 dargestellten Aktivitäten in Betracht gezogen werden.

Bei der **Chancenrealisierungsstrategie** sind bestimmte **Grenzen** zu beachten. Diese entstehen aus entsprechenden gesetzlichen Festlegungen, wie Gesetze gegen Wett-bewerbsbeschränkungen, Gesetz gegen den unlauteren Wettbewerb sowie Verbraucher-schutzregelungen.[28] Auch muss hier die Gegenwehr der Lieferanten bei der Wahl der Maßnahmen mit einbezogen werden. Beispielsweise könnten die marktschwächeren Anbieter sich zu kooperativen Verhaltensweisen gezwungen sehen.[29]

Außerdem ist zu beachten, dass **nicht** alle Aktivitäten miteinander **kompatibel** sind. Es existieren konkurrierende, neutrale und komplementäre Beziehungen zwischen den Aktivitäten. Diese werden in Tab. 5.4 aufgezeigt.

5.1.4 Empirische Fundierung

Die vier herausgearbeiteten Kategorien des Portfolios konnten in einer **empirischen Analyse** von Caniëls, M. C./ Gelderman, C. J. (2007) unter 216 niederländischen Einkaufsmanagern hinsichtlich der Machtposition und der Abhängigkeit bestätigt werden. Lediglich in der Kategorie der strategischen Produkte, in der die

---

[25] Vgl. Wildemann (1998): S. 7.

[26] Zur überdurchschnittlichen Relevanz von Vertrauen siehe Wildemann (1998): S. 40.

[27] Thiemt (2003) merkt mit Blick auf die Anpassungs- und Selektionsstrategie an, dass es hier „nahezu unangemessen [scheint] in Anbetracht der limitierten Handlungsmöglichkeiten von einer Strategie zu reden." Thiemt (2003): S. 189.

[28] Vgl. Heege (1987): S. 45.

[29] Vgl. Heege (1987): S. 46.

Tab. 5.3 Standardstrategien für Gestaltungsfelder. (Quelle: In Anlehnung an Piontek (2016):
S. 93, Bräkling et al. (2012): S. 31 und Heege (1981): S. 20)

Position/Gestaltungsfelder	Chancenrealisierung (schwache Lieferantenposition)	Emanzipation (starke Lieferantenposition)
Make-or-Buy	Eigenfertigung nicht aufnehmen, wenn eigene Produktion vorhanden, dann eventuell drosseln	Eigenfertigung ausbauen bzw. damit beginnen
Substitution	Eingeschränkt verfolgen	Intensiv suchen
Wertanalyse	Mitarbeit des Lieferanten anstreben, Qualitätswettbewerb gezielt fördern, Forderung an Anbieter, Kalkulation offen zu legen	In Eigenregie forcieren
Neue Lieferanten	Kontakte knüpfen	Intensive Suche nach alternativen Versorgungsquellen
Lieferantenförderung	Zweck: Leistungssteigerung Lieferanten	Um kleinere Lieferanten zu leistungsstarken Konkurrenten zu machen
Kooperation auf Nachfrageseite	Nicht erforderlich	Erwägenswert
Lagerhaltung/Logistik	Bestände niedrig halten, Lagerhaltung auf Lieferanten abwälzen	Durch hohe Lagerbestände Abhängigkeit minimieren
Preispolitik	Preise aktiv ausreizen, Nebenleistungswettbewerb steigern (z. B. Übernahme Lager- oder Logistikfunktion[30])	Ziel: Preise halten
Mengen	Gezielt auf leistungsfähige Lieferanten verteilen	Konzentrieren, soweit möglich
Kontrakte	Kurzfristige Verträge (Spotkauf)	Langfristige Verträge

Geschäftsfreundestrategie gewählt wird, wurde festgestellt, dass hier eine Dominanz des Lieferanten in der Praxis festzustellen ist,[31] wie Tab. 5.5 zeigt.

Der Kraljic-Matrix wird eine breite **Anwendung** insbesondere in West-Europa attestiert mit einem deutlichen Bedeutungszuwachs über die vergangenen Jahrzehnte.[32]

---

[30] Vgl. Heege (1987): S. 41.

[31] Vgl. Caniëls und Gelderman (2007): S. 227.

[32] Arabzad et al. (2011) arbeiten heraus, dass 1997 bei einer Untersuchung in den Niederlanden ein Anwendungsgrad von 44 % vorlag und im Jahr bei 2005 bei 61 %. Im Massenproduktionsbereiche war bereits im Jahr 1997 die Verbreitung sogar bei 80 %. Siehe Vgl. Arabzad et al. (2011): S. 81.

Tab. 5.4 Passungsgrad der beschaffungspolitischen Maßnahmen zueinander

	Make-or-Buy	Substitution	Wertanalyse	Neue Lieferanten	Lieferantenförderung	Kooperation auf Nachfrageseite	Lagerhaltung/Logistik	Preispolitik	Mengen	Kontrakte
Make-or-Buy: Eigenfertigung (Fremdfertigung)		↗	↖	→	→	→	→	←	↗	↗
Substitution	↗		→	↗	→	→	→	↕	→	←
Wertanalyse	↖	→		↖	←	↖	↖	↖	→	→
Neue Lieferanten	→	↗	↖		→	↖	↖	↕	↖	↕
Lieferantenförderung	→	→	←	→		→	↖	↗	→	→
Kooperation auf Nachfrageseite	→	→	↖	↖	→		↕	←	↖	↖
Lagerhaltung/Bestand hoch (niedrig)	→	→	↖	↖	↖	↕		↖	↕	←
Preispolitik: ausreizen, Nebenleistungen (halten)	←	↕	↖	↕	↗	←	↖		→	→

(Fortsetzung)

Tab. 5.4 (Fortsetzung)

	Make-or-Buy	Substitution	Wert-analyse	Neue Lieferanten	Lieferanten-förderung	Kooperation auf Nach-frageseite	Lager-haltung/ Logistik	Preispolitik	Mengen	Kontrakte
Mengen verteilen (konzentrieren)	↗	→	→	↗	→	↗	↔	→		←
Kontrakte kurzfristig (langfristig)	↗	↗	→	↔	→	↗	←	→	←	

↓: Massiv konkurrierend   ↘: Teilw. konkurrierend   ↔: Neutral   ↗: Teilw. komplementär   ↑: Stark komplementär

Tab. 5.5 Vergleich relative Macht und totale Abhängigkeit der Lieferanten- / Nachfragemarkt-macht-Matrix auf Basis empirischer Ergebnisse. (Quelle: In Anlehnung an Caniëls und Gelderman (2007): S. 227)

Kategorie		Relative Macht		Totale Abhängigkeit	
		Erwartung	Ergebnis empirische Analyse	Erwartung	Ergebnis empirische Analyse
Strategische Produkte	Geschäfts-freunde	Ausbalanciert	Lieferanten-dominanz	Höchste	Höchste
Engpass-produkte	Emanzipation	Lieferanten-dominanz	Lieferanten-dominanz	Moderat	Moderat
Hebelprodukte	Chancen-realisierung	Käufer-dominanz	Käufer-dominanz	Moderat	Moderat
Unkritische Produkte	Anpassung und Selektion	Ausbalanciert	Ausbalanciert	Niedrigste	Niedrigste

Sie hat die Funktion einer Basis für Beschaffungsstrategien in vielen Organisationen über alle Branchen hinweg.[33] Arabzad et al. (2011) stellen auch für die USA, Kanada und Nordeuropa eine wachsende Akzeptanz fest.[34]

5.1.5 Kritische Evaluation

Als hilfreich wird die breite Berücksichtigung von sowohl internen als auch externen Risiken gesehen.[35] Damit findet eine zuverlässige Unterstützung von Entscheidungen bezüglich der Zulieferer statt und der Anwendungsbereich ist unabhängig davon, ob es sich um lokale oder internationale Lieferanten handelt.[36] Kritisch an dem Portfolio ist zu sehen, dass **lieferantenspezifische Kriterien**, wie Lieferantenbewertung oder -fähig-keiten, nur **unzureichend berücksichtigt** werden.

Verschiedene große Unternehmen wie Shell, Siemens Alcatel und Siemens haben das Modell angewendet.[37] Knight et al. (2014) haben auf Basis des Lieferanten-Abnehmer-Marktmacht-Portfolios spezifische **Fähigkeiten** der Einkäufer auf Basis einer empirischen Studie (72 Teilnehmer) abgeleitet.[38] Die drei Gruppierungen, welche dabei identifiziert wurden, sind die strategischen (strategische Produkte) und taktischen

---

[33] Vgl. Arabzad et al. (2011): S. 81.

[34] „Gradually Kraljic has gained acceptance in other countries, notably in the USA, Canada and Northern Europe." Arabzad et al. (2011): S. 81.

[35] Vgl. Fröhlich et al. (2015): S. 63.

[36] Vgl. Fröhlich et al. (2015): S. 64.

[37] Vgl. Arabzad et al. (2011): S. 81.

[38] Vgl. Knight et al. (2014): S. 277.

Tab. 5.6 Bewertung – Lieferanten-Abnehmer-Marktmacht-Portfolio

Fundierung	Novitätsgrad	Tiefe der abgeleiteten Normstrategien	Empirische Fundierung
Hier vorgestelltes Portfolio basiert auf Ursprungsportfolio von Kraljic, P. (1977)	Erstes Portfolio für Beschaffungsbereich	Ausführliche Darstellung von möglichen Strategien	Vorhanden
0 (kleinere Mängel)	+(positiv)	+(positiv)	+(positiv)

Einkäufe (Hebelprodukte), sowie die Routineeinkäufe (unkritische Produkte).[39] Damit konnte nachgewiesen werden, dass es sinnvoll ist, auf Basis der Fähigkeiten der Einkäufer diese den Objekten in der Kraljic-Matrix zuzuordnen. Es existieren zwar eine Reihe von Fähigkeiten, welche für alle drei Gruppen hohe Relevanz besitzen, jedoch auch Spezifitäten, wie beispielsweise koordinative Fähigkeiten, welche eine besondere Bedeutung im Bereich der strategischen Produkte haben.[40] Tab. 5.6 fasst die Bewertung des Portfolios in den vier Bewertungskategorien zusammen.

5.2 Geschäftsfeld-Ressourcen-Portfolio

5.2.1 Motivation und Grundlagen

Das von Albach (1978) geprägte Portfolio basiert auf einer **Risikoanalyse** der **Absatz- und Beschaffungsseite**.[41] Das Portfolio ist eine Weiterentwicklung der Ressourcen-Matrix von Ansoff und Leontiades (1976).[42] Motivation für die Entwicklung waren die erhöhten Unsicherheiten bzw. Umweltturbulenzen im Unternehmensumfeld.[43]

5.2.2 Dimensionen

Absatzseitig werden die Einordnung im Produktlebenszyklus und die Marktattraktivität verwendet. Die Marktattraktivität ist eine Mischung aus Faktoren wie Marktwachstum, Marktgröße, Kunden und Technologiepotenzial.[44] Kombiniert innerhalb einer als Vor-

---

[39]Vgl. Knight et al. (2014): S. 272.

[40]Vgl. Knight et al. (2014): S. 278.

[41]Vgl. Götze und Rudolph (1994): S. 40.

[42]Siehe Ansoff und Leontiades (1976): S. 18–21.

[43]Vgl. Albach (1978): 702, 709.

[44]Vgl. Bräkling et al. (2012): S. 42.

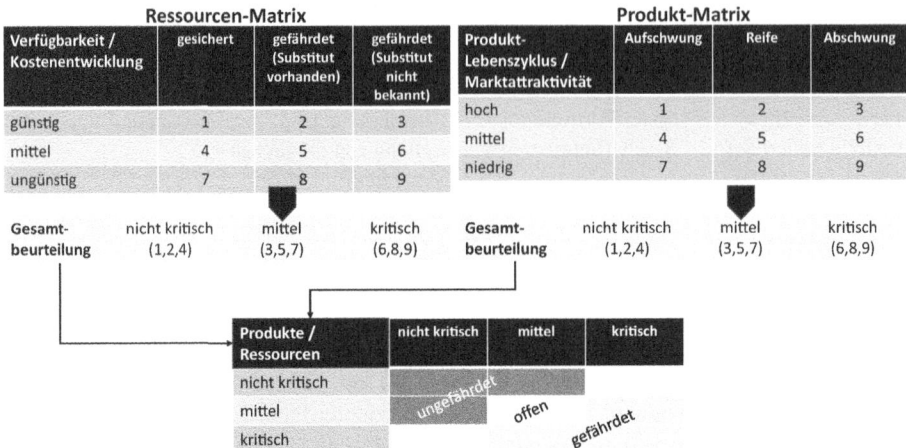

Abb. 5.2 Geschäftsfeld-Ressourcen-Portfolio. (Quelle: In Anlehnung an Albach (1978): S. 709)

stufe zu verstehenden Produkt-Matrix ergeben diese beiden Dimensionen eine Teil-
beurteilung in nicht kritische, mittlere und kritische Produkte.[45]

Beschaffungsseitig wird wiederum innerhalb einer als Vorstufe zu verstehenden
Ressourcenmatrix die Verfügbarkeit, also Versorgungsrisiko und die Kostenentwicklung,
analysiert, woraus in der Aggregation wiederum eine Einteilung in die drei Gruppen,
‚nicht kritisch', ‚mittel' und ‚kritisch', resultiert.[46] Die beiden Vorstufen, sowie das
daraus gebildete Geschäftsfeld-Ressourcen-Portfolio, werden in Abb. 5.2 gezeigt.

5.2.3 Strategieableitung

Die abgeleiteten Strategien zielen insbesondere darauf ab, zu vermeiden, dass größere
Teile des Sortimentes in die Gruppe der **gefährdeten** Kombinationen von Produkten und
Ressourcen fallen. Dies kann durch Verwendung von anderen Rohstoffen erfolgen oder
auch durch die Aufgabe des Produktes, welches neben einer niedrigen Marktattraktivität
und einem Abschwung beim Lebenszyklus zusätzlich ungünstige Merkmale im Hinblick
auf Kostenentwicklung und Substitution aufweist.[47] Die detaillierten Normstrategien
zeigt Tab. 5.7.

Zu Teilen wird ein Einsatz des Portfolios als **Frühwarnsystem** empfohlen. Auf
diesem Weg können erwartete Veränderungen frühzeitig antizipiert und entsprechende
Maßnahmen ergriffen werden.[48]

---

[45]Vgl. Albach (1978): S. 709 und Bräkling et al. (2012): 41.

[46]Vgl. Albach (1978): S. 709.

[47]Vgl. Albach (1978): S. 710.

[48]Vgl. Bräkling et al. (2012): S. 47.

Tab. 5.7 Normstrategien Geschäftsfeld-Ressourcen-Portfolio. (Quelle: In Anlehnung an Bräkling et al. (2012): S. 46–49)

Portfoliofeldgruppe	Charakteristika	Strategien
Ungefährdet	Mittel bis nicht kritische Ausprägung bei Produkten und Ressourcen	Produkte: Wachstums- bzw. Investitionsstrategie
		Ressourcen: Abschöpfungsstrategie
Offen	Mittel kritische Ausprägung bei Produkten und Ressourcen	Abhängig von der Einstufung der Ressourcen:
		– Produkte: Wachstums- bzw. Investitionsstrategie
		– Ressourcen: Substitutionsstrategie
Gefährdet	Mittel bis kritische Ausprägung bei Produkten und Ressourcen	Stufenweise oder sofortige Desinvestition:
		– Produkte: Desinvestitionsstrategie
		– Ressourcen: Desinvestitionsstrategie

5.2.4 Kritische Evaluation

Kritisch ist spezifisch bei diesem Portfolio zu sehen, dass die **Risiken** auf Absatz- und Beschaffungsseite **gleich gewichtet** werden. Dies wird nach Lindner (1983) in der Praxis in den seltensten Fällen so anzutreffen sein.[49]

Ein weiterer Kritikpunkt betrifft die Teil- bzw. Vorportfolios, bei denen die grundsätzlich geforderte Unabhängigkeit[50] der Schlüsselfaktoren, beispielsweise Status im Lebenszyklus und Marktattraktivität, nicht gegeben ist.[51] Ein weiterer Kritikpunkt ist die Reduktion des Lebenszyklus auf lediglich drei Phasen.[52]

Durch die Weiterentwicklung der Ressourcen-Matrix existiert in einem beschränkten Maß eine Fundierung auf bereits bestehenden Portfolios. Neu ist die Realisierung der Verbindung von Faktoren aus der Perspektive des Vertriebes mit denen aus der Beschaffung. Es werden Strategien abgeleitet, die sich auf einem hohen Abstraktionsniveau befinden. Eine Fundierung auf der Basis von Fallstudien oder großzahligen Befragungen existiert nicht, wie auch in Tab. 5.8 zu sehen ist.

---

[49] Vgl. Lindner (1983): S. 191 mit Verweis auf Lange (1981): S. 66.

[50] Siehe Roland (1993): S. 131, Dubois und Pedersen (2002): S. 40, und Drews (2013): S. 76.

[51] Vgl. Bräkling et al. (2012): S. 48.

[52] Vgl. Lindner (1983): S. 191.

Tab. 5.8 Bewertung – Geschäftsfeld-Ressourcen-Portfolio

Fundierung	Novitätsgrad	Tiefe der abgeleiteten Normstrategien	Empirische Fundierung
Weiterentwicklung der Ressourcen-Matrix	Verknüpfung von vertriebs- und beschaffungsseitigen Aspekten	Relativ abstrakt	Nicht vorhanden
0 (kleinere Mängel)	+(positiv)	0 (kleinere Mängel)	– (massive Mängel)

5.3   Beschaffungsmarktattraktivitäts-Wettbewerbsvorteils-Portfolio

5.3.1   Motivation und Grundlagen

Das Beschaffungsmarktattraktivitäts-Wettbewerbs-Portfolio nach Lindner (1983) ist die beschaffungsspezifische Variante des weit verbreiteten Marktattraktivitäts-Wettbewerbs-Portfolio[53], welches auch unter der Bezeichnung General Electric- / McKinsey-Matrix[54] zur Auswahl von zukünftigen Geschäftsfeldern eingesetzt wird.[55] Zielsetzung ist die Identifikation von kritischen Ressourcenfeldern.[56]

5.3.2   Dimensionen

Der **relative Wettbewerbsvorteil** und damit die Stärke des einkaufenden Unternehmens wird direkt aus dem Marktattraktivitäts-Wettbewerbs-Portfolio übernommen und repräsentiert den Vergleich unternehmensinterner Erfolgsfaktoren (z. B. relative Beschaffungsmarktposition, Produktionspotenzial, Qualifizierung Personal) mit denen der stärksten Beschaffungskonkurrenten.[57] Die Evaluation der Faktoren erfolgt hierbei gegenwartsbezogen.[58]

---

[53] Oder auch: Marktattraktivitäts-Geschäftsfeldstärken-Matrix. Siehe Lindner (1983): S. 235.

[54] Vgl. Schneider (2005): 145, 150.

[55] Das Portfolio lehnt sich damit an Ansoff und Leontiades (1976) an, welche die Betrachtungsobjekte als „strategische Ressourcenfelder" bezeichnen. Ansoff und Leontiades (1976): S. 19.

[56] Vgl. Lindner (1983): S. 282.

[57] Vgl. Schneider (2005): S. 146 und Lindner (1983): 255, 261.

[58] Vgl. Sonnenberg (1996): S. 65.

Die **Beschaffungsmarktattraktivität** und damit die Stärke des Lieferantenmarktes ist die externe Dimension des Portfolios und basiert auf folgenden Faktoren:[59]

- Allgemeine Umweltfaktoren (politisch-gesetzliche, ökologisch-technologische und gesamtwirtschaftliche),[60]
- Beschaffungsmarktwachstum,
- Beschaffungsmarktgröße,
- Beschaffungsmarktqualität,
- Versorgungsrisiko.

Diese Dimension wird zukunftsorientiert festgelegt, d. h. die erwarteten Werte gehen in die Berechnung ein.[61]

Die Besonderheit des Portfolios besteht darin, dass auf eine quadratische bzw. treppenförmige Aufteilung des Portfolios verzichtet und als Gegenkonzept eine **diagonale Klasseneinteilung** vorgenommen wird. Eine Einteilung der Achsen in zwei (niedrig, hoch) oder drei Bereiche (niedrig, mittel, hoch) wird dadurch unnötig. Es ist möglich, die in Abb. 5.3 gezeigten Korridore unterschiedlich groß zu konzipieren.[62]

Dabei wird deutlich, dass im Vergleich zu dem Portfolio-Gestaltungs-Vorschlang von Lange, B. (1981) eine **90°-Drehung** der Grenzlinien vorgenommen wird. Auf diesem Weg wird eine starke Anlehnung an die Unterscheidung im Marktattraktivitäts-Wettbewerbsvorteils-Portfolio erreicht.[63]

Um die Scheingenauigkeit bei der Bewertung aufzubrechen, wird vorgeschlagen, die Positionierung durch **mehrere Bewerter** durchzuführen und dann den gesamten Bewertungsbereich in das Portfolio einzuzeichnen. Dieses Vorgehen wird in Abb. 5.4 gezeigt.

Divergierende Bewertungen können dabei unterschiedliche Ursachen haben. Neben einer großen Unsicherheit können Fehler, Manipulationen oder auch unterschiedliche Bewertungszeitpunkte zu den abweichenden Bewertungen führen.[64]

Thiemt (2003) empfiehlt für die Kennzeichnung der strategischen Ressourceneinheiten die zusätzliche Angabe des wertmäßigen **Beschaffungsvolumens** und der **Lagerumschlaggeschwindigkeit**. Diese sollte vorgenommen werden über die **Kreisgröße** der Einheiten, welche weiß und ausgefüllt dargestellt wird.

---

[59] Vgl. Lindner (1983): S. 237.

[60] Vgl. Lindner (1983): 235 f.

[61] Vgl. Sonnenberg (1996): S. 65.

[62] Vgl. Lindner (1983): S. 277.

[63] Vgl. Lindner (1983): S. 278.

[64] Vgl. Lindner (1983): S. 288.

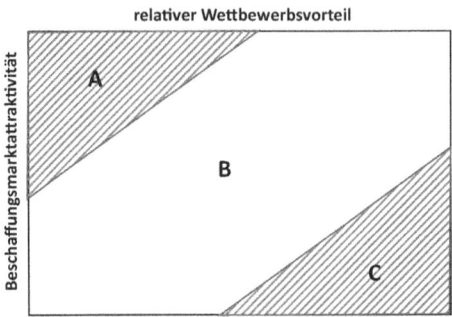

Abb. 5.3 Beschaffungsmarktattraktivitäts-Wettbewerbsvorteil-Portfolio[65]. (Quelle: In Anlehnung an Lindner (1983): 267, 277 mit Verweis auf Lange (1981): S. 165.)

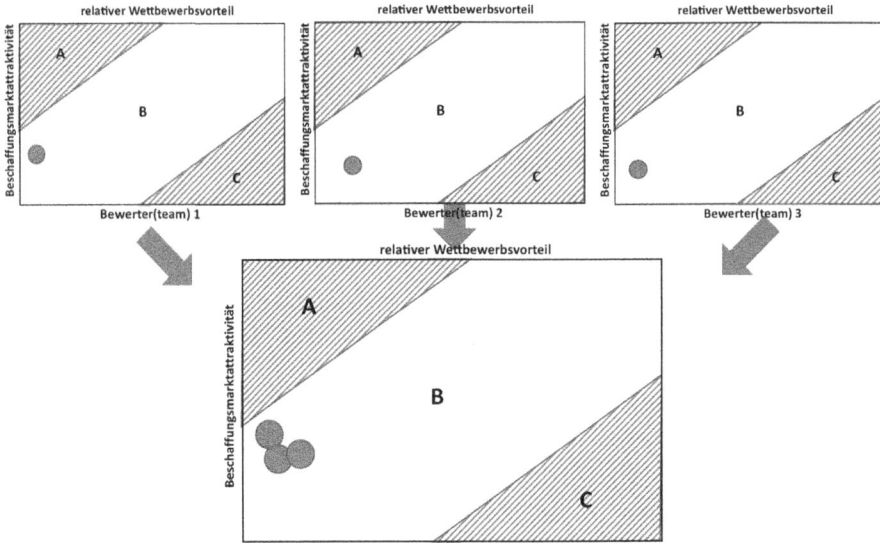

Abb. 5.4 Beispiel Bereichspositionierung

---

[65] Gabath (2010) hat eine Matrix entworfen, bei der die Kompetenzen auf Basis der beiden Komponenten des Beschaffungsmarktattraktivitäts-Wettbewerbsvorteil-Portfolios (Marktattraktivität und relative Wettbewerbsstärke) eingeordnet werden. Daraus leitet er die drei Kompetenzfelder Basiskompetenzen, Investkompetenzen, Kernkompetenzen und Reduktionskompetenzen ab. Vgl. Gabath (2010): S. 97.

5.3.3 Strategieableitung

Lindner (1983) leitet drei Bereiche mit korrespondierenden Strategien ab. Diese lehnen sich an die Offensiv-, Defensiv- und Übergangsstrategien des Marktattraktivitäts-Wettbewerbsvorteils-Portfolios an. Im Einzelnen werden folgende Strategien vorgeschlagen:[66]

- **Risikoabwehrstrategien (A):** nach innen gerichteten Strategien, welche mithilfe einer Verbesserung der Planungs- und Entscheidungsstrukturen eine Antizipation von Risiken und Chancen ermöglichen wollen
- **Übergangsstrategien (B):** da hier keine eindeutige Festlegbarkeit der Strategie vorhanden ist, wird situationsabhängig eine defensive oder offensive Strategie empfohlen
- **Beschaffungsmarkt-beeinflussende Strategien (C):** nach außen gerichteten Strategien, welche zu einer Verbesserung der Einflussmöglichkeiten führen und damit die Basis für einen Erhalt oder einen Ausbau der beschaffungsbezogenen Erfolgspotenziale darstellt

Für die drei generellen Strategien werden Detailstrategien vorgeschlagen, welche in Tab. 5.9 gesammelt wurden. Dabei wird für die **Übergangsstrategie** eine Differenzierung vorgenommen, indem diese Strategie durch eine Diagonale in zwei Teile geteilt wird.[67] Im Bereich des Feldes B wird in der rechten oberen Hälfte die Abschöpfungsstrategie und in der linken unteren Hälfte werden defensive Strategien empfohlen.[68]

Auf Basis der ausgewählten Beschaffungsstrategien wird ein **Ziel-Beschaffungsportfolio** aufgestellt, indem die angestrebte Positionsänderung mithilfe von Pfeilen eingezeichnet wird.[69]

5.3.4 Kritische Evaluation

Das Portfolio **basiert** zum einen auf dem Marktattraktivitäts-Wettbewerbs-Portfolio und lehnt sich bei der Strategiefindung an die Portfolios von Kraljic, P. (1977) und Fieten, R. (1979) an. Damit entstammt das Fundament des Portfolios aus einer Reihe intensiv genutzter, empirisch fundierter und wissenschaftlich diskutierter Portfolios. Entsprechend wird dem Portfolio die „umfassendste Formulierung der Dimensionen"[70] zugeschrieben.

---

[66]Vgl. Lindner (1983): 277, 279.

[67]Vgl. Lindner (1983): S. 294.

[68]Vgl. Lindner (1983): S. 294.

[69]Vgl. Lindner (1983): S. 299.

[70]Sonnenberg (1996): S. 58.

Tab. 5.9 Detailstrategien zum Beschaffungsmarktattraktivitäts-Wettbewerbsvorteils-Portfolio. (Quelle: In Anlehnung an Lindner (1983): S. 292–295 mit Verweis auf Kraljic (1977): S. 78–80 und Fieten (1979): S. 22)

	Risikoabwehr-strategie	Übergangsstrategien		Beschaffungs-marktbeein-flussende Strategien
		Abschöpfen	Defensiv	
Lager	Erhöhung Sicher-heitsbestände	Teile Lager-haltung an Lieferanten delegieren	–	Reduktion
	Schaffung neuer Lagerkapazitäten			
Verträge/ Kooperationen				
Eigene Produktion	Modernisierung zur Erhöhung der Anpassungsfähig-keit	Reduktion Eigen-fertigung	–	Erschließung neuer Quellen durch Beteiligung an Rohstoffsuche
	Identifikation Materialeinspar-möglichkeiten			
	Schaffung der Möglichkeit einer Rückwärts-integration			
	Anpassung Stand-ort an Ort des Ressourcenvor-kommens			
Material	Substitutions-möglichkeiten eruieren	Suche nach neuen Verwendungs-zwecken (Ein-satz in anderen meiner Produkte) für günstig positionierte Ressourcen	Aufgabe, wenn Folgen (z. B. Kon-ventionalstrafen) akzeptabel sind	Suche nach Recycling-material
			Veränderung Absatzsortiments-gestaltung	
			Verbreiterung Informationsbasis	

Das Portfolio weißt eine **gewisse Strategiespezifikation** auf. Die gegebenen Bei-spiele decken einen relevanten Teil der möglichen Strategieentscheidungen ab. Es erfolgt damit deutlich mehr als lediglich die Angabe einer Grobrichtung. Kritisch ist zu sehen, dass die Beschaffung bei der Dimension der relativen Wettbewerbsvorteile keine Eingriffsmöglichkeiten besitzt. Hier können Änderungen nur durch technologische,

Tab. 5.10 Bewertung – Beschaffungsmarktattraktivitäts-Wettbewerbsvorteils-Portfolio

Fundierung	Novitätsgrad	Tiefe der abgeleiteten Normstrategien	Empirische Fundierung
Baut auf intensiv genutztem Portfolio auf	Einführung diagonaler Strategiebereiche	Mehr als nur Grobrichtungen, zahlreiche Beispiele	Indirekt durch verwendete Basisportfolios
+(positiv)	+(positiv)	0 (kleinere Mängel)	0 (kleinere Mängel)

finanzielle, organisationale oder informationale Leistungspotenziale herbeigeführt werden. Eine spezifische Anpassung für einen ausgewählten Beschaffungsmarkt wird nicht möglich sein.[71]

Innovativ ist der Ansatz, die quadratische Einteilung der Felder nicht zu verwenden und dafür in den Diagonalen relevante Bereiche festzulegen. Dies führt zu der positiven Bewertung beim Novitätsgrad in Tab. 5.10. Zu den Diagonalen wird abschließend zur Diskussion gestellt, ob möglicherweise gebogene Linien eine noch bessere Alternative sind, um das Problem zu beheben, dass bei sehr heterogenen Bewertungen trotzdem zur gleichen Normstrategie geraten wird.[72]

Eine **empirische Fundierung** für das Portfolio liegt höchstens **indirekt** durch die Portfolios vor, auf denen das Beschaffungsmarktattraktivitäts-Wettbewerbsvorteils-Portfolio aufgebaut wurde.

5.4 Risiko-Portfolio: Versorgungsstörungen-Anfälligkeits-Portfolio

5.4.1 Motivation und Grundlagen

Motivation für das Portfolio, welches auch als Risiko-Portfolio der Beschaffung bezeichnet wird,[73] sind die stärker relevant werdenden Risiken im Beschaffungsbereich. Diese sollen durch das Portfolio erfasst werden. Dazu wird differenziert in diejenigen Risiken, die durch den Markt vorgegeben sind und solchen, welche durch die von dem Unternehmen produzierten Produkte und die Produktionssituation beeinflusst sind.

---

[71] Vgl. Sonnenberg (1996): S. 69.

[72] Vgl. Lindner (1983): S. 290. Dieses Vorgehen wird jedoch kritisch eingeordnet, da das Feld der Übergangsstrategien dadurch deutlich umfangreicher wird und somit die Bereiche mit spezifischen Strategieempfehlungen zusammenschrumpfen. Vgl. Lindner (1983): S. 291.

[73] Vgl. Janker und Janker (2008): S. 131 mit Verweis auf Glantschnig (1994): S. 38.

Bezugspunkt   beim   Versorgungsstörungen-Anfälligkeits-Portfolio   sind   die
Beschaffungsobjekte, welche klassifiziert werden sollen.[74] Dabei findet keine
Beschränkung beispielsweise lediglich auf strategisch bedeutsame Beschaffungsobjekte
statt.[75] Dabei ist fraglich, wie ohne eine vorherige Kategorisierung die Bedeutung der
Materialien identifiziert werden kann.[76] Das Portfolio wurde von Heege (1987) ent-
wickelt.[77]

5.4.2 Dimensionen

Das Portfolio erfasst das Beschaffungsrisiko mittels der Determinanten externes
und damit durch den Beschaffungsmarkt bedingtes Risiko und internes durch Versorgungsstörungen bedingtes Risiko.[78] Die Schlüsselfaktoren sind dabei die „Gefahr
marktbedingter Versorgungsstörungen" und „**Anfälligkeiten** gegenüber **Versorgungsstörungen"**[79].

Das **externe Risiko** zeigt seine Wirkung im Lieferausfall oder der Preissteigerung.
Faktoren, die das Risiko beeinflussen, sind:[80]

- Exportabhängigkeit (außenpolitische Situation)
- Vorhandensein von Substitutionsgütern[81]
- Versorgungsschwierigkeiten des Lieferanten, Kapazitätsauslastung
- Angebotsverknappung und -konzentration (Beschaffungsmarktstruktur)[82]
- Lieferantenzuverlässigkeit
- Logistik[83] (Störanfälligkeit Transportweg)

Die Anfälligkeit gegenüber Versorgungstörungen (**internes Risiko**) wird zum einen
daran gemessen, welche Nachteile dem Unternehmen bei einem zeitweiligen oder
völligen Lieferantenausfall erwachsen und zu andern nach der Höhe der Fehlmengen-
kosten.[84] Diese werden in diesem Fall besonders daran festzumachen sein, welche

---

[74]Vgl. Körfer (2011): S. 59 und Harting (1994): S. 42.

[75]Vgl. Thiemt (2003): S. 187.

[76]Vgl. Eberle (2005): S. 157.

[77]Fieten (1979) hat dieses Portfolio an sich schon acht Jahre vorher beschrieben. Siehe Fieten (1979): 20.

[78]Vgl. Arnolds et al. (2016): S. 33.

[79]Heege (1987): S. 67.

[80]Vgl. Bräkling et al. (2012): S. 51.

[81]Vgl. Heege (1981): S. 22.

[82]Vgl. Hubmann und Barth (1990): S. 28.

[83]Vgl. Harting (1994): S. 41.

[84]Vgl. Harting (1994): S. 41 und Bräkling et al. (2012): S. 50.

Deckungsbeiträge das Unternehmen nicht erzielen kann aufgrund des langfristigen Ausbleibens von Materialien.[85] Zum anderen wird ermittelt, welche Auswirkungen Preiserhöhungen auf die Kosten des Endproduktes haben. Relevant sind außerdem Möglichkeiten zur Substitution und Eigenfertigung, sowie die Marktstellung in dem betreffenden Beschaffungsmarkt.[86] Damit sind folgende Faktoren relevant:[87]

- technische Anforderungen an Produkt
- Standardisierungsgrad Produkt
- Lieferanten-Wechselkosten
- Möglichkeiten Eigenfertigung
- Anforderungen an technische Entwicklungszusammenarbeit
- anwenderbezogene Änderungshäufigkeit
- logistische Komplexität

5.4.3 Strategieableitung

Durch das Gegenüberstellen dieser beiden Risiko-Dimensionen entsteht das Versorgungsstörungs-Anfälligkeits-Portfolio. Dieses soll Ansatzpunkte für die Ableitung von Strategien bieten[88] und wird in seiner Struktur in Abb. 5.5 gezeigt.

Für die vier Felder werden aufgrund der Zusammenfassung der Felder B und C in selektive Strategien drei Maßnahmenrichtungen definiert:[89]

- **Abschöpfungsstrategie:** Beschaffungssituation unproblematisch, vorhandene Versorgungsquellen sollen optimal genutzt und Kosteneinsparungen realisiert werden
- **Investitionsstrategie:** Beschaffungssituation kritisch, Maßnahmen zur Risikoreduktion, wie langfristige Lieferverträge oder Entwicklung neuer Versorgungsquellen, sollten umgesetzt werden[90]
- **Selektive Strategie:** In diesen Bereichen ist eine sorgfältige Abwägung zwischen den Optionen der Versorgungssicherung und Kostenreduktion vorzunehmen.

Die konkrete Ausgestaltung der einzelnen Strategien zeigt Tab. 5.11.

---

[85]Vgl. Heege (1981): S. 22.

[86]Vgl. Roland (1993): S. 138.

[87]Vgl. Hubmann und Barth (1990): S. 29 und Wildemann (2009): S. 92.

[88]Vgl. Glantschnig (1994): S. 38.

[89]Vgl. Glantschnig (1994): 39 f., Bräkling et al. (2012): 52 f., Heege (1987): 68 f. und Fieten (1979): 20, 22.

[90]Die Strategien werden als Investitionsstrategien bezeichnet, da sie mitunter mit recht aufwendigen Maßnahmen verbunden sind. Vgl. Thiemt (2003): S. 192.

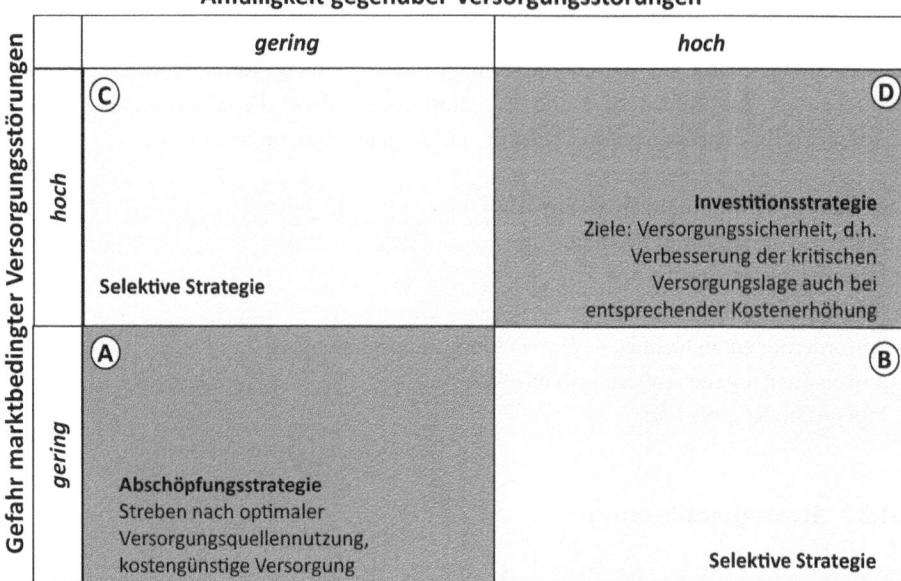

Abb. 5.5 Versorgungsstörungs-Anfälligkeits-Portfolio. (Quelle: In Anlehnung an Glantschnig (1994): S. 39, Corsten (1995): 576 f., Heege (1987): S. 67 (mit Verweis auf Fieten (1979): 25 f.) und Harting (1994): S. 42)

Ein alternativer, an das konventionelle Risikomanagement angelehnter Weg ist die Ermittlung des Risikos über **Eintrittswahrscheinlichkeit** und **Schadensausmaß**. Dies erfolgt über die isolierte Erhebung der Eintrittswahrscheinlichkeit und der Auswirkung bei Schadenseintritt. Dazu werden vorab mögliche Risiken identifiziert wie Ausfälle, Qualitätsmängel usw. Die Erhebung erfolgt über eine Ordinalskala (1–5) für die Auswirkung (kein negativer Einfluss [1] bis stark negativer Einfluss [5]) und die Eintrittswahrscheinlichkeit (sehr unwahrscheinlich [1] bis sehr wahrscheinlich [5]).[91] Das Gesamtrisiko wird über Multiplikation gebildet.[92] Risikointerdependenzen werden bei dieser Vorgehensweise nicht berücksichtigt. Eine grafische Darstellung der Risikosituation zeigt Abb. 5.6.

---

[91] Hubmann und Barth (1990) insistieren, dass bei der Bewertung nur subjektive Indikatoren verwendet werden sollen, da durch objektive Merkmale eine Scheingenauigkeit vorgetäuscht wird. Vgl. Hubmann und Barth (1990): S. 28. Hier sollte reflektiert werden, ob es nicht sinnvoll erscheint, wenn möglich auch objektive Risikobeschreibungsgrößen einzubeziehen, welche für eine Reihe von Einzelrisiken durchaus vorliegen. Vgl. Jonen (2008): S. 33.

[92] Siehe Stölzle und Kirst (2006) für eine lieferantenbezogene Risikoermittlung, welche genauso für Beschaffungsobjekte angewendet werden kann. Vgl. Stölzle und Kirst (2006): 254 f.

Tab. 5.11 Ausgestaltung Strategien Beschaffungsgüterportfolio. (Quelle: In Anlehnung an Corsten (1995): S. 578)

	Abschöpfungsstrategie	Selektive Strategie	Investitionsstrategie
Bedarf	Streuen, Zerlegen in kostenoptimale Bestellmengen	Auf verfügbare Lieferanten verteilen, Mengen nur selektiv optimieren	Konzentration auf wenige Lieferanten, um für diese attraktiver Nachfrager zu werden
Preise	Günstige Einstandspreise aushandeln unter Berücksichtigung der langfristigen Konsequenzen für Lieferanten	Mit Zurückhaltung günstige Einstandspreise aushandeln	Zurückhaltung bei Preispolitik
Art des Einkaufs/ rechtliche Gestaltung	Gelegenheitskauf zu Tagespreisen forcieren	Mischung aus Vertragskauf (Reduktion Risiko kurzfristiger Preisanpassungen) und Gelegenheitskauf	Längerfristige Verträge (Absicherung Versorgung) Abschluss von Gegen- bzw. Kompensationsgeschäften
Sicherheitsbestände	Niedrig	Tendenziell erhöhen	Ausbauen und Lagerkapazitäten erhöhen
Qualität	Lieferant Auflagen zur Qualitätssicherung und -verbesserung machen	Unterstützung Lieferant bei Qualitätssicherung und -verbesserung	Aktive Unterstützung Lieferant bei Qualitätserhaltung
Eigenfertigung	Anteil nicht erhöhen	Tendenziell erhöhen, vertikale Integration abwägen	Erhöhen und vertikale Integration ausbauen
Substitutionsgüter	Angebot unter Kostengesichtspunkten verfolgen	Fördern	Aktiv suchen und Verwendbarkeit durch Verfahrensänderungen fördern
Kosten Raum-/ Zeitüberbrückung	Minimierung Kosten	Fokus auch auf Erhöhung der Sicherheit	Massiver Fokus auf Erhöhung der Sicherheit

Eine Berücksichtigung von **Interdependenzen** ist auf diesem Weg noch nicht gewährleistet[93] und muss über andere Wege umgesetzt werden. Diese können beispielsweise über kognitive Karten erhoben[94] und bei der Risikokumulation verwendet werden.

---

[93] Vgl. Lingnau und Jonen (2015): 324 f.

[94] Vgl. Lingnau und Jonen (2015): S. 332–335.

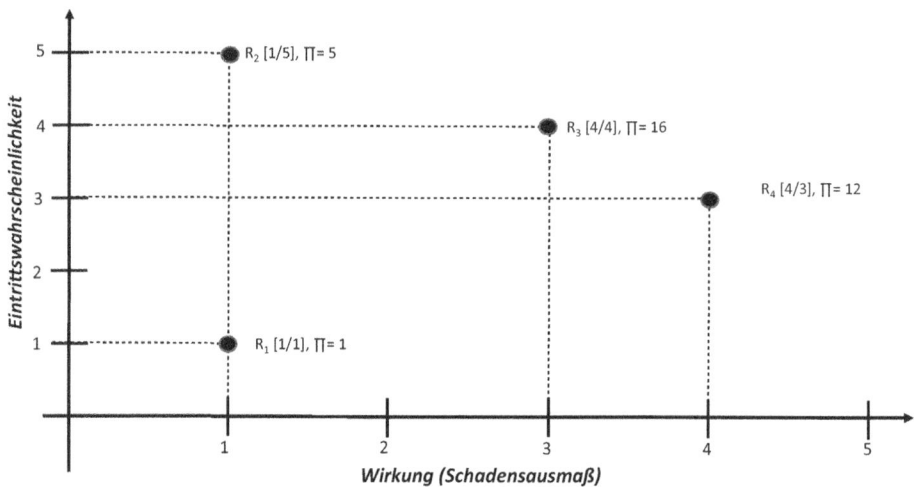

Abb. 5.6 Bewertung des Gesamtrisikos. (Quelle: In Anlehnung an Stölzle und Kirst (2006): S. 255)

Tab. 5.12 Bewertung – Risiko-Portfolio: Versorgungsstörungen-Anfälligkeits-Portfolio

Fundierung	Novitätsgrad	Tiefe der abgeleiteten Normstrategien	Empirische Fundierung
Keine	Integration des Risikos in das Portfolio	Detailliert	Nicht vorhanden
– *(massive Mängel)*	*0 (kleinere Mängel)*	*+(positiv)*	– *(massive Mängel)*

5.4.4 Kritische Evaluation

Der Ansatz ähnelt stark dem Lieferanten-Abnehmer-Marktmacht-Portfolio.[95] Als vorteilhaft wird an dem Portfolio die Konzentration auf den Risikoaspekt und damit die Vermeidung von Lieferausfällen angesehen. Damit hat es aber als alleinstehendes Instrument nur eine **eingeschränkte Eignung,** da Faktoren wie die Nachfragemacht in ungenügendem Maß berücksichtigt werden.[96] Eine empirische Fundierung erfolgte nicht.

Eine Fundierung des Portfolios liegt nicht vor. Neu ist die intensive Integration des **Risikos** in die Beschaffungsportfolios. Die Normstrategien werden mit einem hohen Detaillierungsgrad angegeben. Hinsichtlich einer empirischen Überprüfung dieser

---

[95] Vgl. Thiemt (2003): S. 187.

[96] Vgl. Bräkling et al. (2012): 53 f.

Strategien werden keine Angaben gemacht. Die zusammenfassende Bewertung zeigt Tab. 5.12.

5.5 Beschaffungsgüterportfolio: ABC-Versorgungsrisiko-Portfolio

5.5.1 Motivation und Grundlagen

Um der Kritik der reinen Risikoorientierung des Versorgungsstörungen-Anfälligkeits-Portfolio zu begegnen, wurde eine **Erweiterung** bzw. Abwandlung mit den Ergebnissen der **ABC-Analyse** vorgenommen.[97] Daraus resultiert eine additionale wertorientierte Einteilung anhand der Beschaffungsobjektkosten.[98]

5.5.2 Dimensionen

Dieses auch von Heege (1987) veröffentlichte Portfolio[99] konzentriert sich auf zwei Kernziele der Beschaffung: **Versorgungssicherung** und **Versorgungswirtschaftlichkeit**.[100] Dazu werden die beiden Dimensionen des Versorgungsstörungs-Anfälligkeits-Portfolios in eine Dimension des Versorgungsrisikos **verdichtet** (Ordinate) und den A- und C-Artikeln gegenübergestellt (Abszisse).[101] Die B-Artikel werden situativ den A- oder C-Artikeln zugeordnet,[102] wie Abb. 5.7 zeigt.[103] Es existieren auch Vorschläge

---

[97] Vgl. Wildemann (2009): S. 91.

[98] Vgl. Wildemann (2006): S. 255 und Harting (1994): S. 43.

[99] Hubmann und Barth (1990) stellen ein weitestgehend deckungsgleiches Portfolio vor, welches sie als Einkaufsmatrix bezeichnen. Siehe Hubmann und Barth (1990): S. 29.

[100] Vgl. Bräkling et al. (2012): S. 54.

[101] Vgl. Wildemann (2009): S. 112. Siehe dazu auch das sehr ähnliche Portfolio von Mittner (1991), welches die Dimensionen „Betriebsrisiko" und „Einkaufsvolumen" aufweist. Siehe Mittner (1991): 22 f. Ein von der Zielsetzung vergleichbar ausgerichtetes Portfolio ist das Einkaufsvolumen-Versorgungsrisiko-Portfolio von Baumgarten und Bodelschwing (1996) und die Bereitstellungsmatrix von Kligge (1992). Sie baut auf den Dimensionen Bereitstellungsrisiko und Erfolgsbeitrag auf. Der Erfolgsbeitrag wird auf Basis der verursachten Kosten mithilfe der ABC-Einteilung ermittelt (Kligge (1992): S. 167). Eine deutliche Differenzierung weißt dieses Portfolio im Hinblick auf die Konstituierung des Bereitstellungsrisikos auf. Dieses wird durch zwei vorab erstellte Matrizen ermittelt. Zum einen eine Eigenfertigungsmatrix und zum anderen eine Fremdbezugsmatrix. Die bestehen jeweils aus einer internen und externen risikobezogenen Perspektive (Kligge (1992): 172, 174, 180, 182). Die identifizierten Positionen sind dann kritische Teile, Hebeteile, Engpassteile und unproblematische Teile (Kligge (1992): S. 167).

[102] Vgl. Harting (1994): S. 43 und Bräkling et al. (2012): S. 56.

[103] Vgl. Janker und Janker (2008): S. 132.

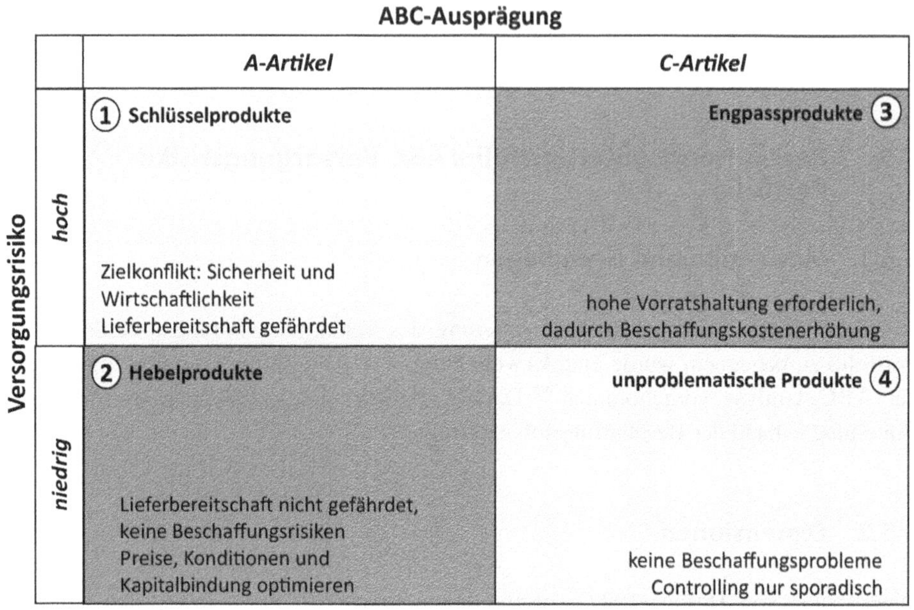

ABC-Ausprägung

		A-Artikel	**C-Artikel**
Versorgungsrisiko	*hoch*	① Schlüsselprodukte Zielkonflikt: Sicherheit und Wirtschaftlichkeit Lieferbereitschaft gefährdet	Engpassprodukte ③ hohe Vorratshaltung erforderlich, dadurch Beschaffungskostenerhöhung
	niedrig	② Hebelprodukte Lieferbereitschaft nicht gefährdet, keine Beschaffungsrisiken Preise, Konditionen und Kapitalbindung optimieren	unproblematische Produkte ④ keine Beschaffungsprobleme Controlling nur sporadisch

Abb. 5.7 ABC-Versorgungrisiko-Portfolio. (Quelle: In Anlehnung an Glantschnig (1994): S. 40, Arnolds et al. (2016): S. 34, Kaluza (2010): S. 73, Heege (1987): S. 83 und Harting (1994): S. 43)

bei denen die B-Artikel grundsätzlich den C-Artikeln zugeschlagen werden, um die Bedeutung der A-Artikel eindeutig hervorzuheben.[104]

Basierend auf dem Portfolio ergeben sich folgende Produktstrategietypen:[105]

- **Schlüsselprodukte/strategische Materialien:** strategischer Fokus liegt auf diesen Produkten, bei denen aufgrund Ihrer hohen wirtschaftlichen Bedeutung Kostenziele erreicht werden müssen unter Beachtung der hohen Versorgungsrisiken
- **Hebelprodukte/Kernmaterialien:** Ausschöpfung der Marktpotenziale durch Konzentration auf Preise, Konditionen und Kapitalbindung, da diese einen wesentlichen Beitrag zum Ergebnis leisten und eine niedrige Risikosituation haben (größtmögliche Einsparpotenziale)
- **Engpassprodukte:** wesentliches Ziel ist hier die Reduktion des Versorgungsrisikos unter Inkaufnahme, dass dies zu einer Erhöhung der Beschaffungskosten, beispielsweise durch eine großzügige Preispolitik oder hohe Vorräte, führt (weitestgehend unproblematisch, da C-Artikel)

---

[104] Vgl. Thiemt (2003): S. 193.

[105] Vgl. Glantschnig (1994): S. 40, Voigt (2008): 213 f., Arnolds et al. (2016): 34 f. und Wildemann (2009): S. 100.

- **Unproblematische Produkte/Standardmaterialien:** häufig Normteile, die technisch ausgereift sind, aufgrund der geringen Bedeutung sollte diesen Produkten wenig Bedeutung zugemessen und damit der Analyse- und Kontrollaufwand geringgehalten werden (effizient abwickeln)

5.5.3 Strategieableitung

Die auf Basis der Einteilung der Produktstrategietypen abgeleiteten Standardstrategien sind in Tab. 5.13 aufgelistet.

5.5.4 Kritische Evaluation

Kritisch wird die isolierte Betrachtung des Einkaufsvolumens gesehen. Besonders relevante Teile, die jedoch einen geringen Wert haben, werden nicht ausreichend gewürdigt.[106] Zur Lösung dieser **singulären Wertbetrachtung** haben Lee und Drake (2010) ein Modell entwickelt, welches auf dem Lieferanten-Abnehmer-Marktmacht-Portfolio basiert. Die Risikodimension wird als Risiko im Beschaffungsmarkt bezeichnet und enthält die Lieferantenmacht gemessen anhand der relativen Größe des Lieferanten und die Wettbewerbssituation (z. B. Monopol). Die interne Dimension wird **erweitert** und neben dem Beschaffungsvolumen werden auch folgende Größen, welche den Komponentenwert abbilden, einbezogen: Kosten, Qualität, Lieferzeit und Flexibilität, welche angelehnt werden an die Kundeninteressen an dem Endprodukt.[107] Die Gewichtung der eingehenden Größen muss dabei abhängig von der Unternehmensstrategie vorgenommen werden.[108] Dabei wird deutlich darauf verwiesen, dass dieses Modell für Produktionsmaterialien konstruiert ist und damit nicht beispielsweise für einen Servicevertrag mit einem Dienstleister.[109]

Das Portfolio **baut** auf einem bereits **existierenden Portfolio** und weist große Ähnlichkeiten zur Klassifizierung der relevanten Inputfaktoren bei Kraljic (1977),[110] sowie der weithin bekannten ABC-Analyse auf. Diese Integration der Beschaffungsvolumina ist eine deutliche Erweiterung zu der rein risikobezogenen Betrachtung. Die Strategien werden für die wesentlichen Gestaltungsfelder spezifiziert. Eine empirische Fundierung

---

[106] Vgl. Körfer (2011): S. 48.

[107] Vgl. Lee und Drake (2010): S. 6658.

[108] Vgl. Lee und Drake (2010): S. 6660.

[109] Vgl. Lee und Drake (2010): S. 6657.

[110] Vgl. Eberle (2005): S. 159 und siehe Kraljic (1977): S. 72.

Tab. 5.13 Standardstrategien für Versorgungs-ABC-Portfolio. (Quelle: In Anlehnung an Harting (1994): S. 46, Heege (1987): S. 83–92, Hubmann und Barth (1990): S. 29 und Roland (1993): S. 140)

Kategorie	Schlüsselprodukte	Hebelprodukte	Engpassprodukte	Unproblematische Produkte
Lieferantenmanagement	Langfristige Beschaffungspläne	Gezielte Preisstrategien (Ausschöpfen Einkaufsmacht)	Lieferantenpflege	Standardisierung/Normteile
	Standardisierung	Preis-Leistungsverhältnisse überprüfen	Abschluss langfristige Verträge (Volumensicherung, Bedarfsblockung, evtl. durch Preisnachteile)	
		Vertragsmischungen		
Risikomanagement	Aufbau Frühwarnsystem	Sicherheitsbestandsreduzierung	Drohende Betriebsunterbrechung identifizieren	Reduzierung von Bestellabweichungskosten (z. B. induziert durch Fehlmengen, Qualitätsmängel)
	Intensive Risikoanalyse		Vermeidung von Fehlmengenkosten	
Bedarfs- / Lagerplanung	Laufende Bestandskontrolle	Lagerbestandskostenverringerung	Großzügige Bestellmengenpolitik	Einfache Lagerhaltung
	Genaue Bedarfsvorhersage	Kurz- bis mittelfristige Bedarfsplanung	Hohe Sicherheitsbestände	Kurzfristige Bedarfsvorhersage
Analysen	Make-or-Buy	Preisvorhersagemodelle	Marktanalysen	Bestandoptimierungsmodell
	Intensive Bedarfsmarktforschung			
Logistik	Optimieren der Logistik	,Just-in-Time'		Große Bestellmengen

Tab. 5.14 Bewertung – Beschaffungsgüterportfolio: ABC-Versorgungsrisiko-Portfolio

Fundierung	Novitätsgrad	Tiefe der abgeleiteten Normstrategien	Empirische Fundierung
Baut auf vorhandenem Portfolio auf	Integration von Beschaffungsvolumina in vorherige reine Risikobetrachtung	Detaillierte Angabe zu strategischen Optionen	Nicht vorhanden
0 (kleinere Mängel)	*+(positiv)*	*+(positiv)*	*– (massive Mängel)*

erfolgte nicht, jedoch arbeitet die Siemens AG mit einer sehr ähnlichen Portfolio-matrix.[111] Die Bewertung in den vier Kategorien zeigt Tab. 5.14.

Baumgarten und Wolff (1999) haben das ABC-Versorgungsrisiko-Portfolio um eine dritte Dimension erweitert. Diese ist die Bedarfskontinuität. Abgebildet wird diese über die Ergebnisse einer XYZ-Analyse. Aufgrund der hohen Relevanz der Kontinuität des Bedarfes für die Logistik hat das Portfolio den Namen „Logistik-Portfolio der Beschaffung".[112]

5.6 Materialkosten-Senkungspotenzial-Portfolio

5.6.1 Motivation und Grundlagen

Das Materialkosten-Senkungspotenzial-Portfolio von Katzmarzyk (1988) hat das Ziel, Materialfelder mit einem **hohen Preissenkungspotenzial** zu identifizieren. Aufgeteilt wird das Portfolio nach den Dimensionen Unternehmensflexibilität und Einkaufs-marktattraktivität, welche als Erfolgsfaktoren bezüglich eines hohen Materialkosten-senkungspotenzials identifiziert wurden.[113] Die Dimensionen beruhen zu weiten Teilen auf Überlegungen zu Vorgänger-Portfolios, insbesondere von Kraljic (1977) und Heege (1987).[114] Je größer die Dimensionswerte, umso größer ist das relative Kostensenkungs-potenzial.[115]

---

[111] Hier stehen sich die Dimensionen „technische Komplexität bzw. Versorgungsrisiko" und „Ein-kaufsvolumen bzw. Ergebniseinfluss" gegenüber. Vgl. Müller (1990): S. 52 und Hubmann und Barth (1990): S. 27–32.

[112] Vgl. Baumgarten und Wolff (1999): S. 330.

[113] Vgl. Katzmarzyk (1988): S. 172 mit Verweis auf Dunst (1983): 65, 77.

[114] Siehe Kraljic (1977): S. 74, Kraljic (1986): 80 f. und Heege (1987): S. 26.

[115] Vgl. Piontek (2016): S. 98.

5.6.2 Dimensionen

Die **Flexibilität** wird im Wesentlichen gemessen anhand der technischen Anforderungen an das Material, die Anzahl der verfügbaren Anbieter, den eigenen Einkaufsmarktanteil und dessen Entwicklung, die Möglichkeiten der Preisweitergabe und Eigenfertigung.[116] Die vorgeschlagene Punkteermittlung wird in Tab. 5.15 gezeigt. Die Vorgehensweise impliziert eine Gleichgewichtung der einzelnen Bewertungsbereiche.

Der externe Faktor, die **Einkaufsmarktattraktivität,** wird entsprechend der Vorgehensweise der Festlegung der Flexibilität ermittelt. Wichtige Faktoren sind hier die Struktur des Angebotes, die Entwicklung der Marktpreise und auch Markteintrittsbarrieren für neue Anbieter. Tab. 5.16 zeigt beispielhaft einen Ansatz zur Bewertung.

Es wird darauf hingewiesen, dass die Vorgehensweise bei der Bewertung lediglich in **Anlehnung** an die Tabelle erfolgen sollte. Das heißt konkret, dass die Grenzen lediglich als Bewertungsorientierung verstanden werden und als **fließend** angesehen werden sollen. Auch erheben die Faktoren keinen Anspruch auf Vollständigkeit und je nach Situation kann durchaus ein Austausch oder eine Ergänzung sinnvoll sein.[117]

Die **Erstellung** beginnt mit der Bewertung der Faktoren für jede(s) Materialfeld / -position. Hilfreich ist hier, sich zunächst auf A-Teile zu konzentrieren. Anschließend erfolgt die Addition (und falls notwendig Gewichtung) der Bewertungszahlen der einzelnen Erfolgsfaktoren. Dann werden diese entsprechend der beiden Dimensionen in die Matrix eingeordnet. Zur Integration der zukünftigen Entwicklung wird durch die Größe der beiden Kreise sowohl Einkaufsvolumen in der letzten als auch der Planungsperiode eingetragen. Ein Beispiel wird in Abb. 5.8 illustriert.[118] Prinzipiell ist es auch möglich, Zielpositionen einzuzeichnen.

5.6.3 Strategieableitung

Je weiter **oben rechts** ein Material eingeordnet wird, umso **höher** ist das **Potenzial** für Einsparungen. Quadrant I ist damit in besonderem Maße für Materialkosteneinsparungen geeignet und Quadrant IV am wenigsten. Dazwischen liegen die Quadranten II und III, welche in ihrer Rangfolge nicht einstufbar sind.[119] Zur Verschiebung der Position innerhalb eines Rechteckes können taktische Maßnahmen ergriffen werden. Um ein anderes Feld zu erreichen, sind strategische Maßnahmen notwendig.[120]

---

[116]Vgl. Katzmarzyk (1988): S. 174.

[117]Vgl. Katzmarzyk (1988): S. 177.

[118]Vgl. Piontek (2016): 98 f.

[119]Vgl. Katzmarzyk (1988): S. 184.

[120]Vgl. Piontek (2016): S. 99.

Tab. 5.15 Unternehmensflexibilität. (Quelle: In Anlehnung an Katzmarzyk 1988: S. 174)

#	Bewertungsfeld	niedrig (-)					hoch (+)				
1	technische Anforderungen an Material	sehr hoch		hoch			mittel		niedrig		
		1	2	3	4	5	6	7	8	9	10
2	Produktentwicklung	lieferantenspezifisches Know-how		eigenes Unternehmen			standardmäßiges Know - how		Normen		
		1	2	3	4	5	6	7	8	9	10
3	Anzahl möglicher Anbieter	einer		zwei			drei		vier und mehr		
		1	2	3	4	5	6	7	8	9	10
4	relativer Einkaufsmarktanteil (Vergleich größter Wettbewerber)	< 0,5			0,5 bis 1,5			0,5 bis 1,5			
		1	2	3	4	5	6	7	8	9	10
5	Bedarfsentwicklung	rückläufig, Auslaufphase			gleichbleibend			steigend, Anlaufphase			
		1	2	3	4	5	6	7	8	9	10
6	Möglichkeit der Preisweitergabe	Hoch		mittel			niedrig		keine		
		1	2	3	4	5	6	7	8	9	10
7	Folgekosten Lieferausfall	Preisveränderungen > Kostenveränderung					Preisveränderung < Kostenveränderung				
		1	2	3	4	5	6	7	8	9	10
8	Umstellungskosten Lieferantenwechsel	hoch		mittel			niedrig		keine		
		1	2	3	4	5	6	7	8	9	10
9	Möglichkeiten Eigenfertigung / Substitution	„nicht gegeben"	gegeben (mit unterschiedlichem Schwierigkeitsgrad)								
		1	2	3	4	5	6	7	8	9	10
10	logistische Absicherung	ungünstiger Standort, ungünstige Lieferanten, nicht ausreichende Lagermöglichkeiten					günstiger Standort, günstige Lieferanten, ausreichende Lagermöglichkeiten				
		1	2	3	4	5	6	7	8	9	10

Actual word is „nicht gegeben"

Im **1. Quadrant** sind die Maßnahmen Ausschöpfen der Potenziale und Sicherung der Materialfeldposition. Beim **4. Quadrant** liegt der Schwerpunkt darauf, die Position in Richtung des 1. Quadranten zu verschieben. Beim **2. Quadrant** werden Maßnahmen zur Erhöhung der Einkaufsmarktattraktivität empfohlen, wie der Aufbau neuer Anbieter,

Tab. 5.16   Einkaufsmarktattraktivität. (Quelle: In Anlehnung an Katzmarzyk 1988: S. 179)

#	Bewertungsfeld	niedrig (-)					hoch (+)				
1	Einzigartigkeit Material / Fertigungsverfahren	sehr hoch		hoch			mittel		niedrig		
		1	2	3	4	5	6	7	8	9	10
2	Angebotsstruktur (Anzahl Anbieter)	Monopol	wenige Anbieter				viele Anbieter				
		1	2	3	4	5	6	7	8	9	10
3	Branchenkonjunktur	Aufschwung			Stagnation			Abschwung			
		1	2	3	4	5	6	7	8	9	10
4	Kapazitätsauslastung	hoch			durchschnittlich			niedrig			
		1	2	3	4	5	6	7	8	9	10
5	Marktwachstum	stark					schwach				
		1	2	3	4	5	6	7	8	9	10
6	Kosten - / Preisstruktur Anbieter	Preissteigerung > Kostensteigerung					Preissteigerung < Kostensteigerung				
		1	2	3	4	5	6	7	8	9	10
7	Marktpreisentwicklung	stark steigend		stabil, leicht steigend			Preisdruck		Preisrückgang		
		1	2	3	4	5	6	7	8	9	10
8	Gewinnschwellstabilität Anbieter	< 60 %			60-90 % Kapazitätsauslastung			> 90 %			
		1	2	3	4	5	6	7	8	9	10
9	Markteintrittsbarrieren neue Anbieter	hoch					niedrig				
		1	2	3	4	5	6	7	8	9	10
10	Störanfälligkeit Distributionswege	hoch					niedrig				
		1	2	3	4	5	6	7	8	9	10

die Erschließung neuer Einkaufsmärkte, die Erweiterung vertikaler Kooperationen. Für Materialien im **3. Quadrant** ist die Zielsetzung eine Erhöhung der Unternehmensflexibilität durch Reduktion der Komplexität, Homogenisierung der Typen- und Teilevielfalt oder auch die Variation der Eigenfertigungstiefe.[121] Tab. 5.17 fasst diese Optionen nochmals zusammen.

---

[121] Vgl. Katzmarzyk (1988): 187 f.

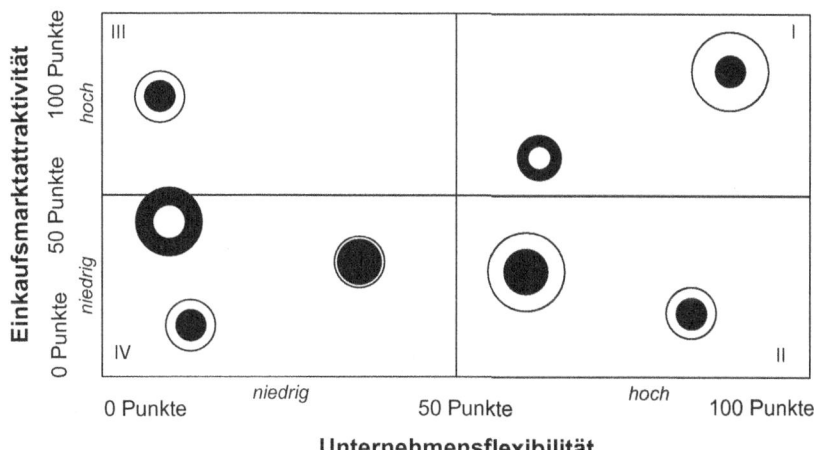

Abb. 5.8 Materialkosten-Senkungspotenzial-Portfolio. (Quelle: In Anlehnung an Katzmarzyk (1988): S. 190)

Tab. 5.17 Strategien des Materialkosten-Senkungspotenzial-Portfolio. (Quelle: In Anlehnung an Katzmarzyk 1988: 187 f.)

Quadrant	Einsparpotenzial	Maßnahmen
1	Hoch	Position ausschöpfen und absichern
2	Mittel	Aufbau neue Anbieter, Erschließung neuer Märkte, Kooperationen
3	Mittel	Komplexitätsreduktion, Homogenisierung, Eigenfertigung
4	Niedrig	Verschiebung durch Erhöhung von Flexibilität und Einkaufsmarktattraktivität

5.6.4 Kritische Evaluation

Tab. 5.18 zeigt die Bewertung des Materialkosten-Senkungspotenzial-Portfolio. Das Portfolio hat eine breite Fundierung im Hinblick auf existierende Portfolios. **Neu** ist die Konzentration auf die **Einsparpotenziale.** Wenn dies das gewünschte Anwendungsfeld ist, so wird hier eine Lücke geschlossen. Die vier Strategierichtungen werden auf mittlerem Niveau detailliert und im Hinblick auf die in die Dimensionen eingehenden Faktoren wird auf die Erfolgsfaktorenforschung verwiesen, sowie die empirischen Erkenntnisse der verwendeten Portfolios genutzt.

Tab. 5.18 Bewertung – Materialkosten-Senkungspotenzial-Portfolio

Fundierung	Novitätsgrad	Tiefe der abgeleiteten Normstrategien	Empirische Fundierung
Breite Fundierung auf existierenden Portfolios	Reine Konzentration auf Einsparpotenziale	Weitestgehend ausreichend	Erfolgsfaktorenforschung, indirekt über verwendete Portfolios
+(positiv)	+(positiv)	0 (kleinere Mängel)	+(positiv)

5.7   Beschaffungsmarkttypen-Quadrant

5.7.1   Motivation und Grundlagen

Die von Koppelmann, U. (1991) aufgestellten Beschaffungsmarkttypen sollen Unterstützung dabei leisten, die Märkte zu bewerten und spezifisch auf die Charakteristika der einzelnen Märkte ausgerichtete Beschaffungsstrategien auszuwählen.[122] Einteilungskriterien sind dabei die Preisgünstigkeit (Kosten), die Leistungsfähigkeit und die Sicherheit (Risiko). Damit zeichnet sich der darauf basierende Differenzierungsmechanismus in Abgrenzung zu den Portfolios durch seine zusätzliche Dimension aus, sodass ein **Würfel** entsteht, auf dessen Basis die Marktpositionierung erfolgt.[123]

5.7.2   Dimensionen

Die **Märkte** werden nach den Kriterien Preisgünstigkeit, Leistungsfähigkeit und Sicherheit eingeteilt. Die Messung erfolgt mithilfe der in Tab. 5.19 angegebenen **Detailkriterien**.

Daraus werden acht Markttypen hergeleitet, wie in Abb. 5.9 gezeigt.

Zur Auswahl des geeignetsten Beschaffungsmarktes werden für die relevanten **Beschaffungsobjekte** die **Notwendigkeiten** definiert und anhand dieser der entsprechende Beschaffungsmarkt gewählt.[124] Basis sind erneut die Kriterien der Tab. 5.19, die nun verwendet werden, um das Anforderungsniveau für das jeweilige Beschaffungsobjekt festzulegen. Auf diesem Weg kann eine **merkmalsspezifische Marktpositionierung** umgesetzt werden, wie in Abb. 5.10 dargestellt.

---

[122] Vgl. Lieberum (1999): S. 66 und Koppelmann (1993): S. 201.

[123] Vgl. Koppelmann (1993): S. 200.

[124] Vgl. Lieberum (1999): S. 66.

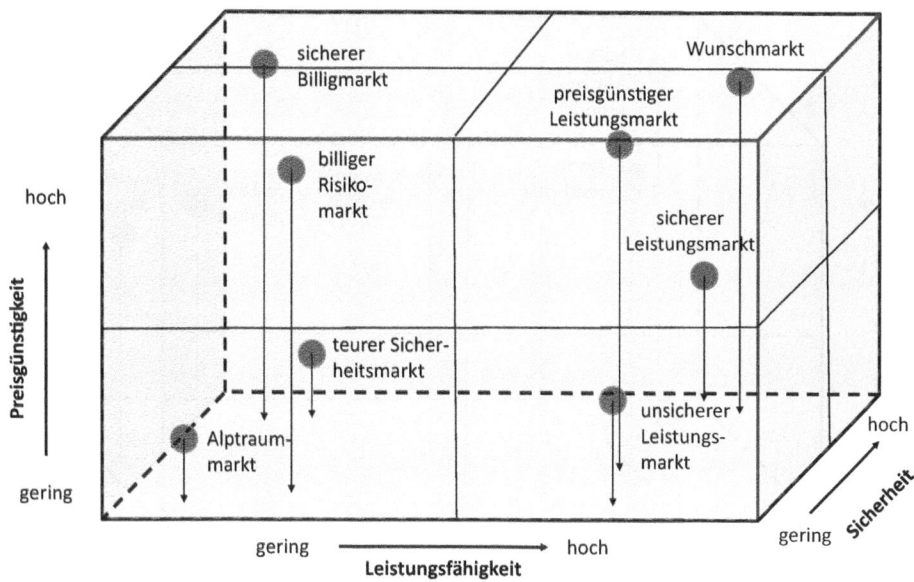

Abb. 5.9 Beschaffungsmarkttypen. (Quelle: In Anlehnung an Koppelmann (1991): S. 39 und Koppelmann (1993): S. 201)

Tab. 5.19 Detailkriterien der Dimensionen. (Quelle: In Anlehnung an Koppelmann (1993): S. 203)

Dimension	Detailkriterien
Leistung	Arbeitsleistung
	Managementleistung
	Technologieleistung
	Logistikleistung
	Kommunikationsleistung
	Kapitalleistung
	Staatsleistung
Kosten	Arbeitskosten
	Produktionsmittelkosten
	Logistikkosten
	Kapitalkosten
	Umweltschutzkosten
	Staatskosten
Risiko	Importabhängigkeit
	Klimaabhängigkeit
	Politische Instabilität
	Streikgefahr
	Ökonomische Instabilität
	Keine Substitutionsmöglichkeiten
	Rohstoffspekulationen

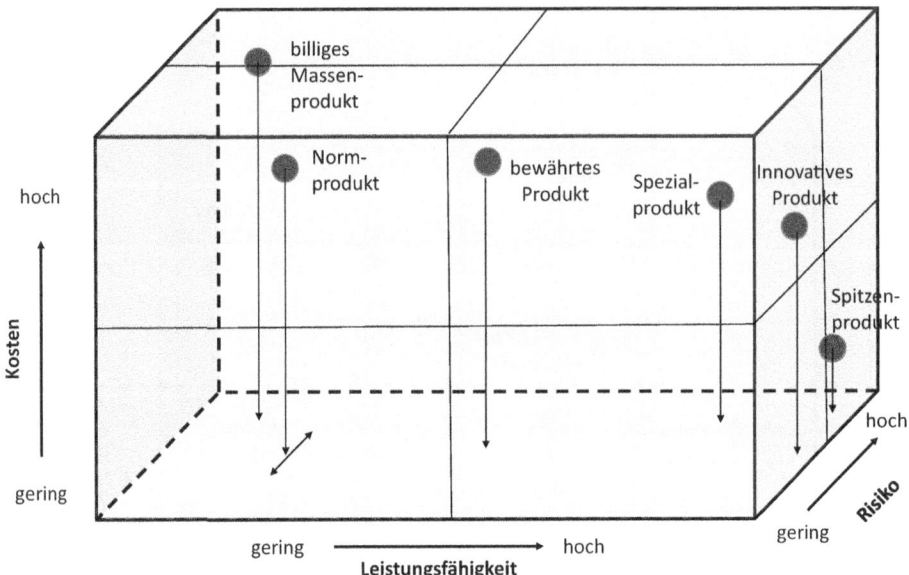

Abb. 5.10 Merkmalsspezifische Marktpositionierung. (Quelle: In Anlehnung an Koppelmann (1993): S. 202)

Die gezeigten Positionen können als **Soll-Position** für das jeweilige Objekt interpretiert werden und auf diesem Weg kann die Abweichung im Vergleich zur Ist-Situation festgemacht werden.[125]

5.7.3 Strategieableitung

Auf Basis der Objekteinordnung lassen sich für die einzelnen Objekte Markt- bzw. Lieferantenanforderungen ableiten, die im **Idealfall** erreicht werden sollten.[126] Eine Kombination der einzelnen in Abb. 5.10 gezeigten Produkte mit den Lieferantenkriterien zeigt, welche Kriterien besonders relevant bei den jeweiligen Produkten sind und damit mit einer besonderen Gewichtung bei der Lieferantenauswahl eingehen sollten. Die Kombinationen werden in Tab. 5.20 gezeigt.

Wenn ein Lieferant ein als „hoch" kategorisiertes Merkmal nicht erfüllen kann, so muss dies nicht zwingend als K.O.-Kriterium angesehen werden, sondern es können **Heilungsmöglichkeiten** gefunden werden, um eine zukünftige Zusammenarbeit möglich zu machen.[127] Die Anforderungen können auch noch hinsichtlich des gesamten Marktes

---

[125]Vgl. Koppelmann (1993): S. 201.
[126]Vgl. Koppelmann (1993): S. 204.
[127]Vgl. Koppelmann (2004): S. 244.

Tab. 5.20 Merkmalsspezifische Lieferantenleistung. (Quelle: In Anlehnung an Koppelmann 2004: S. 244)

Lieferantenauswahlkriterium		Billig-produkt	Norm-produkt	Bewährte Produkte	Spitzen-produkt	Innovatives Produkt	Spezial-produkt	Katalog-produkt	Mengen-bedeutsamkeit
Mengenleistung	Große Menge	++	++	+	0	0	0	+	++
	Kleine Menge	0	0	0	+	+	+	0	0
	Hohe Mengenflexibilität	0	+	0	0	0	0	++	+
	hohe Mengenkonstanz	0	0	++	++	++	++	+	++
Zeitleistungen	Kurze Entwicklungszeit	0	0	0	+	++	++	0	0
	Kurze Produktionszeit	++	0	+	0	0	0	0	++
	Kurze Lieferzeit	++	++	+	0	0	0	++	++
	Lieferzeitpunkteinhaltung	++	++	++	0	0	0	++	++
	Flexible Termingestaltung	0	+	+	0	0	0	+	0
Lieferleistungen	Lieferzuverlässigkeit	++	+	++	++	++	++	++	++
	Transportschutz	0	0	0	+	+	+	+	0
	Exklusivbelieferung	0	0	0	0	+	++	0	0
Entgeltleistungen	Fixierter Preis	++	++	+	0	0	0	+	++
	Bereitschaft zu Kostenanalyse	0	0	++	+	+	0	0	++
	Rabattstaffelung	0	0	+	0	0	0	+	++

(Fortsetzung)

Tab. 5.20 (Fortsetzung)

Lieferantenauswahlkriterium		Billig-produkt	Norm-produkt	Bewährte Produkte	Spitzen-produkt	Innovatives Produkt	Spezial-produkt	Katalog-produkt	Mengen-bedeut-samkeit
Serviceleistungen	Kundendienst-bereitschaft	o	o	o	+ +	+ +	+ +	o	o
	Erweiterte Garantie	o	o	+	o	o	o	o	o
	Nachkaufsicher-heit	o	o	+ +	o	o	o	+ +	o
Informations-leistungen	Informations-kompetenz	o	o	o	+ +	+ +	+ +	+	o
	Problemlösungs-bereitschaft	o	o	o	+ +	+ +	+ +	o	o
	Geheimhaltung	o	o	o	+	+	+ +	o	o
	Anwendungs-beratung	o	o	o	+	+	+	+	o
Relevanz		*Niedrig (o)*			*Mittel (+)*		*Hoch (++)*		

Tab. 5.21 Bewertung – Beschaffungsmarkttypen-Quadrant

Fundierung	Novitätsgrad	Tiefe der abgeleiteten Normstrategien	Empirische Fundierung
Keine Angabe	Neuer Ansatz der Integration einer dritten Strategie	Detaillierte Strategie-empfehlungen	Keine Angabe
– *(massive Mängel)*	+*(positiv)*	+*(positiv)*	– *(massive Mängel)*

spezifiziert werden, sodass für jede der definierten Produktarten (z. B. Spitzenprodukt) interne (Lieferant) und externe (Markt) Anforderungen definiert werden können.[128] Dies kann eine Hilfestellung bei einer vorgeschalteten Marktselektion geben.

Bezüglich der in der Praxis häufig anzutreffenden Situation, dass ein **Lieferant mehrere Produkte** liefert, gehen die Autoren davon aus, dass Lieferanten spezifische Leistungsprofile aufweisen. Diese führen dazu, dass Lieferanten häufig relevant für Produkte in einer Leistungs-Anforderungs-Klammer sind. Ein Beispiel für eine solche Klammer sind die Beschaffungsobjektmerkmale Billigprodukt, Normprodukt und Mengenbedeutsamkeit.[129]

5.7.4 Kritische Evaluation

Das Portfolio beinhaltet mit der zusätzlichen **dritten Dimension** eine komplett **neue Idee** für die Beschaffungsportfolios. Die Strategien sind detailliert für die differenzierten acht Objektarten ausgearbeitet. Zur Fundierung und einer möglichen empirischen Überprüfung werden keine Angaben gemacht. Die Bewertung wird zusammenfassend in Tab. 5.21 gezeigt.

5.8 Länder-Portfolios

5.8.1 Motivation und Grundlagen

Menze (1993) macht Vorschläge für unterschiedliche Portfolios zur Unterstützung von Entscheidungen mit einem **Länderkontext**. Dabei weist er darauf hin, dass grundsätzlich eine situationsspezifische Auswahl der Charakteristika der Dimensionen zu wählen ist.[130] Das Lieferanten-Portfolio, welches die Bezeichnung „Internationales Lieferanten-

---

[128] Vgl. Koppelmann (2004): S. 246.
[129] Vgl. Koppelmann (2004): S. 248.
[130] Vgl. Menze (1993): S. 293.

Internationale Management-Kompetenz

	niedrig	hoch
hoch		
niedrig		

Generelle Leistungsfähigkeit des Lieferanten

Abb. 5.11 Internationales Lieferanten-Portfolio. (Quelle: In Anlehnung an Menze (1993): S. 294)

portfolio" trägt, hat die Dimensionen generelle Leistungsfähigkeit und internationale Management-Kompetenz.[131] Daraus ergibt sich das in Abb. 5.11 gezeigte Portfolio.

5.8.2 Dimensionen

Die **Leistungsfähigkeit** kann beispielhaft mithilfe folgender operationalisierbarer Kriterien gemessen werden:[132]

- Qualität
- Preise
- Kapazitäten
- Termingerechtigkeit
- Flexibilität
- Entwicklungspotenzial

Bezüglich der **internationalen Management-Kompetenz** wird empfohlen, folgende Einzelmerkmale zu verwenden:[133]

---

[131] Vgl. Schneider (2005): S. 159.
[132] Vgl. Menze (1993): S. 293 und Schneider (2005): S. 160.
[133] Vgl. Menze (1993): 293 f. und Schneider (2005): S. 160.

Tab. 5.22 Bewertung – Länder-Portfolios

Fundierung	Novitätsgrad	Tiefe der abgeleiteten Normstrategien	Empirische Fundierung
Keine vorhanden	Neuer Aspekt der Betrachtung	Keine vorhanden	Keine vorhanden
– (massive Mängel)	+ (positiv)	– (massive Mängel)	– (massive Mängel)

- Internationale Erfahrung
- Kontakte im Abnehmerland
- internationale IT-Infrastruktur
- Sprachkenntnisse

Der Autor entwickelt keinen spezifischen Vorschlag für Strategien, um eine Veränderung der Position im Portfolio herbeiführen zu können.

5.8.3 Kritische Evaluation

Schneider, D. (2005) weist darauf hin, dass „sehr viel für eine **positive Abhängigkeit** der gewählten **Grunddimensionen** zueinander"[134] spricht. Daher kann in der Portfoliodarstellung erwartet werden, dass eine Punktwolke entsteht, die von links unten nach rechts oben verläuft.

Das Portfolio nimmt **keinen Rückgriff** auf bestehende Portfolios vor. Hinsichtlich des Betrachtungsgegenstandes ist mit dem Blick auf die **Länder** ein weitestgehend **neues Feld** geschaffen worden. Normstrategien, genauso wie eine Fundierung auf bestehenden Portfolios oder empirischen Studien, sind nicht vorhanden. Tab. 5.22 zeigt die zusammenfassende Bewertung für das Portfolio.

5.9 Integrierte materialwirtschaftliche Portfolio-Matrix

5.9.1 Motivation und Grundlagen

Harting, D. (1994) kombiniert das Beschaffungsmarktattraktivitäts-Wettbewerbsvorteils-Portfolio (siehe Abschn. 5.3) mit dem klassischen absatzorientierten Portfolio, welches auf der relativen Wettbewerbsstärke und der Absatzmarktattraktivität basiert.[135] Damit erreicht er eine **intensivere Vertriebsorientierung,** als dies bei der isolierten

---

[134] Schneider (2005): S. 160.
[135] Vgl. Harting (1994): S. 48.

Abb. 5.12 Integrierte materialwirtschaftliche Portfolio-Matrix. (Quelle: In Anlehnung an Harting (1994): S. 48)

Anwendung des Beschaffungsmarktattraktivitäts-Wettbewerbsvorteils-Portfolio der Fall ist.

5.9.2 Dimensionen

Das Hauptportfolio, welches als „integrierte materialwirtschaftliche Portfolio-Matrix"[136] bezeichnet wird, ist eine **Zusammensetzung** der Einordnungen der beiden Einzel-portfolios, welche hier als Hilfsportfolios zur Bildung der Dimensionen fungieren, wie es Abb. 5.12 zeigt. Dabei wird im Hinblick auf die Objekte im Hauptportfolio eine strategische Ressourceneinheit[137] aus dem materialwirtschaftlichen Portfolio einer korrespondierenden strategischen Geschäftseinheit[138] aus der absatzorientierten Portfolio-Matrix zugeordnet.[139]

---

[136] Harting, D. (1994): S. 48.

[137] Vgl. Corsten (1995): S. 576.

[138] Vgl. Ansoff und Leontiades (1976): S. 14.

[139] Vgl. Harting (1994): S. 47.

5.9.3 Strategieableitung

Die empfohlenen **Normstrategien** sind:[140]

- A: Risikoabwehrstrategien und marktbeeinflussende Strategien
- B: Haltestrategien
- C: Rückzugs- und Abschöpfungsstrategien

Nähere Angaben zur Ausgestaltung werden nicht vorgenommen. Hier kann höchstens auf die beiden kombinierten Portfolios und die dort aufgestellten Strategien verwiesen werden.

5.9.4 Kritische Evaluation

Bei wettbewerbsorientierten Portfolios ist eine Standardkritik, dass durch das Portfolio die **Reaktionen** der **Konkurrenz nicht integriert** werden.[141] Dieses Manko kann auch bei der integrierten materialwirtschaftlichen Portfolio-Matrix beanstandet werden.

Das Portfolio **basiert** auf **weit verbreiteten** und entsprechend analysierten **Portfolios,** welche miteinander kombiniert werden, um damit ein von Grund auf neues stark absatzmarktorientiertes Portfolio aufzubauen. Eine empirische Fundierung existiert nicht.

Kritisch sind **Ressourcen** zu sehen, welche nicht nur in einem Produkt verwendet werden. Eine eindeutige Positionierung ist dann nicht mehr möglich.[142] Die Bewertung des Portfolios wird zusammenfassend in Tab. 5.23 vorgenommen.

Tab. 5.23 Bewertung – Integrierte materialwirtschaftliche Portfolio-Matrix

Fundierung	Novitätsgrad	Tiefe der abgeleiteten Normstrategien	Empirische Fundierung
Basiert auf weit verbreiteten und intensiv analysierten Portfolios	Neue Verbindung bestehender Portfolios	Sehr abstrahiert	Keine Angabe
+(positiv)	+(positiv)	0 (kleinere Mängel)	– (massive Mängel)

---

[140] Vgl. Harting (1994): S. 47.

[141] Vgl. Hopfenbeck (2002): S. 622.

[142] Vgl. Harting (1994): S. 47.

5.10   Lieferanten-Auswahl-Würfel

5.10.1 Motivation und Grundlagen

Ein weiteres von Harting, D. (1994) entwickeltes Instrument zur Unterstützung der Beschaffung bei der Strategieauswahl ist der dreidimensionale Lieferantenauswahl-Würfel.[143] Wesentliche Motivation war eine Abkehr von der exklusiven Betrachtung von lieferantenbezogenen Einflussfaktoren durch die **Integration** von **Umwelteinflüssen** (Markt, Wettbewerb, Abnehmerstruktur usw.) in das Kalkül.[144]

5.10.2 Dimensionen

Die **drei Dimensionen** des Würfels sind:[145]

- Umwelt des Lieferanten: Sammlungexogener Faktoren, dies können beispielsweise die Risiken im Bereich von politischen Unruhen oder Streiks sein oder auch die Entfernung und Transportnotwendigkeiten
- Unternehmen des Lieferanten: Überprüfung, inwieweit dieser den Anforderungen gerecht werden kann, Beurteilung der Lieferfähigkeit
- Lieferung und Leistung des Lieferanten: eigentliche Bewertungsebene, Kriterien können Preis, Qualität und Kundendienst sein

Zur **Bewertung** wird eine numerische Fünferskala empfohlen. Diese soll so angelegt sein, dass ein niedriger Skalenwert eine sehr gute Entsprechung mit den Anforderungen bedeutet und ein hoher Wert, dass die Anforderungen lediglich in geringem Ausmaß erfüllt werden. Außerdem werden für die einzelnen Einflussfaktoren unternehmens-individuelle Gewichtungen empfohlen.[146]

Tab. 5.24 zeigt eine beispielhafte Zusammenstellung möglicher Faktoren und deren Bewertung für die drei Dimensionen.

5.10.3 Strategieableitung

An sich ist das Konzept nicht unbedingt als Würfel, sondern als **Scoring-Verfahren** mit zwei **vorgeschalteten Filtern** zu verstehen. Die erste Selektionsstufe sind die exogenen

---

[143] Siehe Harting (1994): S. 51–55.

[144] Vgl. Harting (1994): S. 51.

[145] Vgl. Harting (1994): 51 f.

[146] Vgl. Harting (1994): S. 51.

Tab. 5.24 Beispiel der Einflussfaktoren der Dimensionen des Lieferanten-Auswahl-Würfels. (Quelle: In Anlehnung an Harting (1994): S. 52)

Dimensionen	Einflussfaktoren	Gewichtung	Einschätzung (Risiko)				
			1	2	3	4	5
Exogen	Politische Unruhe	25 %	X				
	Streik	25 %			X		
	Ausfuhr-/Einfuhrverein-barung	10 %				X	
	Devisenpolitik	5 %			X		
	Wirtschafts-/Arbeitsethik	5 %	X				
	Ausbildungssystem	5 %		X			
	Infrastruktur	5 %			X		
	Religion	5 %	X				
	Klimatische-/geologische Bedingungen	5 %		X			
Endogen	Entfernung/Transport	10 %	X				
	Gesamteindruck	10 %			X		
	Technisches Know-how	10 %					X
	Maschinenkapazität	5 %			X		
	Qualitätssicherung	5 %		X			
	Prüfmittel und -methoden	20 %				X	
	Werkstoffprüfung	10 %	X				
	Mitarbeiterqualifikation	20 %	X				
	Finanzielle Mittel	20 %					X
Bewertung Lieferung und Leistung	Qualität	40 %			X		
	Preis	20 %			X		
	Lieferzuverlässigkeit	15 %			X		
	Liefertreue	5 %		X			
	Technischer Kundendienst	5 %				X	
	Reaktionsgeschwindigkeit	5 %					X
	Qualität administrative Arbeit	5 %				X	
	Zusammenarbeit bei Problemen	5 %			X		

und endogenen Einflussfaktoren. Diejenigen Lieferanten, die den daraus gebildeten Filter überwunden haben, werden dann in der Ebene der Lieferantenbewertung bezüglich der Lieferungen und Leistungen bewertet. Diese Bewertung wird in einem Portfolio mit dem Ergebnis der endogenen und exogenen Risikobewertung kombiniert. Der Ablauf wird in Abb. 5.13 gezeigt.

Lieferfähigkeit (endogene Einflussfaktoren)

		sehr niedriges Risiko Index 1-2,25	mittleres Risiko Index 2,251-3,5	hohes Risiko Index 3,51-5,0
positiv	sehr gute geeignet Index 1,0-2,25	1	2	3
neutral	bedingt geeignet Index 2,251-3,5	4	5	6
negativ	unge-eignet Index 2, 51-5,0	7	8	9

positiv　　　　　　neutral　　　　　　negativ

Risiko (exogene Einflussfaktoren)

Gesamturteil (Risikofaktoren)	nicht kritisch 1, 2, 4	mittel kritisch 3, 5, 7	kritisch 6, 8, 9

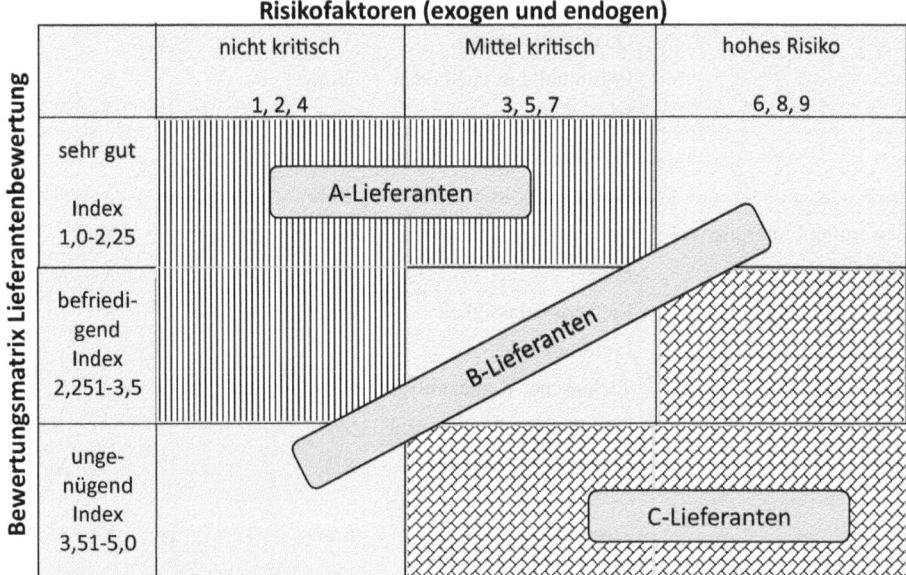

Risikofaktoren (exogen und endogen)

Bewertungsmatrix Lieferantenbewertung	nicht kritisch 1, 2, 4	Mittel kritisch 3, 5, 7	hohes Risiko 6, 8, 9
sehr gut Index 1,0-2,25	A-Lieferanten		
befriedi-gend Index 2,251-3,5		B-Lieferanten	
unge-nügend Index 3,51-5,0			C-Lieferanten

Abb. 5.13 Lieferantenauswahl-Würfel. (Quelle: In Anlehnung an Harting (1994): S. 54)

Ergebnis der Durchführung ist eine A-, B-, C-Einteilung der Lieferanten. Diejenigen Lieferanten, die das kleinste Gesamtergebnis aufweisen, sind die beste Bezugsquelle für das jeweilige Bezugsobjekt.[147] Diejenigen mit mehr als 3,5 Punkten werden höchstens im Notfall als Lieferanten herangezogen.

5.10.4 Kritische Evaluation

Die Anwendungsfelder des Portfolios werden insbesondere im **internationalen strategischen Rohstoffeinkauf** gesehen. Ihm wird eine hohe Eignung für die Darstellung von Versorgungsrisiken attestiert.[148] Der hohe **Bewertungsaufwand** wird als negativ angesehen.[149]

Das Portfolio weist weder eine Fundierung auf bereits existierenden Portfolios auf noch basieren die entwickelten Normstrategien auf Fallstudien oder empirischen Untersuchungen. Die **Strategien** bestehen nur aus einem **Ranking** des geeigneten Lieferanten, geben also eine Auswahlentscheidung vor. Weitergehende Informationen werden nicht gegeben. Neu sind erstens die Integration von K.O.-Kriterien, welches den Bewertungsaufwand reduziert und zweitens die Kombination der drei Dimensionen. Diese positiven und negativen Punkte ergeben das zusammenfassende Bewertungsbild der Tab. 5.25.

Tab. 5.25 Bewertung – Lieferanten-Auswahl-Würfel

Fundierung	Novitätsgrad	Tiefe der abgeleiteten Normstrategien	Empirische Fundierung
Keine	Neuer Ansatz von K.O.-Kriterien und der Kombination von drei Dimensionen	Ranking der geeignetsten Lieferanten	Keine Angabe
− (massive Mängel)	+(positiv)	0 (kleinere Mängel)	− (massive Mängel)

---

[147] Vgl. Harting (1994): S. 53.

[148] Vgl. Muschinski (1998): S. 118.

[149] Vgl. Janker und Janker (2008): S. 139 mit Verweis auf Muschinski (1998): S. 118.

5.11   Branchensituations-Branchenabhängigkeits-Portfolio

5.11.1 Motivation und Grundlagen

Anders (1994) hat einen im Vergleich zum Lieferanten-Abnehmer-Marktmacht-Portfolio abgewandelten Ansatz gewählt. Hier werden die **Machtverhältnisse** in Abhängigkeit von der Branchensituation des Abnehmers und der Branchenabhängigkeit des Lieferanten abgeleitet. Aus den Einordnungen werden Strategieempfehlungen geschlussfolgert.[150]

Motivation für diese Adjustierung ist, dass die Branchensituation als prägende Größe für die Verhandlungsstärke angesehen wird, sowohl auf Abnehmer- als auch Lieferantenseite. Dabei ist beim Lieferanten im Hinblick auf die Branchenabhängigkeit zu unterscheiden, ob dieser branchenunabhängige Produkte herstellt und mehrere Branchen beliefert bzw. beliefern kann oder sich mit seinen Produkten auf eine bestimmte Branche spezialisiert hat (z. B. Kunststoffstoßfänger für Automobilindustrie). Letzterer hat eine große Austrittsbarriere aufgrund der spezialisierten Betriebsausstattung und dem speziellen Know-how.[151]

5.11.2 Dimensionen

Die **Branchensituation** wird in die Stufen fragmentiert, wachsend, reif/stagnierend und schrumpfend unterteilt. Die **Branchenabhängigkeit** erhält eine zweistufige Differenzierung in stark und gering. Aus den Dimensionen ergibt sich die in Tab. 5.26 gezeigte Matrix.

5.11.3 Strategieableitung

Wenn der **Lieferant** eine **starke Branchenabhängigkeit** aufweist, so ist in allen Positionen außer dem schrumpfenden Markt eine Überlegenheit des einkaufenden Unternehmens zu verzeichnen. Bei schrumpfendem Markt entsteht eine Pattsituation, bei der keine der Parteien eine besondere Verhandlungsposition hat.[152] Die folgenden Ausführungen beziehen sich deswegen auf eine geringe Branchenabhängigkeit des Lieferanten und die daraus abgeleiteten Beschaffungsstrategien für den Einkauf.

---

[150] Vgl. Roland (1993): S. 138 mit Verweis auf Anders (1994): S. 65.

[151] Vgl. Anders (1994): 64 f.

[152] Vgl. Anders (1994): S. 66.

Tab. 5.26 Branchensituations-Branchenabhängigkeits-Portfolio. (Quelle: In Anlehnung an Anders (1994): S. 65)

		Branchensituation Unternehmen			
		Fragmentiert	Wachsend	Reif/stagnierend	Schrumpfend
Branchen-abhängigkeit Lieferant	Stark	Starke Verhandlungsmacht gegenüber Lieferanten	Starke Verhandlungsmacht gegenüber Lieferanten	Starke Verhandlungsmacht gegenüber Lieferanten	Pattsituation
	Gering	Geringe Attraktivität für Lieferant	hohe Attraktivivät für Lieferanten	Attraktivität für Lieferant abhängig von Preisgefüge	Starke Verhandlungsmacht des Lieferanten

Im Hinblick auf den Abnehmer wird in **fragmentierten Branchen** mit einer Vielzahl von konkurrierenden Unternehmen kleiner und mittlerer Größe eine geringe Verhandlungsstärke existieren. Empfohlene Einkaufsstrategien sind hier Langzeitverträge und zur Steigerung des Kaufvolumens eine Standardisierung der Einkaufsteile und eine Modularisierung von Zukaufkomponenten.[153]

Bei **wachsenden Branchen** besteht die Möglichkeit, in Einkaufsverhandlungen mit stark steigenden Stückzahlen und Erfahrungskurveneffekten zu argumentieren. Es sollten Lieferanten ausgewählt werden, welche breit ausgelegte Fertigungseinrichtungen haben, damit diese sowohl hinsichtlich Quantität als auch Differenzierung ein langfristiger Partner sein können. Diese Leistungen sollten durch eine entsprechende Lieferantenpflege abgesichert werden.[154]

Hohe Reife und stagnierende Branchen sind gekennzeichnet durch einen intensiven Wettbewerb. Innovationen sind selten und häufig existieren Überkapazitäten bei den Produktionsmitteln. Die beiden Felder werden zusammengefasst, da die Strategien sehr ähnlich sind. Relevant ist, ob eine Austritts- oder Überlebensstrategie durch das Unternehmen vorgesehen ist.[155]

Im Fall der **Austrittsstrategie** wird ein Single Sourcing empfohlen, um die Chancen der Größendegression maximal nutzen zu können. Es wird empfohlen, Verträge über die gesamte Restzeit abzuschließen.[156]

Bei der **Überlebensstrategie** sind die vorgeschlagenen Strategien die Standardisierung von Teilen und die Wertgestaltung. Es wird eine aggressive Kostenstrategie empfohlen, sowie der Abschluss von Lieferverträgen, um dem Lieferanten

---

[153]Vgl. Anders (1994): S. 67.
[154]Vgl. Anders (1994): 68 f.
[155]Vgl. Anders (1994): S. 70.
[156]Vgl. Anders (1994): 70 f.

bestimmte Mengen garantieren zu können. Darüber hinaus wird eine Markterweiterung im Sinne von stärkeren Auslandsbezügen, eine Substitution im Hinblick auf Material oder Fertigungsweg empfohlen, wobei bei letzterem davor gewarnt wird, dass diese Option mit einem gewissen Geld- und Zeitaufwand verbunden sein wird. Für Konzerne wird eine Zusammenfassung von Einkaufsvolumina über die Geschäftseinheiten hinweg als vielversprechender Weg vorgeschlagen.[157]

Für **schrumpfende Branchen,** in denen eine rückläufige Nachfrage zu konstatieren ist, wird eine Verringerung der Fertigungstiefe, sowie Lieferantenkonzentration und damit Volumenerhöhung beim Lieferanten, als adäquate Strategie angesehen. Außerdem wird empfohlen, Verträge mit den Lieferanten abzuschließen, die über den kompletten Auslaufzeitraum gehen.[158]

5.11.4 Kritische Evaluation

Obwohl der Aufbau als 2 X 4 Matrix Hoffnung auf ein stärker **ausdifferenziertes Portfolio** mit konkreteren Strategien macht, muss kritisiert werden, dass diese **nicht erfüllt** wird, da bei der starken Branchenabhängigkeit des Lieferanten beinahe alle Felder gleich bewertet werden bzw. zur gleichen Strategie geraten wird. Statt acht unterschiedlichen Feldern entstehen damit lediglich sechs.[159]

Das Portfolio basiert auf dem Lieferanten-Abnehmer-Marktmacht-Portfolio von Kraljic (1977) und hat damit eine **breite Fundierung.** Basierend auf dem bestehenden Portfolio wird eine Anpassung vorgenommen, welche sich auf die Branchencharakteristika konzentriert. Eine empirische Fundierung existiert nicht, aber ein erfolgreicher Einsatz bei Großunternehmen. Die zusammenfassende Bewertung zeigt Tab. 5.27.

Tab. 5.27 Bewertung – Branchensituations-Branchenabhängigkeits-Portfolio

Fundierung	Novitätsgrad	Tiefe der abgeleiteten Normstrategien	Empirische Fundierung
Adjustierung des Lieferanten-Arbeitnehmer-Marktmacht-Portfolio	Adjustierung bestehender Portfolios durch Branchenfokus	Teilweise noch immer zu undifferenziert	Erfolgreicher Einsatz bei Großunternehmen
+(positiv)	+(positiv)	0 (kleinere Mängel)	0 (kleinere Mängel)

---

[157] Vgl. Anders (1994): S. 71–74.

[158] Vgl. Anders (1994): 74 f.

[159] Bei starker Branchenabhängigkeit wird für die Ausprägungen der Branchensituation: „fragmentiert", „wachsend" und „reif/stagnierend" immer dieselbe Strategie empfohlen.

5.12   Sourcingportfolio

5.12.1 Motivation und Grundlagen

Anders (1994) hat ein weiteres Portfolio entwickelt, welches sich auf die Auswahl der Single- oder Multiple-Sourcing-Strategie konzentriert. Motivation für das Portfolio ist das **„komplexe[…] Entscheidungsfeld"**[160], welches sich insbesondere aus den Risiken des Single-Sourcing in Form von Abhängigkeiten, der Gefahr der Vorwärtsintegration sowie durch Insolvenzen, Streiks und Katastrophenfällen ergibt.[161] Da jedoch durchaus Situationen existieren, in denen das Single- dem Multiple-Sourcing vorgezogen werden sollte,[162] soll die Entscheidung mit der zu entwickelnden Matrix unterstützt werden.

5.12.2 Dimensionen

Zur Aufstellung der Dimensionen werden die **Lieferantenangebote** nach Kriterien wie Qualität, technische Kompetenz und Preis beurteilt. Der vorgeschlagene Weg führt über eine Nutzwertanalyse, welche auf den in Tab. 5.28 beispielhaft genannten Kriterien basieren kann
Die Einteilung erfolgt im Anschluss nach folgender Regel:[163]

- Liegt ein attraktives Angebot vor, so hat das Single Sourcing eine hohe Relevanz
- Bei zwei attraktiven bzw. gleichwertigen Angeboten existiert eine mittlere Relevanz des Single Sourcing
- Bei einem ausgeglichenen Spektrum an Angeboten ist die Relevanz gering

Die zweite Dimension bildet die **Nachfragemacht** des Abnehmers bzw. die Angebots-macht. Diese wird anhand der Kriterien bewertet, die Heege (1987) zur Ermittlung der Lieferanten- und Abnehmerstärke aufgestellt hat. Dies sind beispielsweise die Leistungs-fähigkeit des Lieferanten, dessen Marktanteil, die Konjunkturlage oder auch Möglichkeiten des Auftretens von Wettbewerbern.[164] Wenn die Lieferanten als schwach beurteilt werden und die Stärke des Abnehmers hoch ist, so ist die Nachfragemacht im Portfolio als hoch einzuordnen. Ist das Verhältnis ausgeglichen, ist eine mittlere Einordnung vorzunehmen und ansonsten bei gering.[165] Daraus ergibt sich das in Abb. 5.14 gezeigte Portfolio.

---

[160] Anders (1994): S. 119.

[161] Vgl. Anders (1994): 117 f.

[162] Vgl. Anders (1994): S. 119.

[163] Vgl. Anders (1994): S. 121.

[164] Vgl. Heege (1987): 15 f.

[165] Vgl. Anders (1994): S. 119–124.

Tab. 5.28 Bewertung – Attraktivität für Single Sourcing. (Quelle: In Anlehnung an Anders (1994): S. 120)

Kriterien		Gewicht	Bewertung								
			Lieferant A			Lieferant B			Lieferant C		
			Info	Wert	gew. Wert-zahl	Info	Wert	gew. Wert-zahl	Info	Wert	gew. Wert-zahl
Qualität	Produktquali-tät	25 %									
	Qualitäts-fähigkeiten										
Lieferung	Terminzuver-lässigkeit	25 %									
	Lieferflexibili-tät										
Technische Kompetenz	Prozess-bezogen	20 %									
	Produkt-bezogen										
Preis	Stückpreis 1. Periode	30 %									
	Werkzeug-kosten/Ein-malkosten										
SUMME gewichtete Wertzahlen											

Abb. 5.14 Sourcing-
Portfolio. (Quelle: In
Anlehnung an Anders (1994):
S. 125)

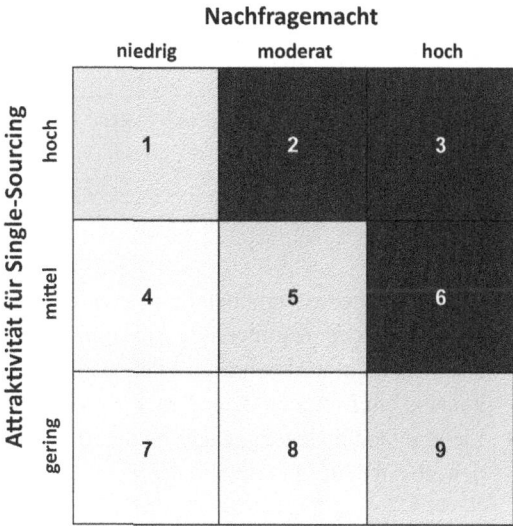

5.12.3 Strategieableitung

Für die drei eingezeichneten Zonen werden Strategien abgeleitet:[166]

- **Feld 2, 3, 6 (rechter oberer Bereich):** Chancenrealisierung durch Single Sourcing, da ein Lieferant ein außergewöhnliches Angebot vorgelegt hat
- **Feld 1:** Sonderfall, da hohe Single-Sourcing-Attraktivität bei gleichzeitig ungünstiger Nachfragesituation ausgelöst durch Technologieführerschaft (damit Quasi-Monopolist) des Lieferanten besteht, deswegen Empfehlung „alle [] Einkaufsaktivitäten auf die technische Zusammenarbeit mit dem Lieferanten"[167] zu richten
- **Feld 4, 7, 8, 9:** Multiple Sourcing
- **Feld 5:** selektives Vorgehen

Bei der Entscheidung für das Single-Sourcing sollten zusätzlich noch folgende Kriterien mit einbezogen werden:[168]

---

[166]Vgl. Anders (1994): S. 126.

[167]Anders (1994): S. 126.

[168]Vgl. Anders (1994): S. 127.

Tab. 5.29 Bewertung – Sourcing-Portfolio

Fundierung	Novitätsgrad	Tiefe der abgeleiteten Normstrategien	Empirische Fundierung
Basiert zu Teilen auf bestehenden Dimensionen	Widmet sich Spezial-thema	Lediglich ob ein oder mehrere Anbieter gewählt werden sollen	Fehlt vollständig
+(positiv)	+(positiv)	0 (kleinere Mängel)	– (massive Mängel)

- Voraussichtliches Verhalten des Lieferanten: inwieweit wird der Lieferant die aus dem Single-Sourcing resultierende Abhängigkeit ausnutzen
- Nachfragestärke Abnehmer: sollte ausreichen, um wirksame Maßnahmen ergreifen zu können, um Lieferant unter Druck zu setzen (möglichst A-Lieferant)
- Lieferant kann Gegengewicht bilden: durch Lieferanten wird eine Stärkung des Wettbewerbs in dem Materialfeld erzeugt

5.12.4 Kritische Evaluation

Das Portfolio baut zu Teilen auf existierenden Dimensionen auf. Es widmet sich mit der optimalen Lieferantenanzahl einem **Thema,** welches bisher noch **nicht** in der Form **behandelt** wurde. Die **Normstrategien** sind eher **oberflächlich** ausformuliert. Es wird nur angegeben, ob ich einen oder mehrere Lieferanten wählen sollte. Wie viele Lieferanten gewählt werden sollten, wird außer durch allgemeine Hinweise nicht situationsabhängig beantwortet, genauso wie konkret der Einbezug von Faktoren außerhalb des Angebotes und der Nachfragemacht. Eine empirische Validierung der aufgestellten Dimensionen und abgeleiteten Strategien finden nicht statt. Tab. 5.29 zeigt die zusammenfassende Bewertung des Sourcing-Portfolios.

5.13   Kontroll-Notwendigkeits-Portfolio

5.13.1 Motivation und Grundlagen

Motivation des Portfolios von van Stekelenborg und Kornelius (1994) ist die Erkenntnis, dass auf das **volatile Unternehmensumfeld** mit einer höheren Diversität an Beschaffungsstrategien reagiert werden sollte und dass eine professionelle Auswahl zu einer Verbesserung der Leistung des Unternehmens führt.

Das Portfolio ist als konzeptionelles Rahmenwerk für die **industrielle Beschaffung** entwickelt worden.[169] Es hat die Zielsetzung, eine Anleitung dazu zu geben, welche

---

[169] Vgl. van Stekelenborg und Kornelius (1994): S. 307.

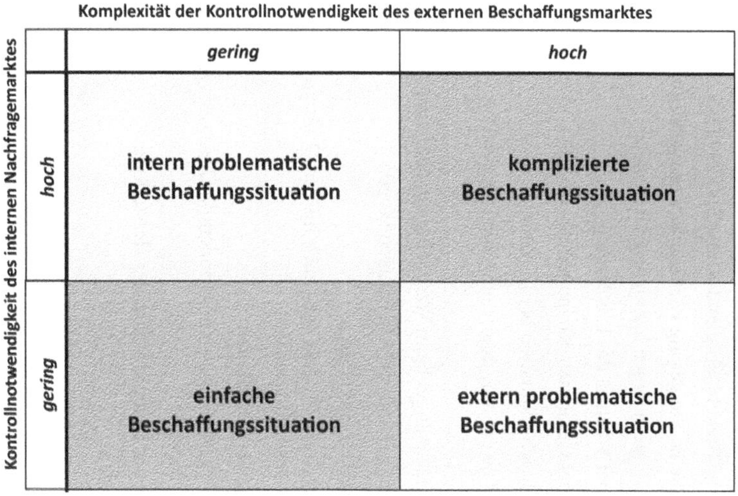

Abb. 5.15 Kontroll-Notwendigkeits-Portfolio. (Quelle: In Anlehnung an van Stekelenborg und Kornelius (1994): S. 311.)

Beschaffungsstrategien insbesondere im Hinblick auf **notwendige Kontrollen** in welcher Einkaufssituation anzuwenden sind.[170]

5.13.2 Dimensionen

Die Autoren leiten her, dass die beiden wesentlichen Kontrollvariablen für die Beschaffung die **Anforderungen** aus dem Bedarf des **internen Marktes** sind, sowie die Limitationen und Möglichkeiten des **externen Beschaffungsmarktes**.[171] Für diese beiden Dimensionen wird die Kontrollnotwendigkeit in ‚niedrig' und ‚hoch' eingeteilt. Grundidee ist eine Ausbalancierung der beiden Dimensionen, d. h. wenn eine hohe Kontrollnotwendigkeit aufgrund des internen Marktes gegeben ist, sollte die Beschaffung versuchen, diese auszugleichen. Auf diese Weise entsteht das in Abb. 5.15 gezeigte Portfolio.

Die beiden Dimensionen setzen sich aus unterschiedlichen **Faktoren** zusammen. Diese sind für die externe und interne Kontrollnotwendigkeit in Tab. 5.30 aufgelistet. Ermittelt wurden sie durch die Autoren auf Basis von **Fallstudien**.[172]

---

[170]Vgl. van Stekelenborg und Kornelius (1994): S. 308.

[171]Vgl. van Stekelenborg und Kornelius (1994): S. 310.

[172]Vgl. van Stekelenborg und Kornelius (1994): S. 312.

Tab. 5.30 Faktoren und ihre Beeinflussung der Kontrollnotwendigkeit. (Quelle: In Anlehnung an van Stekelenborg und Kornelius (1994): S. 312)

Dimension	Faktor		Ausprägung, die zu Steigerung Kontrollnotwendigkeit führt
Extern	Relevanz des Einkäufers für den Lieferanten		Beschaffendes Unternehmen hat niedrige Relevanz
	Wechselkosten		Hohe Kosten bei Wechsel des Lieferanten
	Knappheit des Gutes		Hohe Kosten bei Gefahr der Knappheit des Gutes
	Finanzielle Situation des Lieferanten		Schlechte finanzielle Situation bei Lieferanten
	Anzahl der potenziellen Lieferanten		Geringer Wettbewerb aufgrund von wenig potenziellen Lieferanten
	Qualität der gelieferten Güter		Massive Qualitätsmängel beim Wareneingang detektiert
	Logistische Situation des Lieferanten		Weite Entfernungen mit risikobehafteten Wegen
	Wirtschaftliche und technische Situation		Rapide verändernde Situation
Intern	Strategische Relevanz des Produktes	Preis	Anteil der Kosten für Produkt sehr hoch im Verhältnis zu Gesamtkosten des Endproduktes
		Funktionalitäten	Hohe Relevanz der Funktionen
		Legislative Restriktionen	Restriktive möglicherweise sich verändernde Gesetzeslage hinsichtlich des Objektes
	Produktcharakteristika	Komplexität	Objekte mit hoher Komplexität in der Herstellung
		Einzigartigkeit	Objekt sehr selten
		Größe	Objekte haben sehr große Volumina
	Dynamik und Vorhersagbarkeit des Kundenbedarfs		Häufige Wechsel des Bedarfs bezüglich Quantitäten und Spezifikationen

5.13.3 Strategieableitung

Bezüglich der vier Felder des Portfolios existieren die in Tab. 5.31 aufgezeigten strategischen Empfehlungen:

5.13.4 Kritische Evaluation

Schwerpunkt des Portfolios ist, die Bestimmung der Intensität der Kontrollaktivitäten bezüglich der Objekte. Diesen **Fokus** weist **bisher kein Portfolio** auf bzw. war er höchstens als Nebenaspekt vorhanden. Ein Schwerpunkt bei der Strategieableitung ist

Tab. 5.31 Strategien basierend auf Kontrollnotwendigkeit. (Quelle: In Anlehnung an van Stekelenborg und Kornelius (1994): S. 313–315)

Feld	Situation	Strategie	Beispiel
Einfache Beschaffungssituation	Objekte sind einfach zu spezifizieren und auf den Märkten einzukaufen	Arbeitsaufwand reduzieren Lieferantenauswahlkriterien Preis und Service	Elektrische Widerstände als sehr einfache und standardisierte Produkte
Intern problematische Beschaffungssituation	Objekt schwierig zu spezifizieren und vorherzusagen, Markt mit hohen Fähigkeiten	Auswahl von Lieferanten, die mit dem komplizierten und häufig wechselnden Bedarf umgehen können	Kritische Instandhaltungsarbeiten
Extern problematische Beschaffungssituation	Intern sind die Objekte einfach zu spezifizieren, jedoch extern existieren Charakteristika, die dazu führen, dass hier eine erhöhte Aufmerksamkeit durch die Beschaffungsabteilung notwendig ist	Internen Bedarfsanforderer sollten ständig über die Situation am Beschaffungsmarkt informiert werden	Dreidimensionale spezialisierte Rahmen, welche nur durch einen Spezialisten gefertigt werden können, bei dem man als C-Kunde eingestuft ist
Komplizierte Beschaffungssituation	Am stärksten komplizierte Beschaffungssituation, da intern wenig Flexibilität und extern ein stark limitierter Markt existiert	Abwägung zwischen internen und externen Wirkungen, intensive Einbindung weiterer Abteilungen, wie Forschung & Entwicklung und Produktion	Flugzeugturbine, welche sehr teuer und komplex ist und kundenindividuell angepasst werden muss, sowie eine Reihe von Schnittstellen zu anderen Objekten hat

Tab. 5.32 Bewertung – Kontroll-Notwendigkeits-Portfolio

Fundierung	Novitätsgrad	Tiefe der abgeleiteten Normstrategien	Empirische Fundierung
Keine	Konzentration auf Kontrollaspekt, welcher bisher nur zu Teilen durch risikoorientierte Portfolios abgedeckt war	Für die vier Felder werden eine Reihe von Ansätzen zur Strategie-ausprägung gegeben	Strategien basieren auf Fallstudien
– (massive Mängel)	+(positiv)	0 (kleinere Mängel)	0 (kleinere Mängel)

auf die Einbindung von weiteren Abteilungen zu legen, wie beispielsweise der Design-abteilung, welche das Objekt so ausgestalten kann, dass die externe Situation mit weniger Kontrollaktivitäten bestritten werden kann.[173]

Das Portfolio, welches zusammenfassend in Tab. 5.32 bewertet wird, ist **überwiegend konzeptioneller** Natur[174] und beruht vorteilhafterweise sowohl auf sachlogischen Ableitungen als auch auf Erkenntnissen aus **Fallstudien**.

5.14 Kombinations-Matrix Einkauf

5.14.1 Motivation und Grundlagen

Die Idee für das kombinierte Portfolio von Besslich und Lumbe (1994) ist im Rahmen eines Projektes bei der Siemens AG entstanden, innerhalb dessen dieses auch implementiert wurde. Das finale Portfolio wird **zusammengesetzt aus drei Einkaufs-portfolios**. Dies sind im Einzelnen die Einkaufsmatrix, die A-Teilematrix und die Lieferantenmatrix.[175] Auf diesem Weg sollen sowohl objekt-, lieferantenspezifische und risikorelevante Informationen einbezogen werden. Ausgangpunkt der Analyse sind abgerechneten Lieferungen der vergangenen 12 Monate.[176]

Grundlage der Herangehensweise ist die Erkenntnis, dass keine Beschaffungsstrategie für das gesamte Volumen festgelegt werden kann. Um ein Optimum zu erreichen müssen **„mehrere, unterschiedliche Strategien"**[177] abhängig vom Beschaffungsobjekt aus-gewählt werden.

---

[173] Vgl. van Stekelenborg und Kornelius (1994): S. 315.

[174] Vgl. van Stekelenborg und Kornelius (1994): S. 316.

[175] Vgl. Besslich und Lumbe (1994): S. 23.

[176] Vgl. Besslich und Lumbe (1994): S. 22.

[177] Besslich und Lumbe (1994): S. 25.

Tab. 5.33 Kategorien des Versorgungsrisikos. (Quelle: In Anlehnung an Besslich und Lumbe (1994): 22 f.)

Kategorie	Marktbezogene Kriterien	Unternehmensbezogene Kriterien
Technologische Anforderungen	Know-how Lieferant	Anforderungen an das Teil
	Komplexität Fertigungsverfahren	Standardisierungsgrad
Beschaffungsmarkt	Struktur	
	Wachstum	
Kapazität	Auslastung Lieferant	Eigenfertigungsmöglichkeiten
Rohstoffe	Voraussichtliche Marktpreisentwicklung	Substitutionsmöglichkeiten
Lieferantensituation	Image als Abnehmer	Kosten Lieferantenwechsel
		Anzahl freigegebene Lieferanten
Bedarf		Entwicklung in Zukunft
		Ungenauigkeiten Vorhersage/ Schwankungen

5.14.2 Dimensionen

Im ersten Schritt erfolgt eine **Feststellung** des **Versorgungsrisikos**. Dieses wird in markt- und unternehmensbezogene Kriterien unterteilt. Dazu werden die in Tab. 5.33 aufgelisteten Analysebereiche vorgeschlagen.

Zur Bewertung der Kriterien wird eine Skala von 0 bis 9 vorgeschlagen. Außerdem soll eine unternehmensindividuelle Gewichtung der Risikokategorien erfolgen. Auf diesem Weg kommt man zu einem **Gesamtwert** für das **marktbezogene** und **unternehmensinterne Risiko**. Eberle (2005) leiten aus den Ausführungen von Besslich und Lumbe (1994) eine Zusammenfassung der Kategorien, wie in Abb. 5.16 gezeigt ab.

In der **Einkaufsmatrix** wird nun der Ergebniseinfluss und das aus internem und externem Faktoren kumulierte Versorgungsrisiko verwendet, um Normstrategien abzuleiten. Die Einkaufsmatrix unterteilt sich dabei in vier Quadranten. Diese sind:[178]

- **E I:** hohes Risiko/hoher Ergebniseinfluss: technisch zusammenarbeiten
- **E II:** niedriges Risiko/hoher Ergebniseinfluss: Marktpotenzial ausschöpfen
- **E III:** hohes Risiko/niedriger Ergebniseinfluss: Verfügbarkeit gewährleisten
- **E IV:** niedriges Risiko/niedriger Ergebniseinfluss: effizient abwickeln

---

[178]Vgl. Besslich und Lumbe (1994): S. 23 Die strategischen Stoßrichtungen sind direkt entnommen von Hubmann und Barth (1990): S. 29.

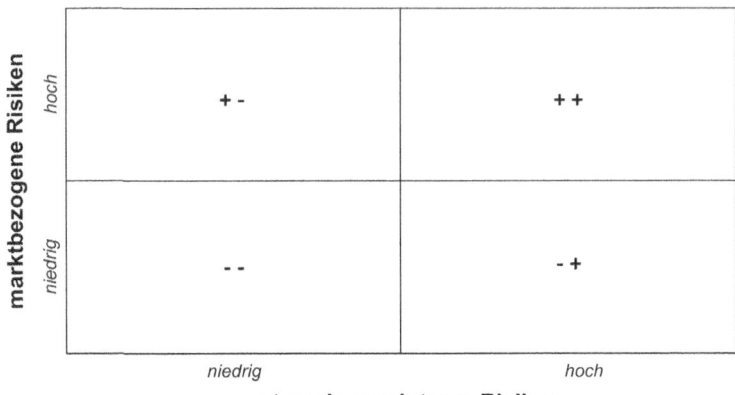

Abb. 5.16 Versorgungsrisiko-Portfolio. (Quelle: In Anlehnung an Eberle (2005): S. 156)

Tab. 5.34 Kombinations-matrix Einkauf. (Quelle: In Anlehnung an Besslich und Lumbe (1994): S. 23)

Einkauf		L I	L II	L III	L IV
A-Teile	A I				
	A II				
	A III				
	A IV				
B-, C-Teile	E III				
	E IV				

In der **Lieferantenmatrix** wird die das wertmäßige Liefervolumen des Lieferanten dem lieferantenspezifischen Risiko gegenübergestellt. Es findet auch wieder eine Unterteilung in vier Quadranten statt:[179]

- **L I**: hohes Liefervolumen/hohes Risiko: Schlüssellieferanten
- **L II**: hohes Liefervolumen/niedriges Risiko: Hebellieferanten) Lieferanten leicht austauschbar
- **L III**: kleines Liefervolumen/hohes Risiko: kritische Lieferantenbeziehung
- **L IV**: geringes Liefervolumen/niedriges Risiko: Bereinigung (Kleinlieferant)

Die **Kombinationsmatrix Einkauf** [KME] ist die Zusammensetzung der zuvor beschriebenen Matrizen. Zusätzlich findet noch eine Unterteilung in A-, B- C-Teile statt, wie es Tab. 5.34 zeigt.

---

[179]Vgl. Besslich und Lumbe (1994): S. 24 und Eberle (2005): S. 156.

Tab. 5.35 Bewertung - Kombinations-Matrix Einkauf

Fundierung	Novitätsgrad	Tiefe der abgeleiteten Normstrategien	Empirische Fundierung
Basiert auf existierenden, jedoch im Ursprungstext nicht spezifizierten existierenden Portfolios	Kombination von drei Portfolios vorab nicht aufgetaucht	Es werden immer wieder detaillierte Strategien angegeben, jedoch nicht strukturiert nach einem festen Kategorien- system	Eine Fallstudie
0 (kleinere Mängel)	*+(positiv)*	*0 (kleinere Mängel)*	*0 (kleinere Mängel)*

5.14.3 Kritische Evaluation

Eine zusammenfassende Bewertung der Matrix zeigt Tab. 5.35. Eine Strategieableitung bei der finalen Kombinationsmatrix findet nicht statt, sodass diese im **luftleeren Raum** steht. Das Vorgehen, drei Matrizen zu einem Portfolio zu verbinden ist neu. Eine empirische Evaluation fand nicht statt. Die Matrix wurde in einem Fall eingesetzt. Hier konnten mithilfe der abgeleiteten Strategien **Materialkostensenkungspotenziale** von durchschnittlich **4 %** identifiziert werden.[180]

5.15 Lieferantenbeziehungs-Portfolio

5.15.1 Motivation und Grundlagen

Zielsetzung des von Olsen und Ellram (1997) entwickelten Portfolios ist, die **Kritik** an den bestehenden Portfolios zu reduzieren. Ausgangspunkt der Portfolioentwicklung ist das vertriebsorientierte Portfolio von Fiocca (1982) zum Management von Kunden und das Lieferanten-Abnehmer-Marktmacht-Portfolio von Kraljic (1983). Zielsetzung ist, für die Haupteinkaufsobjekte die **ideale Lieferantenbeziehung** festzulegen.

5.15.2 Dimensionen

Als interne Dimension wird die **strategische Relevanz** des Objektes verwendet. Diese setzt sich zusammen aus den Kompetenzfaktoren, den ökonomischen Faktoren und den Imagefaktoren.[181] Ein Vorschlag für Detailkriterien wird in Tab. 5.36 gezeigt.

---

[180]Vgl. Besslich und Lumbe (1994): S. 25.

[181]Vgl. Olsen und Ellram (1997): S. 104 Zur Wichtigkeit des Einkaufsobjektes siehe auch Bloch und Richins (1983): 70 f.

Tab. 5.36 Strategische Relevanz des Einkaufsobjektes. (Quelle: In Anlehnung an Olsen und Ellram (1997): S. 104)

#	Gruppe	Detailkriterium
1	Kompetenzfaktoren	Ausmaß, in dem Objekt Teil der Kernkompetenzen des Unternehmens ist
2		Einkauf des Objektes erhöht Wissen der einkaufenden Organisation
3		Einkauf des Objektes erhöht technologische Fähigkeiten der Einkaufenden Organisation
4	Ökonomische Faktoren	Einkaufsvolumen
5		Ausmaß, in dem das Produkt einen hohen Wertbeitrag für das Gesamtprodukt leistet
6		Ausmaß der Profitabilität des Endproduktes in das das Objekt eingeht
7		Hebelwirkung des Einkaufsobjektes für den Kauf anderer Produkte bei dem Lieferanten
8	Imagefaktoren	Einfluss des Markennamens des Lieferanten auf eigenes Produkt
9		Potenzielle Umwelt- oder Sicherheitsrisiken

Die externe Dimension wird anhand der Faktoren bewertet, wie schwierig die **Beschaffungssituation gemanagt** werden kann. Die Einschätzung erfolgt auf Basis von Kriterien aus dem Bereich der Produktcharakteristika, Charakteristika des Beschaffungs- marktes und der Umweltcharakteristika, wie Tab. 5.37 zeigt.[182]

Zur Findung der Position im Portfolio muss eine Gewichtung der Faktoren vor- genommen werden. Olsen und Ellram (1997) schlagen dazu ein den ,Analytic Hierarchy Process' nutzende Methode vor[183] und betonen die hohe Relevanz dieses Schrittes.[184] Auf diesem Weg können die Objekte in das in Abb. 5.17 gezeigte Portfolio eingeordnet werden.

Dabei wird auf die hohe Relevanz der Ausnutzung der gesamten Skala hingewiesen, um zu vermeiden, dass alle Objekte in einem Feld angesiedelt werden.[185]

---

[182]Vgl. Olsen und Ellram (1997): S. 104.

[183]Vgl. Olsen und Ellram (1997): S. 112 mit Verweis auf Narasimhan (1983): 27 ff.

[184]Vgl. Olsen und Ellram (1997): S. 105.

[185]Vgl. Olsen und Ellram (1997): S. 105.

Tab. 5.37 Schwierigkeit des Managements der Einkaufssituation. (Quelle: In Anlehnung an Olsen und Ellram (1997): S. 104)

#	Gruppe	Detailkriterium
1	Produktcharakteristika	Neuigkeitsgrad
2		Komplexität
3	Beschaffungsmarktsituation	Lieferantemacht
4		Technische und kaufmännische Kompetenz des Lieferanten
5	Umweltcharakteristika	Kommerzielle Risiken (Preistransparenz)
6		Technische Risiken

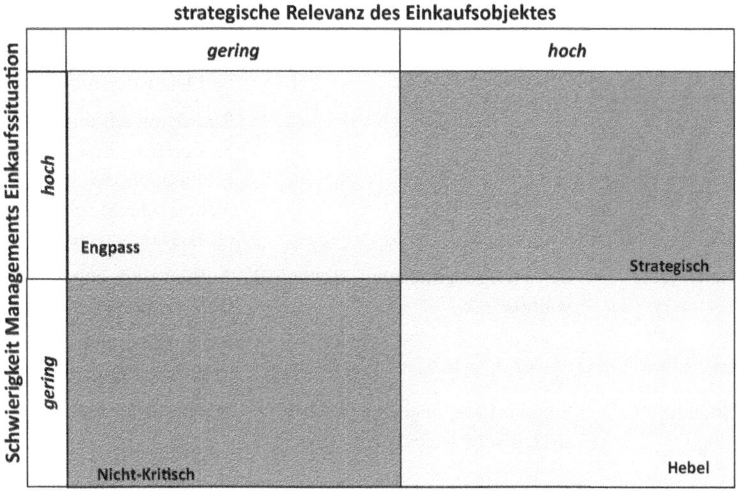

Abb. 5.17 Lieferantenbeziehungsportfolio. (Quelle: In Anlehnung an Olsen und Ellram 1997: S. 105)

5.15.3 Strategieableitung

Für die vier gebildeten Kategorien werden folgende in Tab. 5.38 dargestellten Strategien vorgeschlagen.

Die Strategien werden als Idealpositionen beschrieben. Zur Identifikation von spezifischen Aktivitäten wird empfohlen, einen **Abgleich** mit der **aktuellen Position** vorzunehmen. Diese wird mit einer spezifischen Matrix gemessen, welche sich aus der relativen Lieferantenattraktivität und der Stärke der Beziehung zusammensetzt.[186]

---

[186] Vgl. Olsen und Ellram (1997): S. 106.

Tab. 5.38 Strategien zum Lieferantenbeziehungsportfolio. (Quelle: In Anlehnung an Olsen und Ellram 1997: S. 105)

Kategorie	Positionierung	Strategien
Hebelobjekte	Einfach zu managen, strategisch wichtig	Identifikation des Wertbeitrages
		Suche nach Hebeln über alle Produktgruppen hinweg
		Kostensenkung
		Gute zweiseitige Beziehung
		Rahmenverträge
Nicht-kritische Objekte	Einfach zu managen, niedrige strategische Relevanz	Konsolidierung (Reduktion der Lieferanten)
		Standardisierung (Eliminierung von Duplikaten bei Produkten und Dienstleistungen)
		Reduktion administrativer Kosten über Etablierung einer Lieferantenbeziehung, die sich weitestgehend selber managet (z. B. Rahmenvertrag)
Strategische Objekte	Schwierig zu managen, strategisch wichtig	Aufbau einer engen, langfristigen Beziehung zu dem Lieferanten
		Frühe Einbindung des Lieferanten in Entwicklungsprojekte
Engpass-Objekte	Schwierig zu managen, niedrige strategische Relevanz	Standardisierung
		Substitution
		Gemeinsame Wertanalyse mit Lieferanten

Die **relative Lieferantenattraktivität** beschreibt die Faktoren, welche dazu führen, dass ein Unternehmen einen bestimmten Lieferanten auswählt. Dabei ist ein situations-spezifischer Ansatz zu wählen, da die relevanten Faktoren von Unternehmen zu Unternehmen unterschiedlich sind. In diesem Sinne sind die in Tab. 5.39 angegebenen Faktoren als Auswahlmöglichkeiten zu sehen. Die möglichen Faktoren setzen sich aus ,finanziellen und ökologischen Faktoren', ,Leistungsfaktoren', ,technologischen', ,organisationalen', ,kulturellen' und ,strategischen Faktoren' und den ,sonstigen Faktoren' zusammen.

Nach Ermittlung der beiden Dimensionen findet eine Einordnung in das Portfolio statt, welches als 3×3-Matrix ausgestaltet ist. Der Grundaufbau wird in Abb. 5.18 gezeigt. Hierbei soll darauf geachtet werden, dass die relative Lieferantenattraktivität angegeben wird. Diese muss deswegen als Vergleich zu Alternativ-Lieferanten ermittelt werden. Als zusätzliche Dimension wird empfohlen, die einzelnen Lieferanten bezüglich

Tab. 5.39 Faktoren zur Bestimmung der Stärke der Beziehung. (Quelle: In Anlehnung an Olsen und Ellram (1997): S. 107)

#	Gruppe	Detailkriterium
1	Ökonomische Faktoren	Beschaffungsvolumen
2		Wichtigkeit des Käufers für den Lieferanten
3		Ausstiegskosten
4	Charakter der Austauschbeziehung	Arten des Austauschs (zusätzlich zu Produkten/Dienstleistungen finanzielle Beziehungen oder Austausch von Wissen)
5		Niveau und Anzahl der persönlichen Kontakte
6		Anzahl von anderen Partnern
7		Dauer der Austauschbeziehung
8	Kooperation zwischen Käufer und Lieferant	Entwicklungskooperationen
9		Technische Kooperationen
10		Integration des Managements
11	Distanz zwischen Käufer und Lieferant[187]	Soziale Distanz (Ähnlichkeit der Arbeitsweisen)
12		Kulturelle Distanz (Normen und Werte)
13		Technologische Distanz
14		Zeitliche Distanz (Zeit zwischen Order und Lieferung)
15		Geographische Distanz

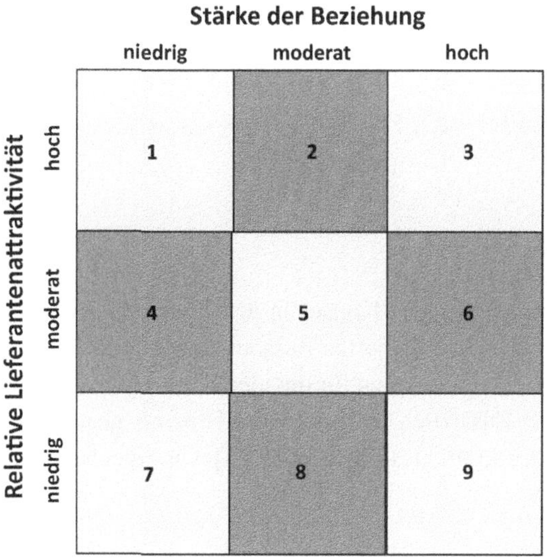

Abb. 5.18 Analyse der Lieferantenbeziehung. (Quelle: In Anlehnung an Olsen und Ellram 1997: S. 107)

---
[187] Vgl. Ford (1984): S. 105–108.

Tab. 5.40 Strategien zur Beziehungsanpassung in Abhängigkeit von aktueller Situation und Positionierung Einkaufsobjekt. (Quelle: In Anlehnung an Olsen und Ellram (1997): 108 f.)

Zellen	Ausprägung	Vorgehensweise		
		Generell	Engpass, strategisch	Nicht-kritisch, Hebel
1, 2, 4	Hohe oder moderate Lieferanten-attraktivität und niedrige oder durch-schnittliche Stärke der Beziehung	Erstrebenswerte Position	Intensivierung Kommunikation, Erhöhung von Volumen bei Lieferanten, Involvierung Lieferant in Produktentwicklung oder Wertanalyse	Stärkung der Beziehung ohne Verwendung größerer Ressourcen (z. B. Erhöhung Volumen bei Lieferanten)
3, 5, 6	Hohe oder moderate Lieferanten-attraktivität und starke Beziehung	Pflege der starken Beziehung, wenn möglich Ressourcenintensität reduzieren		Rahmenverträge, bei moderater Attraktivität Reduktion der Ressourcen zu analysieren (Nutzen möglicherweise zu gering
7, 8, 9	Geringe Lieferanten-attraktivität	Lieferantenwechsel, vorab Prüfung des Lieferantenein-flusses auf gesamtes Netzwerk	Entwicklung eines Plans zur Absicherung der Versorgung mit dem Objekt, wenn Objekte strategisch wichtig sind oder Situation schwierig zu managen ist, könnte eine weitere Zusammenarbeit mit einem bekannten Lieferantenbesser sein als ein Wechsel	Lieferantenwechsel

der Größe des Kreises in dem Portfolio zu differenzieren. Diese Größe repräsentiert die Höhe der allokierten Ressourcen zu der Beziehung[188]

Die Strategien für die identifizierten neun Felder werden in Tab. 5.40 aufgezeigt.

Zusätzlich wird noch der Hinweis gegeben, dass auch die Position im Lebenszyklus des Produktes, in das die Objekte eingehen, mit in die Entscheidung für eine Strategie

---

[188] Vgl. Olsen und Ellram (1997): S. 108.

Tab. 5.41 Bewertung - Lieferantenbeziehungs-Portfolio

Fundierung	Novitätsgrad	Tiefe der abgeleiteten Normstrategien	Empirische Fundierung
Baut auf bestehenden Portfolios und der darauf bezogenen Kritik auf	Zu Teilen neue Aspekte	Lediglich allgemeine Hinweise	Fehlt vollständig
+(positiv)	*0 (kleinere Mängel)*	*0 (kleinere Mängel)*	*– (massive Mängel)*

einfließen sollte.[189] Außerdem sollten Beziehungen zu anderen Lieferanten (‚mediating relationships‘) beachtet werden. Diese können auch ein Weg sein, um die Beziehungen zu nicht optimal positionieren Lieferanten zu verbessern.[190]

5.15.4 Kritische Evaluation

Die Autoren selbst führen als kritischen Punkt die **Fokussierung** auf **Produktionsbetriebe** an,[191] welche dazu führen kann, dass Teile der Empfehlungen beispielsweise bei Dienstleistungsunternehmen keine Gültigkeit haben. Auch die **Komplexität** der Dimensionen wird kritisch gesehen, hier wird jedoch darauf hingewiesen, dass diese über eine selektive Auswahl der Faktoren reduziert werden kann. Auch die Gefahr der **Nichtbeachtung** von **Interdependenzen** wird gesehen.

Das Portfolio, welches in Tab. 5.41 zusammenfassend bewertet wird, baut auf existierenden Portfolios und einer detailliert herausgearbeiteten Kritik an diesen Portfolios auf. Daraus entstehen **neue Teilaspekte** im Hinblick auf die Betrachtung der Beziehung zum Lieferanten. Die Strategien geben lediglich einige allgemeine Hinweise, wie auf die ermittelten Situationen eingegangen werden kann.[192] Es fehlt eine empirische Überprüfung der Felder und Strategieempfehlungen über Fallstudien oder eine Langzeitstudie bei Unternehmen, die das Portfolio in der beschriebenen Form einsetzen.[193]

---

[189] Vgl. Olsen und Ellram (1997): S. 109.

[190] Vgl. Olsen und Ellram (1997): S. 110.

[191] Vgl.Olsen und Ellram (1997): S. 110.

[192] „Some guidelines" Olsen und Ellram (1997): S. 110.

[193] Vgl. Olsen und Ellram (1997): S. 111.

5.16 Beziehungsarten-Portfolio

5.16.1 Motivation und Grundlagen

Das Beziehungsarten-Portfolio von Bensaou, M. (1999) bietet eine Strukturierung für die Beziehung zwischen Abnehmer und Lieferanten. Hintergrund ist die Notwendigkeit, insbesondere die Lieferanten zu selektieren, mit denen eine **strategische Partnerschaft** unterhalten werden kann, da in der Praxis nur bis zu 5 % der Lieferantenbeziehung aufgrund der knappen Ressourcen und Kompetenzen, um eine solche intensive Beziehung zu pflegen, in dieser Art gemanagt werden können.[194] Auf der anderen Seite können durch solche Partnerschaften nachhaltige Wettbewerbsvorteile generiert werden.[195] Ermittelt wurden diese auf Basis einer **empirischen** Erhebung bei Automobilherstellern und ihren Lieferanten in den USA und Japan. Zielsetzung ist, Hinweise zu erhalten, wie die **Lieferantenbeziehung** ausgestaltet sein soll.[196]

5.16.2 Dimensionen

Zur Aufstellung der Matrix werden zunächst die **Investition**en des Lieferanten und des Käufers in die Beziehung gesammelt. Als spezifisch für die Partnerschaft sind diese zu qualifizieren, wenn sie speziell für die Geschäftsbeziehung getätigt wurden und nur schwer auf eine andere Geschäftsbeziehung übertragen werden können. Lieferantenspezifische Investitionen können sein: Lage und Design von Produktionsstätten und Lagermöglichkeiten, Adaption des Informationssystems an das des Käufers (Schnittstellen, Protokolle) und immaterielle Investitionen, wie die Schulung der Mitarbeiter. Auf der Käuferseite können folgende durch die Lieferantenbeziehung ausgelösten Investitionen anfallen: Design, um das Produkt des Lieferanten in das eigene Produkt zu integrieren und Werkzeuge, die spezifisch auf die Produkte des Lieferanten ausgerichtet sind.

Aus der Gegenüberstellung von Käufer- und Lieferanteninvestitionen ergibt sich das Beziehungsarten-Portfolio der Abb. 5.19.

Daraus ergeben sich die folgenden Felder:[197]

- **Marktaustausch**: keine der beiden Parteien hat intensiv in die Beziehung investiert, damit kann jede der Parteien zurück auf den Markt gehen und zu einem anderen Partner wechseln, typisch für Standardware

---

[194] Vgl. Boutellier und Wagner (2001): 41 f.

[195] Vgl. Boutellier und Wagner (2001): S. 56.

[196] Vgl. Bensaou (1999): S. 36.

[197] Vgl. Bensaou (1999): S. 37, Wildemann (1998): S. 43 und Wagner (2003): 699 f.

Abb. 5.19 Beziehungsarten-Portfolio. (Quelle: In Anlehnung an Bensaou (1999): S. 36)

- **Gefangener Lieferant**: Lieferant hat hohe Summen in Partnerschaft investiert, Käufer nicht und kann so jederzeit wechseln
- **Strategische Partnerschaft**: hohe beziehungsspezifische Investitionen durch beide Seiten und damit klare Verpflichtung, die Beziehung aufrecht zu erhalten, Geschäftspartner gegenseitig voneinander abhängig
- **Gefangener Käufer**: asymmetrische Beziehung, bei der der Käufer abhängig von der Partnerschaft ist und der Lieferant jederzeit wechseln kann

5.16.3 Strategieableitung

Empirisch wurden bei der dem Portfolio zugrunde liegenden Studie zwischen den **USA** und **Japan** deutliche **Unterschiede** festgestellt, insbesondere für das Feld der ,gefangenen Lieferanten', welches in Japan mit 35 % am Gesamtanteil und das Feld der ,gefangenen Käufer', welches in den USA mit 42 % besonders stark ausgeprägt war. Daraus resultiert die Schlussfolgerung, dass die japanischen Automobilhersteller deutlich stärker in der Lage sind, ihren Lieferanten die Bedingungen der Zusammenarbeit zu diktieren. Hinsichtlich der Profitabilität konnten keine statistisch signifikanten Unterschiede für die einzelnen Felder festgestellt werden, d. h. für alle Felder gab es Fälle, in denen die Situation sehr gut oder schlecht gemanagt wurde. Nazli et al. (2006) haben das Modell für den Automobilsektor in der Türkei getestet. Hauptunterschiede zu der Studie in den USA und Japan waren hier, dass keine Beziehungen im Quadranten der ,gefangenen Käufer' identifiziert wurden, sodass hinsichtlich der Klassifizierung die besten statistischen Ergebnisse bei einer Aufteilung in drei Cluster erreicht werden konnten.[198] Am stärksten vertreten war dabei das Feld mit den ‚gefangenen Lieferanten', gefolgt von den ‚strategischen Partnerschaften'.[199]

Daraus ergibt sich, dass nicht grundsätzlich ein Quadrant des Portfolios vermieden werden muss, sondern zu identifizieren ist, welche Produkt-Markt- und Lieferanteneigenschaften besonders geeignet für die einzelnen Positionen sind. Die aus den empirischen Daten abgeleiteten **Merkmale** der vier Quadranten zeigt Tab. 5.42.

Zur Beantwortung der Frage, welche Zusammenarbeit bei der jeweiligen Beziehungsart am erfolgreichsten ist, wurden die Beziehungen in jedem Quadranten in die erfolgreichen und nicht erfolgreichen getrennt und auf Basis dieser Aufteilung die wesentlichen Differenzen zwischen den Umsetzungsstrategien der Beziehung der beiden Gruppen herausgearbeitet. Diese wurden gruppiert in Informationsaustauschmechanismus, Wissenstransferaufgaben und Klima- und Prozesscharakteristika und sind in Tab. 5.43 zusammengefasst. Diese stellen somit die **erfolgreichen Managementstrategien** bzw. Situationsbeschreibungen (Strategien der ‚high performer') für die jeweiligen Quadranten dar.[200]

Simplifiziert wird herausgearbeitet, dass es **zwei erfolgreiche** Arten der Zusammenarbeit gibt:

1. bei hohen Anforderungen werden hohe Ressourcen investiert
2. bei niedrigen Anforderungen werden niedrige Ressourcen investiert

Auf der anderen Seite gibt es **zwei erfolglose** Wege, bei denen eine über- oder unterdimensionierte Ausgestaltung vorliegt:

1. bei hohen Anforderungen werden niedrige Ressourcen investiert
2. bei niedrigen Anforderungen werden hohe Ressourcen investiert

Dies ist beispielsweise der Fall, wenn Unternehmen Vertrauen aufbauen durch eine Vielzahl von Besuchen, Gast-Ingenieure und unternehmensübergreifende Teams, wenn das Produkt und der Marktkontext dafür geschaffen sind, dass eine einfache Beziehung mit geringem personellen Austausch und automatisierten Mechanismen vorliegen sollte.[201]

Die **Vorgehensweise** des Beziehungsarten-Portfolios umfasst damit drei Schritte:[202]

1. Auswahl des Beziehungstyps, welche zu den Markt- und Produktkonditionen passt (Tab. 5.42)

---

[198] Vgl. Nazli et al. (2006): S. 956.

[199] Vgl. Nazli et al. (2006): S. 960.

[200] Vgl. Bensaou (1999): S. 39.

[201] Vgl. Bensaou (1999): S. 43.

[202] Vgl. Bensaou (1999): S. 43.

Tab. 5.42 Profildefinition – Beziehungsarten. (Quelle: In Anlehnung an Bensaou 1999: S. 38)

	Produkteigenschaft	Markteigenschaft	Lieferanteneigenschaft
Marktaustausch	Hoher Standardisierungsgrad	Stabile oder rückläufige Nachfrage	Familiengeführte Kleinunternehmen
	Bewährte Technologie		
	Geringes Innovationspotenzial	Hoher Wettbewerb	Keine firmeneigene Technologie
	Technisch einfaches Produkt/einfacher Produktionsprozess		Geringe Kosten bei Lieferantenwechsel
	Kein/geringer Individualisierungsaufwand	Viele fähige Akteure	
	Geringer Entwicklungsaufwand		Geringe Verhandlungsmacht
	Geringe Kapitalinvestitionen nötig		
Gefangener Lieferant	Hohe technische Komplexität	Starkes Marktwachstum	Stark firmeneigene Technologie
	Basierend auf vom Lieferanten entwickelter Technologie		
	Regelmäßige, wichtige Innovationen und neue Funktionen	Intensiver Wettbewerb	Lieferant verfügt über Kapitalreserven und Wissen in Forschung und Entwicklung
	Entwicklungsaufwand und -erfahrung notwendig	Wenige qualifizierte Akteure	
	Hohe Kapitalinvestition erforderlich	Instabiler Markt	Geringe Verhandlungsmacht
Gefangener Käufer	Hohe technische Komplexität	Stabile Nachfrage, beschränktes Marktwachstum	Firmeneigene Technologie
	Bewährte, fortgeschrittene Technologie	Konzentrierter Markt, wenige Akteure	Wenige stark etablierte Lieferanten
	Geringes Innovations- und Entwicklungspotenzial		Starke Abhängigkeit von Fähigkeiten des Lieferanten

(Fortsetzung)

Tab. 5.42 (Fortsetzung)

	Produkteigenschaft	Markteigenschaft	Lieferanteneigen-schaft
Strategische Partner-schaft	Hoher Individualisierungsauf-wand erforderlich	Hohe Nachfrage, starkes Markt-wachstum	Starke firmeneigene Technologie
	Gegenseitige Abstimmung für Schlüsselprozesse not-wendig	Starker Wettbewerb auf konzertiertem Markt	Hohe Forschungs- und Entwicklungsaktivität
	Technisch komplexe Teile oder Komponenten		
	Einsatz neuer Techno-logien		
	Regelmäßige Design-änderung		
	Hoher Grad an Ent-wicklungserfahrung notwendig	Käufer hält Entwicklungs- und Testkompetenzen	Hohes Wissen und Kenntnisse in Design, Entwicklung und Fertigung
	Hohe Kapitalin-vestition notwendig		

2. Identifikation des adäquaten Managementprofils für den identifizierten Beziehungstyp (Tab. 5.43)
3. Anpassung der Ausgestaltung der Beziehung an das gewünschte Profil

5.16.4 Kritische Evaluation

Es existiert **keine Fundierung** auf bestehende Portfolios. Mit der Art der Beziehung wird ein zu Teilen **neuer Aspekt** aufgenommen, der jedoch schon eine intensive[203] oder zumindest partielle Rolle bei einigen anderen Portfolios hatte.

Da die Erhebung **nur** auf dem **Automobilsektor** abgezielt hat, wird an dem Modell eine unzureichende Unterstützung für andere Industriebereiche kritisiert.[204] Zusammen-fassend zeigt Tab. 5.44 die Kritik an dem Portfolio.

---

[203] Siehe Abschn. 5.15.

[204] Vgl. Lee und Drake (2010): S. 6655.

Tab. 5.43 Managementprofile für einzelne Kategorien. (Quelle: In Anlehnung an Bensaou 1999: 39, 41, Grunwald und Schwill (2017): S. 117 und Wagner (2003): S. 700)

	Informationsaus-tauschmechanismus	Wissenstransferauf-gaben	Klima- und Prozess-charakteristika
Marktaustausch: Transaktionsmarketing	Hoch während Gebots-abgabe und Vertrags-verhandlung	Findet nur in geringem Ausmaß statt	Positives Klima
	Im weiteren Ver-lauf begrenzter Informationsaustausch		Keine frühe Involvierung des Lieferanten in Design
		Hochroutiniert und strukturierte Aufgabe	Faire Behandlung des Lieferanten durch den Käufer
	Strukturierte Routinen für operative Abwicklung		Lieferant hat gute Reputation und Leistungen in Ver-gangenheit
Gefangener Käufer: aktives Beziehungs-marketing	Kontinuierlich und detailliert	Sehr strukturiert und vorhersehbar	Angespannt, kein gegenseitiges Ver-trauen
			Keine frühe Ein-bindung des Lieferanten bei Design
	Häufige und gegen-seitige Besuche	Viel Zeit zu investieren von Vertrieb und Ingenieuren des Käufers mit dem Lieferanten, um über Gespräche/Besuche die Situation zu verbessern	Starke Anstrengung des Käufers, eine kooperative Situation herzustellen
			Lieferant hat eher keine gute Reputation
Gefangener Lieferant: reaktives Beziehungs-marketing	Geringer Informationsaustausch	Kaum Zeit vom Käufer investiert	Hohes gegenseitiges Vertrauen
		Meistens komplex	
	Wenige Besuche, meistens vom Lieferanten beim Käufer	Zur Aufgaben-koordination eingesetzt	Geringe gemeinsame Aktivitäten und Kooperationen

(Fortsetzung)

Tab. 5.43 (Fortsetzung)

	Informationsaus-tauschmechanismus	Wissenstransferauf-gaben	Klima- und Prozess-charakteristika
Strategische Partner-schaft: proaktives Beziehungsmarketing	Regelmäßig, viel-fältige Medientypen	Keine Routinen, Viel-zahl von ungeplanten Treffen	Hohes gegenseitiges Vertrauen
			Starker Fokus auf Fairness
	Regelmäßige Besuche	Sehr zeitintensiv, hauptsächlich zur Koordination	Frühe Involvierung des Lieferanten in Produktentwicklung
			Lieferant hat sehr gute Reputation

Tab. 5.44 Bewertung – Beziehungsarten-Portfolio

Fundierung	Novitätsgrad	Tiefe der abgeleiteten Normstrategien	Empirische Fundierung
Keine	Bestimmung der geeigneten Beziehungs-art stellt einen bisher nicht im Fokus der Analyse stehenden Aspekt dar	Detaillierte Strategien für die vier relevanten Beziehungsarten	Strategien basieren auf empirischen Erhebungen in den USA und Japan bei Automobilherstellern und deren Lieferanten
– *(massive Mängel)*	*0 (kleinere Mängel)*	*+(positiv)*	*+(positiv)*

5.17 Supply-Chain-Portfolio

5.17.1 Motivation und Grundlagen

Das Supply-Chain-Portfolio oder auch Beanspruchungs- und Belastbarkeitsportfolio[205] beinhaltet genauso wie das Versorgungsstörungen-Anfälligkeits-Portfolio einen **risiko-orientierten Ansatz**. Basis des Ansatzes ist die Annahme, dass die Lieferantenkette nur so stark wie ihr schwächstes Glied ist.[206] Abgestimmt auf die Beanspruchung der jeweiligen Glieder soll die Lieferantenauswahl mit einem Fokus auf die Belastbarkeit erfolgen.

---

[205] Vgl. Kaufmann und Germer (2001): S. 184.

[206] Vgl. Janßen (2012): S. 82.

5.17.2 Dimensionen

Die Dimensionen dieses Portfolios sind zum einen die Belastbarkeit der einzelnen Kettenabschnitte und zum anderen die Beanspruchung des jeweiligen Abschnittes.[207] Die **Belastbarkeit** soll mithilfe einer Stärken- und Schwächen-Analyse festgestellt werden und die Beanspruchung soll aufzeigen, inwieweit die **Versorgungspfade** den **Beanspruchungen gewachsen** sind. Ziel ist, bei Nichtübereinstimmung der beiden Faktoren eingreifen zu können.[208] Damit behandelt sie nicht inner-, sondern interbetriebliche Fragestellungen.

Zur Feststellung der **Beanspruchung**, welche primär aus der Beschaffungsmarktumwelt resultiert,[209] müssen die folgenden Kontextfaktoren untersucht werden:[210]

- **Dynamik:** beschreibt die beschaffungsrelevanten Diskontinuitäten wie Schwankung der Nachfrage nach dem Gut; starke Schwankungen bedeuten eine starke Belastung der Lieferkette[211]
- **Informationsflussbezogene Robustheit der Versorgungskette:** hohe Kompatibilität der Informations- und Kommunikationssysteme zwischen den Gruppenmitgliedern
- **Wirtschaftliche Stabilität der Lieferanten:** beschreibt die Ausfallwahrscheinlichkeit des Lieferanten, Merkmale für eine geringe Stabilität sind das Aussetzen von Reinvestitionen, Währungsschwankungen oder hohe Inflationsraten
- **Vertrauensniveau zwischen Mitgliedern der Kette:** Einsatzwahrscheinlichkeit von Verfälschungen von Informationen oder das opportunistische Ausnutzen von Marktsituationen

Sowohl für die Beanspruchung als auch die Belastbarkeit kann ein **Scoring-Modell** gewählt werden, bei dem die Kategorien gewichtet und bewertet zu einem Gesamtwert kumuliert werden und auf diesem Weg die Position in der Matrix für die einzelnen Kettenglieder gefunden wird.[212]

5.17.3 Strategieableitung

Zur Ableitung der Strategien werden die Lieferantenpositionen anhand der Dimensionen in ein Portfolio eingetragen. Dadurch ergibt sich die in Abb. 5.20 gezeigte Darstellung.

---

[207] Vgl. Kaufmann et al. (2005): S. 11.

[208] Vgl. Kaufmann und Germer (2001): S. 185.

[209] Vgl. Janßen (2012): S. 82.

[210] Vgl. Kaufmann et al. (2005): S. 12 und Kaufmann und Germer (2001): 185 f.

[211] Ein Hilfsmittel zur Einschätzung der Dynamik kann die XYZ-Analyse sein. Siehe Sommerer (1998): S. 88–94 und Kümpel und Deux (2003): 246 f.

[212] Vgl. Kaufmann und Germer (2001): S. 188.

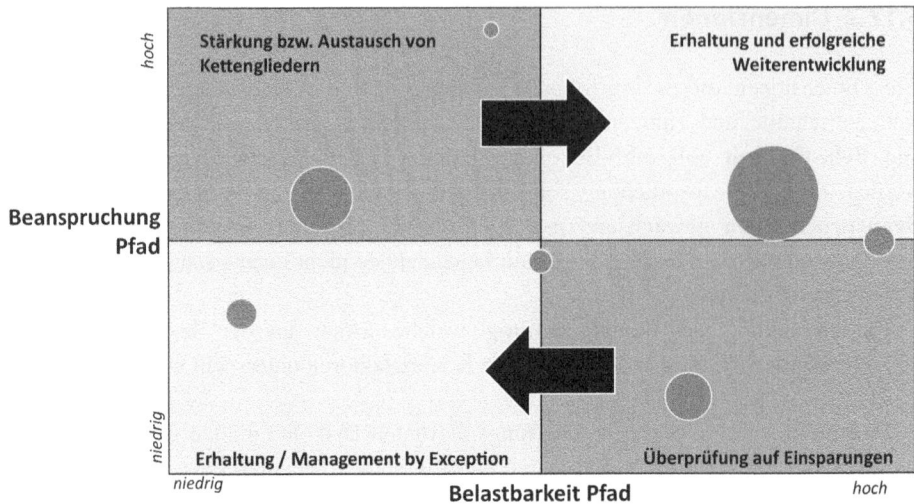

Abb. 5.20 Supply-Chain-Portfolio. (Quelle: In Anlehnung an Kaufmann et al. (2005): S. 12)

Bei **Übereinstimmung** der Belastbarkeit und Beanspruchung sollte eine Erhaltung des Zustandes angestrebt werden bzw. seine Weiterentwicklung. Kritisch ist der Bereich zu sehen, in dem die Belastbarkeit nicht der Beanspruchung gewachsen ist. Hier muss eine Stärkung der Mitglieder oder sogar ein Austausch stattfinden. Im umgekehrten Fall kann nach Einsparungspotenzialen gesucht werden.

5.17.4 Kritische Evaluation

Positiv an dem Instrument ist zu bewerten, dass hiermit eine Analyse von strategischen Fragestellungen anhand der Lieferkette vorgenommen werden kann. Das komplexe Gesamtproblem wird dabei in Einheiten zerlegt und durch die Darstellung kann die **Kommunikation** und das **Verständnis** zwischen den Kettenmitgliedern gefördert werden.[213]

Ein Rückgriff auf andere Portfolios wird nicht vorgenommen und es fehlt eine empirische Fundierung. **Strategien,** um den geforderten Positionswechsel zu vollziehen, werden **nicht** gegeben. Daraus resultiert die in Tab. 5.45 dargestellte Bewertung.

---

[213]Vgl. Janßen (2012): S. 84.

Tab. 5.45 Bewertung – Supply-Chain-Portfolio

Fundierung	Novitätsgrad	Tiefe der abgeleiteten Normstrategien	Empirische Fundierung
Keine	Einbezug der Lieferkette und deren Stabilität komplett neu	Nur rudimentär vorhanden	Keine Angabe
– (massive Mängel)	+ (positiv)	0 (kleinere Mängel)	– (massive Mängel)

5.18 Optimale-Lieferantenzahl-Portfolio

5.18.1 Motivation und Grundlagen

Der in den 1980er und 1990er Jahren vertretenen Strategie, mit so vielen Lieferanten wie möglich zusammenzuarbeiten, um die Marktkräfte ausnutzen zu können[214], wird bereits seit einigen Jahrzehnten nicht mehr bedingungslos gefolgt. Verschiedene Untersuchungen haben gezeigt, dass abhängig von der Höhe der spezifischen Investitionen durch den Lieferanten zugunsten der Geschäftsbeziehung es für den Abnehmer eine bessere Strategie ist, wenn er mit **weniger Lieferanten** zusammenarbeitet.[215]

Das von Homburg (2002) entwickelte Portfolio zur Bestimmung der optimalen Lieferantenzahl kann sich auf die Gesamt-Lieferantenzahl des Unternehmens oder die jeweilige Beschaffungseinheit beziehen. Die Lieferantenzahl des Unternehmens ergibt sich aus der Beschaffungsstrategie und bezieht Festlegungen bezüglich Make-or-Buy, und dem ‚Modular Sourcing' ein. Die Betrachtung der Lieferantenzahl pro Beschaffungsobjekt hat als wesentlichen Einflussfaktor die Festlegung hinsichtlich ‚Single Sourcing' oder ‚Multiple Sourcing'.[216] Häufig ist mit Blick auf die Beschaffungseinheit nicht die Wahl der einen oder anderen Extremstrategie sinnvoll, sondern eine Positionierung im **Kontinuum** zwischen den beiden Ansätzen.[217]

Wesentliches **Entscheidungskriterium** bei der Wahl der optimalen Lieferantenzahl sind die **Gesamtversorgungskosten**. Hier sind beispielsweise Kosten für Qualitätsmängel, Komplexitätskosten und natürlich auch der erzielte Einstandspreis relevant. Bei der Bestimmung der wirtschaftlich sinnvollsten Lieferantenzahl müssen diese Kosten alle in eine Gleichung einbezogen werden. Dabei wird davon ausgegangen, dass der Produktpreis durch zusätzliche Lieferanten reduziert werden kann, auf der anderen Seite Administrationskosten pro Lieferant linear mit der Zunahme von Lieferanten ansteigen und Kosten für den Vergleich der Lieferanten sogar quadratisch ansteigen, da jeder

---

[214] Vgl. Porter (1980): 123 f.

[215] Vgl. Wagner (2003): S. 699.

[216] Vgl. Jonen (2019): S. 924.

[217] Vgl. Homburg (2002): S. 183.

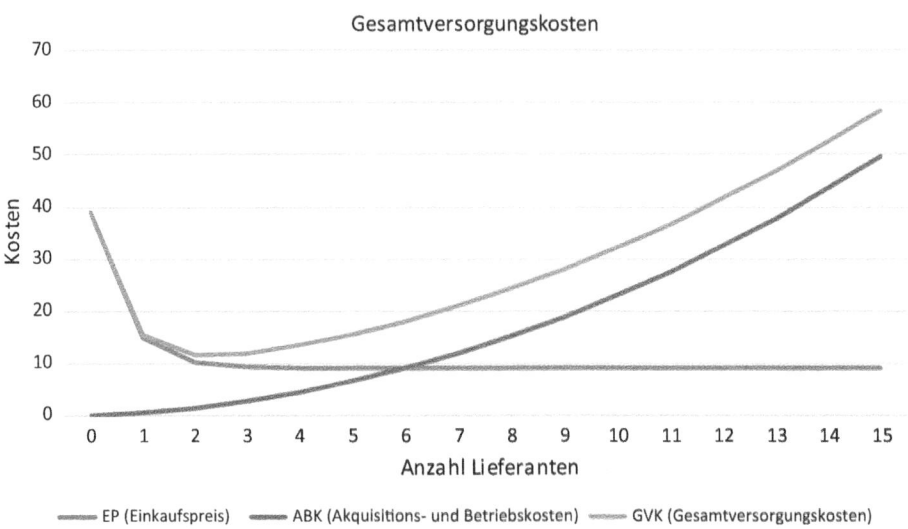

Abb. 5.21 Gesamtversorgungskosten in Abhängigkeit von der Lieferantenanzahl. (Quelle: In Anlehnung an Homburg (2002): S. 189)

Lieferant mit jedem Konkurrenten verglichen werden muss.[218] Die Reduktion des Einkaufspreises in Abhängigkeit von den Lieferanten, der Anstieg der Akquisitions- und Betriebskosten, sowie die als Summe gebildeten Gesamtversorgungskosten werden beispielhaft in Abb. 5.21 gezeigt.

5.18.2 Dimensionen und Strategieableitung

Als wesentliche auch **empirisch nachweisbare Einflussfaktoren** auf die Gesamtversorgungskosten respektive die optimale Lieferantenzahl sind von Homburg, C. (2002) identifiziert worden: die Komplexität der Beschaffungssituation und die wirtschaftliche Bedeutung des Produktes. Dieser Zusammenhang ist in das Portfolio der Abb. 5.22 aufgenommen und entsprechende Normstrategien sind für die einzelnen Felder entwickelt worden.

Die niedrigste Lieferantenzahl wird für Produkte empfohlen, welche eine geringe wirtschaftliche Bedeutung haben und bei denen eine hochkomplexe Beschaffungssituation besteht. Hier könnte das Single Sourcing möglicherweise sogar die sinnvollste Alternative sein. Der umgekehrte Fall ergibt sich für eine niedrige Beschaffungskomplexität und eine hohe wirtschaftliche Bedeutung.

---

[218]Vgl. Homburg (2002): S. 188.

Wirtschaftliche Bedeutung des Produktes

	niedrig	hoch
hoch	**niedrige Lieferantenzahl** (Single Sourcing?)	**mittlere Lieferantenzahl**
niedrig	**mittlere Lieferantenzahl**	**hohe Lieferantenzahl**

(Komplexität Beschaffungssituation)

Abb. 5.22 Optimale-Lieferantenzahl-Portfolio. (Quelle: In Anlehnung an Homburg (2002): S. 195)

5.18.3 Kritische Evaluation

Bei der **Interpretation** sind folgende kritische Aspekte zu beachten:

1. Modell leitet Empfehlungen aus lediglich zwei Variablen ab, alle anderen Determinanten bleiben unberücksichtigt.
2. Systemzusammenhänge (z. B. Bezug mehrerer Produkte bei einem Lieferanten) werden nicht berücksichtigt, sondern es wird eine Empfehlung für jedes Produkt abgegeben. Insoweit Interdependenzen existieren sollten, welche für die Einordnung relevant wären, sind diese in dem Modell nicht berücksichtigt.[219]
3. Annahme, dass Einkaufspreis bei hohen Abnahmemengen bei einem Lieferanten sinkt (Mengenrabatte), wird nicht berücksichtigt.

Das Portfolio basiert auf den Überlegungen zu Make-or-Buy-Entscheidungen. Es beleuchtet mit der Lieferantenzahl einen **Spezialaspekt**, der vorher auch schon von anderen Portfolios thematisiert wurde.[220] Die Strategieableitung ist nicht besonders umfangreich, jedoch weitestgehend ausreichend für die Fragestellung. Die vor-

---

[219] Vgl. Homburg (2002): S. 196.
[220] Siehe Abschn. 5.12.

Tab. 5.46 Bewertung – Optimale-Lieferantenzahl--Portfolio

Fundierung	Novitätsgrad	Tiefe der abgeleiteten Normstrategien	Empirische Fundierung
Basiert auf ‚Make or buy'-Überlegungen	Reine Konzentration auf Anzahl der Lieferanten (bereits bei anderen Portfolios thematisiert)	Weitestgehend ausreichend	Empirisch nachgewiesen
+(positiv)	0 (kleinere Mängel)	0 (kleinere Mängel)	+(positiv)

genommenen Empfehlungen sind empirisch fundiert. In der Zusammenfassung ergibt sich das in Tab. 5.46 gezeigte Bild.

5.19   Bedeutungs-Komplexitäts-Portfolio

5.19.1 Motivation und Grundlagen

Das Bedeutungs-Komplexitäts-Portfolio ist von Wagner, S. M. (2003) angelehnt an die Portfolios von Kraljic (1983) und Olsen und Ellram (1997) entwickelt worden.[221] Motivation war eine Erweiterung des Fokus von der Sicht auf den Lieferanten auf die **gesamte Branche**. Die verwendeten Dimensionen sind somit die Bedeutung des Produktes und die Komplexität des Beschaffungsmarktes.[222]

5.19.2 Dimensionen

Als Kriterien zur **Bedeutung des Produktes** werden beispielhaft angegeben:[223]

• Produktkosten je Lieferung
• Gesamtkosten
• Anteil an Wertschöpfung
• Einfluss auf Gewinn

Zur Einteilung der **Komplexität des Beschaffungsmarktes** werden vorgeschlagen:[224]

---

[221] Siehe Lieferanten-Abnehmer-Marktmacht-Portfolio (Abschn. 5.1).
[222] Vgl. Wagner (2003): S. 697. Siehe Kraljic (1983): S. 111.
[223] Vgl. Wagner (2003): S. 697.
[224] Vgl. Wagner (2003): S. 697.

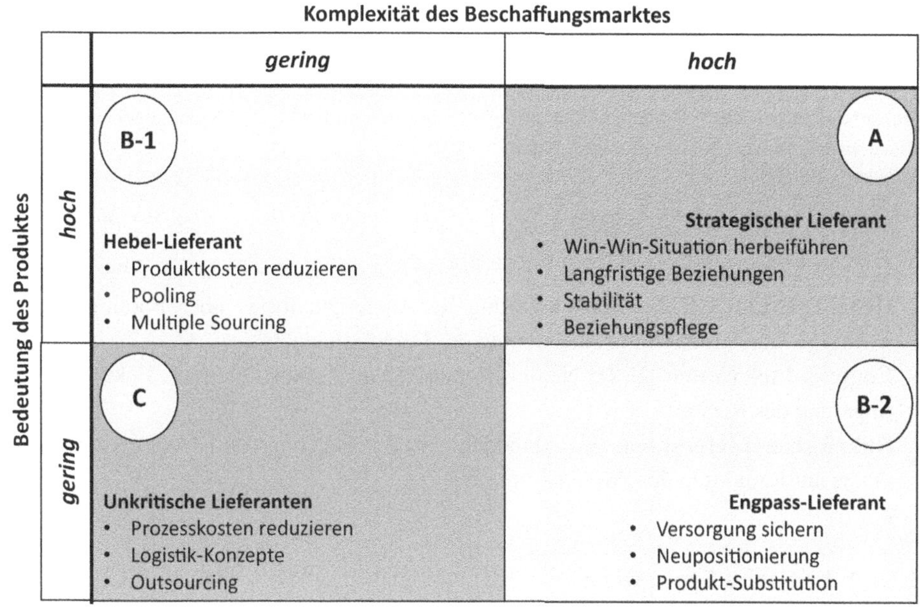

Komplexität des Beschaffungsmarktes

	gering	hoch
hoch	**B-1** **Hebel-Lieferant** • Produktkosten reduzieren • Pooling • Multiple Sourcing	**A** **Strategischer Lieferant** • Win-Win-Situation herbeiführen • Langfristige Beziehungen • Stabilität • Beziehungspflege
gering	**C** **Unkritische Lieferanten** • Prozesskosten reduzieren • Logistik-Konzepte • Outsourcing	**B-2** **Engpass-Lieferant** • Versorgung sichern • Neupositionierung • Produkt-Substitution

(Bedeutung des Produktes)

Abb. 5.23 Bedeutungs-Komplexitäts-Portfolio. (Quelle: In Anlehnung an Wagner (2003): S. 699)

- Anbieter- / Nachfragestruktur auf Beschaffungsmarkt
- Produktkomplexität
- technische Komplexität
- logistische oder Qualitätsrisiken

Zu der Gewichtung der Einzelkriterien werden keine Aussagen gemacht. Das Portfolio auf Basis dieser beiden Dimensionen gliedert sich, wie in Abb. 5.23 gezeigt, in vier Positionen auf.

5.19.3 Strategieableitung

Die vier Typen von Lieferanten sollen folgendermaßen positioniert werden und bilden somit die logisch abgeleiteten Strategievorschläge:[225]

- **Strategische Lieferanten (A):** langfristig planen, Risikoreduktion und gleichzeitige Ergebnisverbesserung möglich

---

[225] Vgl. Wagner (2003): S. 698. Siehe dazu die angelehnte Typisierung für Objekte bei Kraljic (1983): S. 112.

Tab. 5.47 Bewertung – Bedeutungs-Komplexitäts-Portfolio

Fundierung	Novitätsgrad	Tiefe der abgeleiteten Normstrategien	Empirische Fundierung
Basiert auf zwei breit diskutierten und verwendeten Portfolios	Branchenbetrachtung ist ein neuer Aspekt	Lediglich mittleres Niveau	Nicht gegeben
+(positiv)	+(positiv)	0 (kleinere Mängel)	– (massive Mängel)

- **Hebel-Lieferant (B-2):** Konsolidierung der Lieferantenbasis über Pooling, häufig vorherige Standardisierung, Ausnutzung der Nachfragemacht
- **Engpass-Lieferanten (B-2):** Neupositionierung oder Substituierung, Fokus ist Verringerung des Risikos
- **Unkritische Lieferanten (C):** unbedeutend für Ergebnis und Versorgungsrisiko, Fokus auf Reduktion der Prozesskosten

5.19.4 Kritische Evaluation

Das Portfolio baut auf zwei wichtigen Beschaffungsportfolios auf und bringt hier mit der Betrachtung der **gesamten Branche** eine Neuigkeit ein. Die Strategieangaben sind lediglich auf einem mittleren Detaillierungs-Niveau. Es existiert **keine empirische Fundierung**. Zusammenfassend ergibt sich das in Tab. 5.47 gezeigte Ergebnis.

5.20 Make-or-Buy-Portfolio

5.20.1 Motivation und Grundlagen

Aufgrund der immer stärkeren **Spezialisierung**[226] hat der Fremdbezug[227] eine deutlich höhere Relevanz erhalten.[228] Damit müssen Unternehmen fundierte Entscheidungen treffen inwieweit ein Objekt selber produziert oder extern zugekauft werden soll. Dabei wird die Eigenproduktion als „Make" und der Fremdbezug als „Buy" bezeichnet. Wesentliche Grundlage dieser Entscheidung ist die **Transaktionskostentheorie**, welche eine Kostendifferenz und die daraus folgende Fremdvergabe auf über die Anbahnungs-, Vereinbarungs-, Sicherungs- und Anpassungskosten berechnet.[229]

---

[226]Vgl. Wildemann (2009): S. 61.

[227]Vgl. Grochla (1983): S. 35.

[228]Vgl. Wildemann (1998): S. 29.

[229]Vgl. Wildemann (2009): S. 59.

Das von Schneider (2005) aufgestellte Portfolio hat die Zielsetzung, Make-or-Buy-Entscheidungen zu unterstützen. Die Vorgehensweise ist **angelehnt** an das **Produkt-Markt-Portfolio**.[230] Als die beiden wesentlichen Entscheidungskriterien bei Make-or-Buy-Entscheidungen sind die **strategische Relevanz** und die **Auslagerungsbarrieren** des Objektes identifiziert worden.[231] Zielsetzung sollte sein, Outsourcing-Entscheidungen nicht mehr alleine nach Kostenaspekten, sondern nach allen relevanten strategischen Größen zu treffen.[232]

5.20.2 Dimensionen

Die Kriterien zur Bildung der Dimensionen werden beispielhaft angegeben. Für die **strategische Relevanz** der zu analysierenden Objekte sind dies:[233]

- Wachstums-, Innovations- und Zukunftsträchtigkeit
- Position im Lebenszyklus
- Differenzierungs- und Imagerelevanz

Bezüglich der **Auslagerungsbarrieren** werden folgende Kriterien genannt:[234]

- Schutzbedürftigkeit des Know-hows
- Anzahl verfügbarer Lieferanten (‚Small-Number-Problem‘, d. h. umso monopolistischer die Marktsituation, umso eher sollte eine Eigenproduktion erwogen werden)
- Koordinations- und Abstimmungsaufwand bei Fremdfertigung

5.20.3 Strategieableitung

Die relevanten Komponenten werden in das Portfolio eingeordnet und daraus eine Strategieempfehlung hinsichtlich Eigenfertigung oder Fremdbezug abgegeben. Umso weiter rechts oben die Objekte positioniert sind, umso sinnvoller ist eine **Eigenfertigung**

---

[230] Vgl. Schneider (2005): S. 157.

[231] Vgl. Schneider (2005): S. 157. Hopfenbeck (2002) empfiehlt für ein Make-or-buy-Portfolio die Dimensionen Eigenentwicklungsattraktivität (Systembedeutung, Entwicklungsgeschwindigkeit, -aufwand und Machtposition des Zulieferers) und Ressourcenstärke (vorhandenes Know-how gegenüber Lieferanten). Siehe Hopfenbeck (2002): S. 622.

[232] Vgl. Wildemann (1998): S. 29.

[233] Vgl. Schneider (2005): S. 157.

[234] Vgl. Schneider (2005): S. 157.

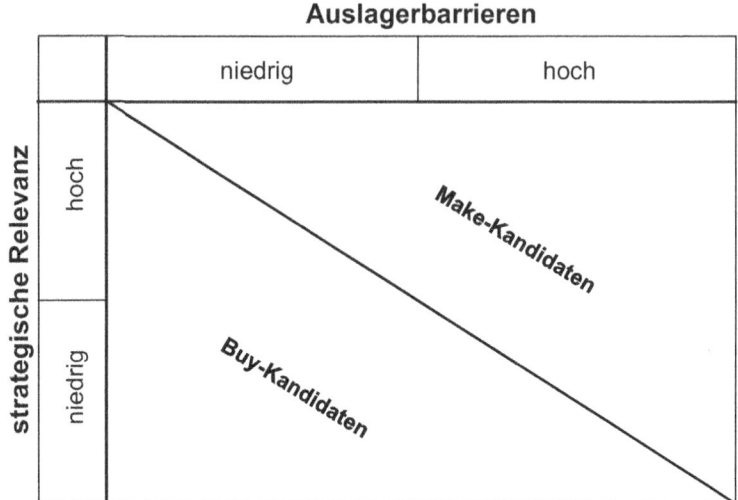

Abb. 5.24 Make-or-Buy-Portfolio. (Quelle: In Anlehnung an Schneider 2005: S. 158)

des Produktes. In einer beispielhaften Untersuchung bei einem Automobilhersteller waren dies beispielsweise die Motorkomponenten.[235]

Je weiter links unten die Objekte eingeordnet sind, umso intensiver sollte eine **Fremdfertigung** erwogen werden. Bei der beispielhaften Untersuchung sind hier beispielsweise die Sitzkomponenten identifiziert worden.[236]

Für Objekte, die in der Mitte, also in der Nähe zu der Diagonalen positioniert sind, werden **Kooperationen**, mittel- bis langfristige Verträge oder Rahmenverträge empfohlen.[237] Die Differenzierung nach den beiden Dimensionen und den Buy- und Make-Kandidaten zeigt Abb. 5.24.

In **zeitlicher Hinsicht** wird darauf hingewiesen, dass meist eine Wanderung der Objekte von rechts oben nach links unten erfolgen wird. Die Erklärung für dieses schrittweise Nachlassen der strategischen Relevanz und der Barrieren der Auslagerung ist im Lebenszyklus zu finden. Hiermit ist eine Geringerschätzung des Objektes verbunden, welche dazu führen sollte, dass in den späteren Phasen die Fertigungstiefe und die Bindungsintensität mit dem Lieferanten reduziert werden.[238]

---

[235] Vgl. Schneider (2005): S. 158.

[236] Vgl. Schneider (2005): S. 158.

[237] Vgl. Schneider (2005): S. 159.

[238] Vgl. Schneider (2005): S. 159.

Tab. 5.48 Bewertung – Make-or-Buy-Portfolio

Fundierung	Novitätsgrad	Tiefe der abgeleiteten Normstrategien	Empirische Fundierung
Basiert auf Make-or-Buy-Überlegungen	Reine Konzentration auf Anzahl der Lieferanten, im Vergleich zu Optimale-Lieferanten-zahl-Portfolio differenzierte Betrachtung des „mittleren" Bereichs	Relativ undifferenziert	Keine Angabe
+ (positiv)	0 (kleinere Mängel)	0 (kleinere Mängel)	– (massive Mängel)

5.20.4 Kritische Evaluation

Das Portfolio konzentriert sich auf einen **Einzelaspekt** mit der Fragestellung der Eigen-fertigung oder des Fremdbezugs. Im Vergleich zum Optimale-Lieferantenzahl-Portfolio von Homburg, C. (2002) wird der **mittlere Bereich** etwas intensiver diskutiert. Eine empirische Fundierung für das Portfolio wird nicht angegeben. Die gesammelten Ergeb-nisse zeigt Tab. 5.48.

5.21 Beschaffungsquellenportfolio

5.21.1 Grundlagen

Zielsetzung ist eine Strukturierung der Lieferanten. Auf dieser Basis soll eine Komplexi-tätsreduktion erreicht und die Entscheidungsfindung unterstützt werden.[239] Das Beschaffungsquellenportfolio von Wildemann (2006) konzentriert sich allein auf die Einordnung von Lieferanten.[240] Das Besondere an dem Portfolio ist die **ausschließliche** Verwendung von **externen Größen**.

Bei der praktischen Umsetzung empfiehlt es sich, Einzelportfolios für jede relevante Materialgruppe aufzustellen.[241]

---

[239] Vgl. Ullmann und Siejek (2013): S. 184.

[240] Vgl. Wildemann (2009): S. 93–97.

[241] Vgl. Ullmann und Siejek (2013): S. 186.

5.21.2 Dimensionen

Das Beschaffungsquellenportfolio baut sich aus den beiden Dimensionen **Angebots-macht** und **Lieferanten- bzw. Entwicklungspotenzial** auf.[242] Die Einordnung der Lieferanten erfolgt auf Basis der Lieferantenbewertung.[243]

Das Lieferantenpotenzial bzw. Lieferantenentwicklungspotenzial wird in verschiedenen Kategorien wie der Qualitätsfähigkeit, der Fertigungstechnologie, der Liefertreue, der Lieferflexibilität, dem Innovationspotenzial und dem Potenzial als Systemlieferant bewertet.[244] Zusammengefasst werden kann dies in folgende Bewertungskriterien:[245]

- **Produktions-Know-how:** Fähigkeit des Lieferanten, jederzeit Objekte in vereinbarter Qualität und Quantität bereit zu stellen, z. B. messbar über Eigenfertigungsquote, Technologieniveau
- **Logistik-Know-how:** Fähigkeit, logistische Prozesse zu gestalten und umzusetzen, insbesondere im Hinblick auf ‚Just-in-time'-Konzepte und die Koordination der Sublieferanten; Basis dazu ist ein adäquates Informationssystem, z. B. messbar über Durchlauf- und Lieferzeiten, Liefer- und Termintreue
- **Entwicklungs-Know-how:** Kenntnisse und Antizipation von Trends bei Technologien und auf dem Markt, sowie Fähigkeit, notwendige Entwicklungsaktivitäten zu übernehmen, z. B. messbar anhand der gemeinsamen Entwicklungsprojekte oder der Verfügbarkeit von Ansprechpartnern bei Problemfällen
- **Kaufmännisches Know-how:** Analyse, inwieweit Lieferant stabile und nachvollziehbare Preise zur Verfügung stellt und eine termingerechte Umsetzung der Mitteilung von Preisinformationen, Bearbeitung von Bestellung und Rechnungsausstellung erfolgt, z. B. messbar an Antwortzeiten oder Preisveränderungen

Die **Angebotsmacht** beeinflusst die Kooperationsbereitschaft des Lieferanten[246] und ist Ergebnis der Beschaffungsmarktstruktur.[247] Sie wird bewertet bezüglich der Wettbewerbssituation inklusive der Markteintrittsbarrieren, der Spezialisierung, Standortvorteilen, Marktpreistendenzen, Kapazitätsauslastung und die eigene künftige

---

[242] Vgl. Wildemann (2009): S. 94.

[243] Vgl. Wildemann (2005): S. 48.

[244] Batran (2008) schlägt die Potenzialkategorien Produktion, Beschaffungsobjekt und Zusammenarbeit/Prozesse vor. Vgl. Batran (2008): S. 64.

[245] Vgl. Bräkling et al. (2012): 82 f., Wildemann (2009): 94, 114 und Ullmann und Siejek (2013): 184 f.

[246] Vgl. Wildemann (2009): S. 95 Bräkling et al. (2012): S. 63.

[247] Vgl. Ullmann und Siejek (2013): S. 185.

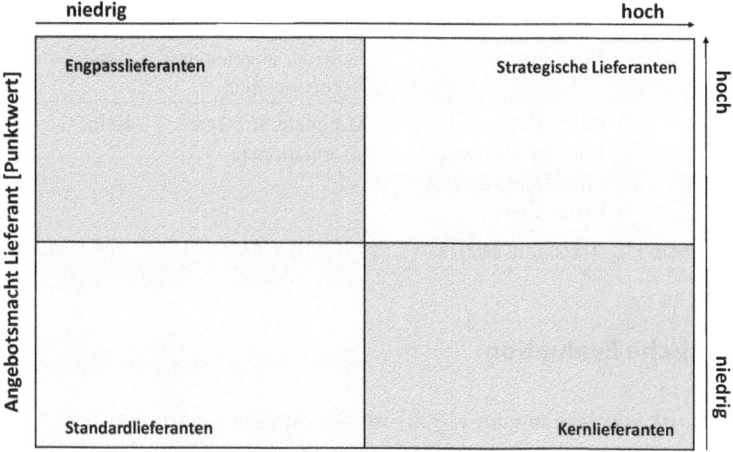

Abb. 5.25 Beschaffungsquellenportfolio. (Quelle: In Anlehnung an Wildemann 2015: S. 48, Wildemann 2006: S. 257 und Kaluza 2010: S. 74)

Nachfrageentwicklung.[248] Für beide Dimensionen findet eine unternehmensbezogene Gewichtung der Merkmale statt.[249] Die Zusammensetzung der Dimensionen inklusive der Einordnung der Lieferantenrollen zeigt Abb. 5.25.

5.21.3 Strategieableitung

Standardmärkte bzw. **Standardlieferanten** beinhalten Lieferanten, die weder über eine besondere Marktmacht verfügen noch ein Potenzial dieses in Zukunft zu entwickeln. **Kernlieferanten** stellen ein hochrelevantes Gebiet dar, da hier in Zukunft wichtige Einflüsse durch den Lieferanten erwartet werden können. **Engpasslieferanten** stellen keinen attraktiven Markt für die Beschaffung dar. Es existieren keine außerordentlichen Potenziale aber Risiken aufgrund der starken Marktstellung des Lieferanten. **Strategische Lieferanten** werden in Zukunft eine wichtige Position einnehmen. Dies ist ein typischer Markt, bei dem hohe Risiken hohen Potenzialen gegenüberstehen.[250]

---

[248] Wildemann (2009) macht einen Vorschlag zur Ermittlung des Versorgungsrisikos auf Basis einer Checkliste. Hier unterteilt er in zwei Merkmalsgruppen, zum einen die Beschaffungsstruktur und zum anderen Lieferanten-Abnehmer-Daten. Siehe Wildemann (2009): S. 96.

[249] Vgl. Wildemann (2015): S. 49.

[250] Vgl. Wildemann (2006): S. 257.

Tab. 5.49 Bewertung – Beschaffungsquellenportfolio

Fundierung	Novitätsgrad	Tiefe der abgeleiteten Normstrategien	Empirische Fundierung
Keine	Rein externe Konzentration zur Einordnung der Lieferanten	Minimale Strategie-informationen	Keine
– (massive Mängel)	0 (kleinere Mängel)	– (massive Mängel)	– (massive Mängel)

5.21.4 Kritische Evaluation

Das Portfolio ist von Wildemann (2006) im Wesentlichen dazu entwickelt worden, um es mit dem Beschaffungsgüter-Portfolio zu vereinen und damit eine **Kombination** von **Objekt** und **Quelle** herbeizuführen. Es folgt keine Angabe bezüglich Primärportfolios oder einer empirischen Fundierung. Die angegebenen Strategien bewegen sich auf einem sehr abstrakten Niveau. Die zusammengefasste Bewertung wird in Tab. 5.49 aufgeführt.

5.22 Global Sourcing Portfolio

5.22.1 Motivation und Grundlagen

Auslöser für die Konstruktion des Global Sourcing Portfolio durch Wildemann (2006) war die **internationale Ausrichtung** der Beschaffungsaktivitäten und die Notwendigkeit, diese strategisch auszurichten.[251] Das Kernanliegen ist es Märkte, zu identifizieren, die für ein Global Sourcing in besonderem Maße relevant sind.[252]

Die traditionellen Portfolios erfüllen Anforderungen, wie die Identifikation von Chancen, Ableitung von Global Sourcing-Strategien, Zukunftsgerichtetheit und Antizipation von Integrationsproblemen nur ansatzweise.[253] Dies soll mithilfe der Global Sourcing Portfolios überwunden werden.

---

[251] Vgl. Wildemann (2006): S. 254.

[252] Vgl. Wildemann (2006): S. 256. Diese Intention verfolgt auch das Global-Sourcing-Portfolio von Gruschwitz (1993). Siehe Gruschwitz (1993): S. 117–123.

[253] Vgl. Gruschwitz (1993): S. 117.

5.22.2 Dimensionen

Bei dem Global Sourcing Portfolio wird die Beschaffungsgütereinteilung kombiniert mit einem erweiterten Beschaffungsquellenportfolio.[254]

Die **Beschaffungsgütereinteilung** basiert auf dem durch das Global Sourcing beeinflussbaren **Kostenanteils** und dem **Versorgungsrisiko**. Zur Spezifizierung des beeinflussbaren Kostenanteils werden alle relevanten Kosteneinflussgrößen wie Lohnkosten, Lohnnebenkosten, Automatisierungsgrad, Rohstoffkosten oder Energiekosten herangezogen. Für das Versorgungsrisiko sind mögliche Kriterien der Standardisierungsgrad des Beschaffungsobjektes und dessen technische Komplexität, Wiederbeschaffungszeiten, die logistische Komplexität oder bestehende Schutzrechte.[255] Daraus ergibt sich die in Abb. 5.26 gezeigte Einteilung.

Die Charakteristika der einzelnen Güter sind im Einzelnen:[256]

- **unattraktives Material:** geringes Volumen und zusätzlich hohe Hemmnisse in Bezug auf Global Sourcing aufgrund hohen Versorgungsrisikos
- **Standardmaterial:** geringe Risiken, geringes Beschaffungsvolumen, grundsätzliche Eignung für Global Sourcing, aufgrund des geringen Volumens Investitionen nicht gerechtfertigt
- **Hebelmaterialien:** hoher Anteil beeinflussbarer Beschaffungsvolumina und geringes Versorgungsrisiko, dadurch besonders geeignet für Global Sourcing[257]
- **Risikomaterial:** eignet sich aufgrund des hohen beeinflussbaren Beschaffungsvolumens für Global Sourcing, es muss jedoch geprüft werden, ob Maßnahmen gefunden werden können, um das bestehende Versorgungsrisiko zu reduzieren

Das **Beschaffungsquellenportfolio** wird im Hinblick auf die Dimensionen leicht modifiziert. Verwendet zur Einteilung der Märkte werden das ‚Risiko der Beschaffungsquelle‘ und das ‚Global Sourcing Potenzial‘ und es wird auf diesem Weg eine Marktbetrachtung vorgenommen. Die Einteilung erfolgt folgendermaßen:[258]

---

[254] Vgl. Wildemann (2006): S. 257.

[255] Vgl. Wildemann (2006): S. 255. Gruschwitz (1993) schlägt statt dem Versorgungsrisiko eine Achse vor, welche die Technologie-Attraktivität anzeigt. Zur Bestimmung wird das Problemlösungspotenzial, das Diffusionspotenzial, das Implementierungspotenzial und das Differenzierungspotenzial verwendet. Vgl. Gruschwitz (1993): 118 f.

[256] Vgl. Wildemann 2006: S. 256.

[257] Gruschwitz 1993 differenziert bei den für das Global Sourcing besonders geeigneten Gütern zwischen dem technologieinduzierten und dem kosteninduzierten Global Sourcing. Für die Einteilung verwendet er neben der bereits erwähnten Dimension der „Technologieattraktivität" den „Einfluss auf das Erfolgspotenzial", welcher auf Basis der ABC-Analyse bestimmt wird. Vgl. Gruschwitz 1993: 118 f., 124 f.

[258] Vgl. Wildemann 2006: S. 257.

durch Global Sourcing beeinflussbarer Kostenanteil

		gering	*hoch*
Versorgungsrisiko	*hoch*	unattraktives Material	Risikomaterial
	gering	Standardmaterial	Hebelmaterial

Abb. 5.26 Beschaffungsgüterportfolio. (Quelle: In Anlehnung an Wildemann 2006: S. 255)

- **unattraktiver Markt:** geringe Global Sourcing Potentiale und hohe Risiko-potenziale, z. B. durch Einfuhr- oder Ausfuhrbeschränkungen
- **Standardmarkt:** geringe Global Sourcing Potenziale und geringe Risikopotenziale, meist Industrienationen und entwickelte Volkswirtschaften
- **Kernmarkt:** hohe Global Sourcing Potenziale bei geringen Risiken, z. B. durch staatlich geförderte Maßnahmen zur Förderung von Industriezweigen durch Steuer-erleichterung oder Fördermittel
- **Risikomarkt:** hohe Global Sourcing Potentiale und hohe Risikopotenziale, z. B. Entwicklungs- und Schwellenländer, welche niedrige Faktorkosten und auf der anderen Seite unterentwickelte Infrastrukturen oder auch eine erhöhte Korruption auf-weisen

Abb. 5.27 zeigt die Einteilung der Marktformen in die Dimensionen.

5.22.3 Strategieableitung

Der Fokus des Portfolios liegt auf der Identifikation von Produkten bzw. Warengruppen, bei denen ein Global Sourcing besonders relevant ist. Es werden jedoch auch andere Normstrategien abgeleitet, wie Abb. 5.28 zeigt.

Das Portfolio leitet für Materialien mit geringen Beschaffungsvolumina die Norm-strategie des ‚**Local Sourcing**' ab. Optimal für das ‚**Global Sourcing**' sind Kern-materialien in Kernmärkten. Da dies nach Erkenntnis des Entwicklers des Portfolios relativ selten auftritt wird diese Strategieoption ausgedehnt auf die strategischen

Global Sourcing Potential

	gering	hoch
hoch	unattraktiver Markt	Risikomarkt
gering	Standardmarkt	Hebelmarkt

Risiko der Beschaffungsquelle

Abb. 5.27 Modifiziertes Beschaffungsquellenportfolio. (Quelle: In Anlehnung an Wildemann (2006): S. 257)

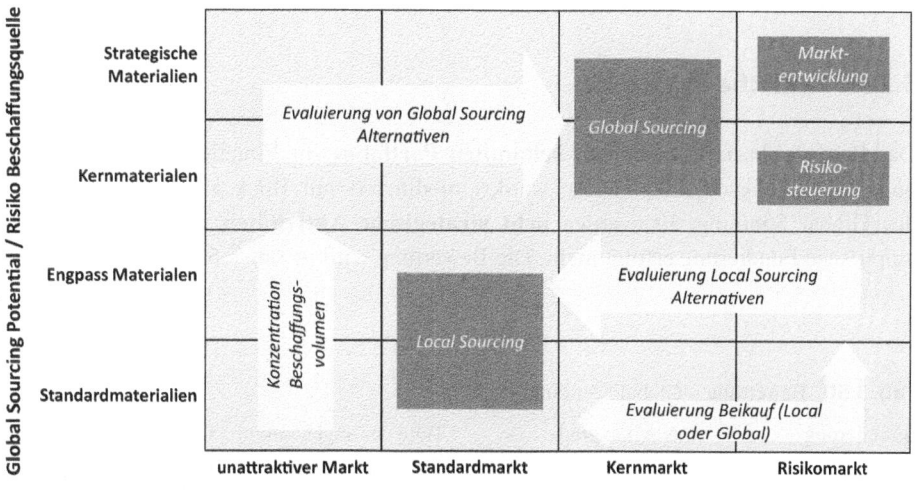

Abb. 5.28 Global Sourcing Portfolio[259]. (Quelle: In Anlehnung an Wildemann (2006): S. 258)

---

[259] Einen ähnlichen Ansatz hat Gabath, C. W. (2010) Entwickelt, bei dem ein Materialportfolio (Arbeitskostenanteil und Einflussfaktor) mit einem Marktportfolio (Global-Sourcing-Potenzial/ Marktrisikofaktor) kombiniert wird. Siehe Gabath, C. W. (2010): S. 121.

Materialien. Große Potenziale bieten die Beschaffung von Kernmaterialien und strategischen Materialien auf Risikomärkten. Da die strategischen Materialien besonders anfällig für Risiken sind wird hier im Rahmen einer **Marktentwicklung** empfohlen Maßnahmen zu ergreifen, um den Markt in eine Richtung zu entwickeln bei der das Risiko deutlich gesenkt ist. Bei den Kernmaterialien reichen übliche **Risikosteuerungsmaßnahmen**, wie Versicherungen oder eine ‚Second Source' aus.[260]

Darüber hinaus existieren Felder in der 4X4-Matrix, in denen eine Entwicklungsstrategie zu einem attraktiveren Feld angestrebt werden sollte. Dies sind zunächst die oberen linken Felder, in denen **Global Sourcing-Alternativen evaluiert** werden sollten. Damit überhaupt die Möglichkeit besteht solche Alternativen zu evaluieren sollten die Standard- und Engpassmaterialien in der unteren linken Ecke durch Maßnahmen der Bündelung, Standardisierung oder Modularisierung zu strategischen oder Kernmaterialien entwickelt werden, indem das Beschaffungsvolumen konzentriert wird. Im Bereich der Engpassmaterialen, welche auf Risikomärkten gekauft werden, sollte eine **Evaluierung** von **Local Sourcing Alternativen** umgesetzt werden. Bei Standardmaterialien in Risikomärkten sollte überprüft werden, inwieweit die hier angesiedelten Materialen als **Beikauf** bei einem **bestehenden Lieferanten** (*global* oder *local*) gekauft werden können.[261]

5.22.4 Kritische Evaluation

Das Portfolio basiert auf bereits **bekannten Portfolios** zur Einteilung von Lieferanten und Beschaffungsobjekten. Diese werden modifiziert mit Blick auf die Fokussierung des Global Sourcing. Es werden **acht strategische Aktivitäten** vorgeschlagen. Eine empirische Fundierung erfolgt nicht. Die Bewertung wird in Tab. 5.50 zusammengefasst.

Tab. 5.50 Bewertung – Global Sourcing Portfolio

Fundierung	Novitätsgrad	Tiefe der abgeleiteten Normstrategien	Empirische Fundierung
Basiert auf Portfolios zur Einteilung der Quellen und Güter	Fokussierung auf Eignung zum Global Sourcing	Acht strategische Aktivitäten, welche nicht weiter spezifiziert werden	Keine Angabe
+*(positiv)*	+*(positiv)*	0 *(kleinere Mängel)*	– *(massive Mängel)*

---

[260] Vgl. Wildemann (2006): S. 258.

[261] Vgl. Wildemann (2006): S. 259.

5.23 Kombiniertes Beschaffungsgüter-/ Beschaffungsquellenportfolio

5.23.1 Motivation und Grundlagen

Dieses kombinierte Portfolio, welches auch als Beschaffungsgüter-Lieferanten-Portfolio bezeichnet wird,[262] ist von Wildemann (2002) auf Basis von Fallstudien in über 100 Industrieunternehmen erstellt worden.[263] Motivation ist, dass erst über die Betrachtung sowohl von **Objekten** als auch **Anbietern** eine Darstellung des **Gesamtbildes** ermöglicht wird.[264]

Voraussetzung für aussagekräftige Ergebnisse ist die Bildung von **gleichartigen Materialgruppen**. Dazu müssen die einzelnen Objekte nach den Kriterien Funktionen, Know-how und Bedarf bewertet und in Materialgruppen eingeordnet werden.[265]

5.23.2 Dimensionen

Zur Ableitung von Strategien, welche sowohl Lieferanten- als auch Materialspezifika einbeziehen, bietet es sich, an eine Kombination des **Beschaffungsgüterportfolios** (Versorgungsrisiko)[266] mit dem **Beschaffungsquellenportfolio** (Ergebniseinfluss)[267] vorzunehmen.[268] Dazu werden pro Materialgruppe ein Beschaffungsquellen- und ein Beschaffungsgüterportfolio erstellt.[269]

Die **Quadranten** der jeweiligen Portfolios **bilden** die beiden **Dimensionen** des kombinierten Portfolios.[270] Auf diesem Weg entsteht das Beschaffungsgüter-/Beschaffungsquellen-Portfolio mit 16 Feldern, wie es in Abb. 5.29 gezeigt wird. Es zeigt im Wesentlichen die Chancen und Risiken für den Abnehmer[271] und wird von Wildemann (2002) auch als Einkaufspotenzialanalyse bezeichnet.[272]

In dem Portfolio werden insgesamt **fünf Charakteristika** einer Kombination der Güter und Quellen dargestellt. Neben den in den Dimensionen verankerten Versorgungs-

---

[262] Siehe Janker und Janker (2008): S. 133.

[263] Vgl. Wildemann (2009): S. 545.

[264] Vgl. Wildemann (2009): S. 97.

[265] Vgl. Gabath (2010): S. 78.

[266] Siehe Abschn. 5.5.

[267] Siehe Abschn. 5.21.

[268] Vgl. Wildemann (2002): S. 549.

[269] Vgl. Wildemann (2002): S. 549.

[270] Vgl. Wildemann (2009): S. 97.

[271] Vgl. Janker und Janker (2008): S. 133.

[272] Vgl. Wildemann (2002): S. 560.

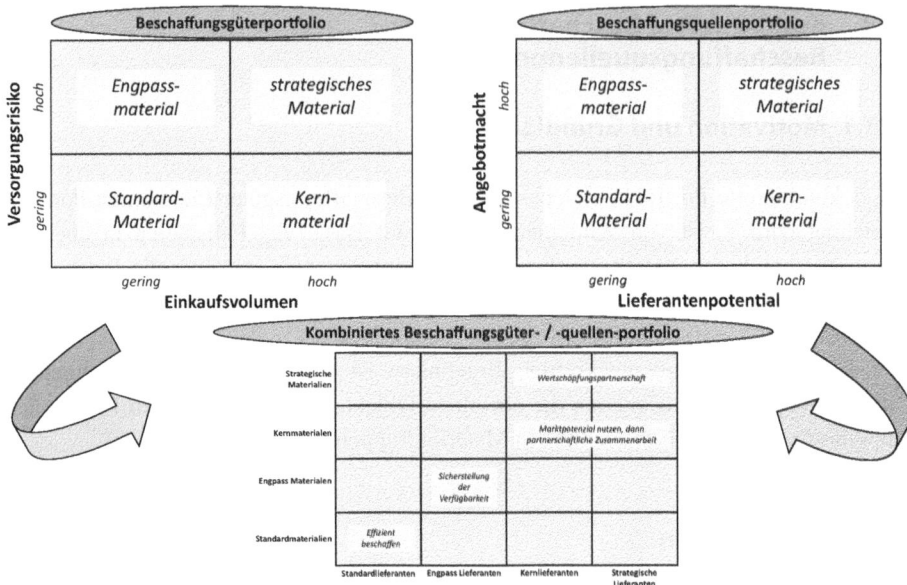

Abb. 5.29 Kombiniertes Beschaffungsgüter / -quellenportfolio. (Quelle: In Anlehnung an Wilde-mann (2009): S. 100)

risiko und dem   Volumen der Materialgruppen sowie dem Lieferantenentwicklungs-potenzial und der Angebotsmacht wird vorgeschlagen, den Ergebniseinfluss über die Größe des Kreises im Portfolio aufzunehmen.[273]

5.23.3 Strategieableitung

Die Diagonale bildet den Zielbereich.[274] Die eingetragenen Normstrategien ermög-lichen zwar keine individuelle Ableitung von Kooperationsmustern, aber eine Anleitung zur grundsätzlichen Ausrichtung der Beschaffungsaktivitäten. Die vier eingezeichneten Strategien sind folgendermaßen definiert:[275]

- **Effizient beschaffen:** Bei einem begrenzten Versorgungsrisiko, geringen Beschaffungsvolumina und einem Anbieterpolypol bestehen kaum Preisdifferenzen, sodass eine Konzentration auf der Vereinfachung der Bestell- und Anlieferprozesse

---

[273] Vgl. Wildemann (2009): S. 99.

[274] Vgl. Gabath (2010): S. 81.

[275] Vgl. Wildemann (2009): S. 102–106, Janker und Janker (2008): S. 134 und Bräkling et al. (2012): S. 65.

und einer Bedarfsbündelung liegen sollte. Beispiele sind DIN-, Norm- und Stanzteile oder einfachste Gussteile.

- **Sicherstellung Verfügbarkeit:** Höchstes Versorgungsrisiko und hohe Kosten der Nichtverfügbarkeit trotz niedriger Beschaffungsvolumina, ausgelöst durch Anbieter-oligopole oder -monopole. Senkung des Risikos durch Bestandsmanagement bei aktuellen Produkten und für zukünftige Produkte durch gezielte Produkt- und Prozessentwicklung. Darüber hinaus können die Erschließung neuer Beschaffungs-quellen und der Aufbau von Lieferanten eine Herangehensweise sein.

- **Marktpotenziale nutzen, dann partnerschaftliche Zusammenarbeit:** Niedriges Versorgungsrisiko, hohe Beschaffungsvolumina und darauf basierend große Hebel-wirkung. Lieferanten haben hinreichendes Entwicklungspotenzial und Zusammen-arbeit sollte kooperativ gestaltet sein. Abhängig von der Angebotsmacht sollten Preisverhandlungen betrieben werden. Anreize können durch Ausdehnung der Ver-tragsdauer (relationale Vertragsbeziehung[276]) oder Erhöhung der Abnahmemenge geschaffen werden.

- **Wertschöpfungspartnerschaft:** Bei dieser Strategie muss die Sicherheits-komponente stärker einbezogen werden. Dies soll durch den Aufbau einer gegen-seitigen Abhängigkeit erreicht werden. Die Geschäftsbeziehung ist kooperativ und die Vorteile der Zusammenarbeit liegen neben der Reduzierung der Versorgungsrisiken in Effizienzsteigerungen entlang der gesamten logistischen Kette.

Für die **nicht abgedeckten Kombinationen** werden Strategien der Lieferantenent-wicklung zu einer der vorab genannten Felder empfohlen oder auch die Verlagerung auf andere Lieferanten.[277] Tab. 5.51 zeigt für die einzelnen Bereiche die konkrete Aus-gestaltung der Normstrategien auf.

Wie Abb. 5.29 zeigt, sind nicht alle 16 Felder der Matrix durch spezifische Norm-strategien abgedeckt. Wildemann, H. (2009) gibt hier einige **allgemeine Handlungs-empfehlungen** ab. Bei strategischen Materialien oder Kernmaterialien, welche bei Lieferanten mit geringem Entwicklungspotenzial bezogen werden, wird eine Suche nach Alternativlieferanten (insb. Kernlieferanten) vorgeschlagen oder eine Lieferanten-entwicklung. Engpassmaterialien, die bei Kernlieferanten oder strategischen Lieferanten bezogen werden, benötigen zunächst keine größeren Aktivitäten. Bei Neuentwicklungen sollte eine Reduktion des externen und internen Versorgungsrisikos beachtet werden. Standardmaterialien, die von Engpasslieferanten bezogen werden, sollten entweder auf Standard- oder Kernlieferanten verlagert werden.[278]

---

[276] Siehe Boutellier und Wagner (2001): S. 45.

[277] Vgl. Wildemann (2002): S. 553.

[278] Vgl. Wildemann (2009): 108 f.

Tab. 5.51 Konkrete Ausgestaltung Normstrategien nach Gestaltungsfeldern. (Quelle: In Anlehnung an Wildemann (2002): S. 555–557 und Wildemann (2009): S. 101)

Bereich	Effizient beschaffen	Sicherstellen der Verfügbarkeit	Marktpotenzial nutzen, dann partnerschaftliche Zusammenarbeit	Wertschöpfungs- partnerschaft
Informations- system	Bei wieder- kehrendem Bedarf auto- matische Nach- bestellung durch System	Rollierende Vor- schau, entweder Rahmenvertrag oder Einzel- bestellung	Systemlieferanten: rollierende Voraus- schau, EDV- Schnittstelle	Rollierende Vorausschau, Zugriff Lieferant auf Dispositions- system
Materialfluss- gestaltung	Sammel- anlieferungen durch Bündelung der Bedarfe	Kontrollierter Bestandsaufbau	JIT, Konsignationslager	Produktions- synchrone Beschaffung, Direkt- anlieferung, gemeinsame Ver- sorgungskonzept- gestaltung mit Lieferanten
Sourcing	Bündelung von Objekten, Durchführung Beschaffung durch Dienst- leister, Prüfung Konditionen in größeren Zeit- abständen (einmal jährlich)	Breite Potenzielle Lieferantenbasis, Aufbau von Lieferanten	Dual Sourcing, Global Sourcing, definierte Quoten	Single Sourcing, Aufbau gegenseitiger Abhängigkeit
Lieferanten- auswahl und -kontrolle	Einfache, wenig aufwendige Lieferanten- bewertung	Einkaufspreisana- lyse	Auditierung, Benchmarking	Detaillierte Audits, Coaching
Vertrags- gestaltung	Lokale Verträge, Bestellung aus Katalog	Weltweite Aus- schreibungen, langfristige Rahmenverträge	Preisgleit- und Rationalisierungs- klauseln, langfristige Rahmenver- träge, Qualitäts- sicherungsverein- barung	Lebenszyklus- verträge, Geheimhaltungs- vertrag, Quali- tätssicherungs- vereinbarung

(Fortsetzung)

Tab. 5.51 (Fortsetzung)

Bereich	Effizient beschaffen	Sicherstellen der Verfügbarkeit	Marktpotenzial nutzen, dann partnerschaftliche Zusammenarbeit	Wertschöpfungs-partnerschaft
Qualitäts-sicherung	Annahmestich-probenprüfung	100 % Kontrolle, Sicherstellung Rückverfolgbar-keit	Annahmestich-probenprüfung bei Stammlieferanten	Gemeinsame Prüfplanung und -gestaltung, vollständige Qualitäts-sicherung durch Lieferanten, Rückverfolgbar-keit sicherstellen
Forschung & Ent-wicklung	Rückgriff auf bestehende Produkte, technische Entfeinerung	Vorgabe Pflichtenheft an Lieferanten, weltweite Suche nach alternativen Technologien und Substitutions-materialien	Wertanalyse	Gemeinsame Wertgestaltung, Supplier Road Maps[279]
Organisation	-	Überprüfung Eigenfertigung, Einkaufs-kooperationen	Einkaufs-kooperationen	Target Costing, Austausch Personal, interdisziplinäre Optimierungs-teams
		Intensive Beschaffungsmarktforschung		

5.23.4 Kritische Evaluation

Die Einkaufspotenzialanalyse soll behilflich sein, materialgruppenspezifisch **Rationalisierungspotenziale** aufzudecken. Diese werden umgesetzt durch situations-angepasste Abnehmer-Lieferanten-Beziehungen.[280]

Das Portfolio basiert auf zwei etablierten Beschaffungsportfolios und präsentiert als Innovation die **Kombination** dieser in einem gemeinsamen Portfolio. Die Strategien sind für die vier identifizierten Gruppen detailliert abgeleitet. Das Portfolio hat durch die hohe Anzahl der durchgeführten Fallstudien eine breite empirische Fundierung. Zusammengefasst wird die Bewertung in Tab. 5.52 dargestellt.

---

[279]Vgl. Meyer (2010): 104 f.

[280]Vgl. Wildemann (2002): S. 560.

Tab. 5.52 Bewertung – Kombiniertes Beschaffungsgüter / -quellenportfolio

Fundierung	Novitätsgrad	Tiefe der abgeleiteten Normstrategien	Empirische Fundierung
Basiert auf zwei etablierten Beschaffungsportfolios	Kombination bestehender Portfolios	Sehr detailliert ausgestaltet	Hohe Anzahl von Fallstudien[281]
+(positiv)	0 (kleinere Mängel)	+(positiv)	+(positiv)

5.24 Portfolio „Grünes Lieferantenmanagement"

5.24.1 Motivation und Grundlagen

Das von Zhu et al. (2010) entwickelten Portfolio zum ‚Grünen Lieferantenmanagement' ist das erste Portfolio, welches in breiter Form **ökologische Faktoren** in die Lieferantenbewertung einbezieht und die Dimensionsausprägung mithilfe des **Analytical Network Process** [ANP] berechnet.[282] Die Eingangsgrößen zur Bildung der ökologischen Strategien gehen in die Dimensionen ‚Gesamtleistung des Lieferanten' und ‚relative Lieferantenmacht' ein.[283]

5.24.2 Dimensionen

Die **Gesamtleistung** beinhaltet neben strategischen und organisatorischen auch umweltorientierte (ökologische) Faktoren und basiert auf der Erkenntnis, dass positive Leistungen im Umweltbereich nicht automatisch positive ökonomische bzw. operative Leistungen bedeuten, und umgekehrt.[284] Die für diese Dimension vorgeschlagenen Faktoren werden in Tab. 5.53 aufgelistet.

Zur Abbildung der relativen Lieferantenmacht werden die Einkäufer- und Lieferantenseite im Hinblick auf ihre **Abhängigkeit** bewertet und die Differenz gebildet. Dies ist eine wichtige und empfehlenswerte Weiterentwicklung der reinen Beurteilung auf Basis von lieferantenseitigen Kriterien. Die jeweils vier auf Basis von empirischen Studien[285] ermittelten Faktoren sind in Tab. 5.54 aufgezeigt.

---

[281] Zum Beispiel Wildemann (2009): S. 110–118.

[282] Vgl. Zhu et al. (2010): S. 306 Der AHP als Vorstufe des ANP wurde einzig bei dem Portfolio von Olsen und Ellram (1997) bereits früher eingesetzt. Siehe Olsen und Ellram (1997): S. 112.

[283] Vgl. Zhu et al. (2010): S. 308.

[284] „Positive environmental performance does not mean simultaneous positive economic and operational performance and vice versa." Zhu et al. (2010): S. 309.

[285] Vgl. Caniëls und Gelderman (2007): S. 226.

Tab. 5.53 Evaluierungskriterien für Lieferanten-Gesamtleistung. (Quelle: In Anlehnung an Zhu et al. (2010): S. 309)

Strategische	Organisatorische	Ökologische
Kosten	Kultur	Umweltverschmutzungsmaßnahmen
Qualität		Umweltverschmutzungskontrollen
Zeit	Technologie	Umwelt-Management-System
Flexibilität		
Prozessmanagement	Beziehung	Ressourcenverbrauch
Innovation		Verschmutzungsproduktion

Tab. 5.54 Kriterien zur Ermittlung der relativen Lieferantenmacht. (Quelle: In Anlehnung an Zhu et al. (2010): S. 309)

#	Einkäuferseitige Kriterien	Lieferantenseitige Kriterien
1	Logistische Unentbehrlichkeit	Finanzielle Auswirkung (Umsatzanteil)
2	Bedarf an technologischer Expertise des Lieferanten	Bedarf an technologischer Expertise des Einkäufers
3	Vorhandensein alternativer Lieferanten	Vorhandensein alternativer Einkäufer
4	Wechselkosten	Wechselkosten

Die Bewertung wird mithilfe des ANP vorgenommen. Über die Anwendung versprechen sich die Autoren die Aufnahme von Interdependenzen.[286]

5.24.3 Strategieableitung

Bei der **Kombination** der beiden **Dimensionen** ergibt sich ein 4-Felder-Portfolio wie in Abb. 5.30. Spezifische Bezeichnungen der einzelnen Felder (I – IV) nehmen die Autoren nicht vor.

Daraus abgeleitet ergeben sich die in Tab. 5.55 abgebildeten Normstrategien.

Für Lieferanten, die auf den **Grenzen** zwischen den Feldern stehen, wird ein **hybrider Ansatz** empfohlen.[287]

---

[286]Vgl. Zhu et al. (2010): S. 307 mit Verweis auf Bayazit und Karpak (2007): 79 ff. und Sarkis und Sundarraj (2006): 260 ff.

[287]Vgl. Zhu et al. (2010): S. 315.

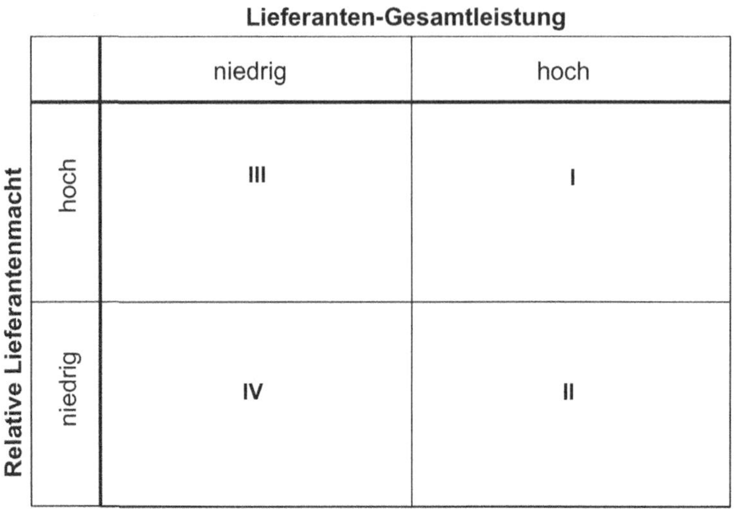

Lieferanten-Gesamtleistung

		niedrig	hoch
Relative Lieferantenmacht	hoch	III	I
	niedrig	IV	II

Abb. 5.30 Grünes Lieferantenmanagement. (Quelle: In Anlehnung an Zhu et al. (2010): S. 315)

Tab. 5.55 Normstrategien Grünes Lieferantenmanagement. (Quelle: In Anlehnung an Zhu et al. (2010): 314 f.)

Gruppe	Beschreibung		Strategien
	Lieferanten-Gesamtleistung	Relative Lieferanten-macht	
I	Hoch	Hoch	Pflege einer langfristigen Partnerschaft, selbst wenn Umweltschutz nicht in gewünschter Form umgesetzt wird
			Angebot von Vorzugskonditionen (Nutzung eigener Testlabors)
II	Hoch	Niedrig	Druck ausüben
			Anforderung von Produkt-Test-Reports, Compliance-Berichten
			Teilweise: kontinuierliche Audits bei Produktionsstätten
III	Niedrig	Hoch	Kurzfristig: Training des Lieferanten mit eigenen Ressourcen
			Langfristig: Substituierung Material, Eigenfertigung
IV	Niedrig	Niedrig	Lieferantenwechsel
			Audits

Tab. 5.56 Bewertung – Portfolio Grünes Lieferantenmanagement

Fundierung	Novitätsgrad	Tiefe der abgeleiteten Normstrategien	Empirische Fundierung
Breite Basis	Erstes Portfolio, welche ökologische Faktoren miteinbezieht, erstes Portfolio, welches Bewertung auf Basis des ANP vornimmt	Mittleres Niveau	Fallstudienbasierte Anwendung
+(positiv)	*+(positiv)*	*0 (kleinere Mängel)*	*0 (kleinere Mängel)*

5.24.4 Kritische Evaluation

Limitierungen des Portfolios sind die bisher lediglich auf **einer Fallstudie** erfolgte Anwendung, sowie die hohe Komplexität der beiden Dimensionen.[288] Der Ansatz greift auf **breiter Basis** auf existierende Portfolio-Modelle zurück.[289] Zusammengefasst wird die Bewertung in Tab. 5.56 gezeigt.

5.25 Nachhaltigkeitsporfolio (Sustainable Purchasing Portfolio)

5.25.1 Motivation und Grundlagen

Motivation für den Aufbau des Portfolios von Pagell et al. (2010) ist die steigende Relevanz von Nachhaltigkeitsaspekten allgemein und speziell im Bereich der Supply Chain. Bei Entscheidungen insbesondere im Hinblick auf ökologische Sachverhalte stellten die Autoren eine Informationslücke fest.[290] Dies führten sie speziell auf die Unsicherheiten bei ökologischen Gegebenheiten zurück.[291] Ziel ist eine **Fundierung** bei strategischen Entscheidungen hinsichtlich der Einbindung von Nachhaltigkeit.[292]

In der interviewbasierten Untersuchung von Pagell und Wu Zhaohui (2009) wurden die Supply-Chain-relevanten Daten von 10 Unternehmen aller Größenklassen

---

[288] Vgl. Zhu et al. (2010): S. 316.

[289] Vgl. Zhu et al. (2010): S. 316.

[290] Vgl. Wu und Pagell (2011): S. 587.

[291] Vgl. Wu und Pagell (2011): S. 578.

[292] Vgl. Wu und Pagell (2011): S. 589.

gesammelt.[293] Aus diesen Daten wurden sechs Unternehmen herausgefiltert, die erfolgreich sind und nicht den klassischen Vorgaben der Standard-Beschaffungsportfolios
folgen,[294] sondern grundsätzlich versuchen, eine **hohe Kontinuität** bei ihren Lieferanten
zu erreichen.[295] Diese Kontinuität soll in einer Form umgesetzt werden, in der es den
Lieferanten möglich ist, erfolgreich zu sein, zu investieren, innovativ zu sein und zu
wachsen. Dabei wird ein starker Fokus auf die ökologischen und sozialen Resultate der
Lieferanten gelegt.[296]

Ergebnis ist, dass die Unternehmen, welche an einer nachhaltigen Ausgestaltung der
Supply Chain orientiert sind, Lieferanten, die an sich eine **schwache Position** haben
(Hebelprodukte), langfristige Verträge anbieten, Preise über dem Marktniveau zahlen,
gemeinsame Trainings durchführen und auch Hilfe zur Reduktion der Risiken auf
Lieferantenseite anbieten, insbesondere, wenn diese Ihre Produktion nachhaltiger aus-
richten wollen.[297] Dies sind Elemente, die üblicherweise bei **strategischen Lieferanten**
eingesetzt werden.[298]

Zur Begründung dieses Widerspruchs im Vergleich zu dem bei klassischen
Beschaffungsportfolios empfohlenen Verhalten können **ungeklärte bzw. schwer erfass-
bare Kosten** (im Sinne des Total Cost of Ownership) herangezogen werden, welche
bei nachhaltig orientierten Unternehmen eine besondere Relevanz haben. Dies können
Kosten für Zertifizierungen, Einrichtung eines Reporting-Systems, eines Audit-Prozesses
oder auch die Informationskosten für neue Lieferantensuchen sein.[299] Dieser Ansatz
kann jedoch nur zu Teilen zur Klärung des beobachteten Phänomens verwendet werden,
da dieses Verhalten auch langfristig bei den Unternehmen zu beobachten war und über
einen längeren Zeitraum von einer Reduktion der aufgeführten Kosten ausgegangen
werden kann, weil beispielsweise die Informationsasymmetrien geringer werden.[300]

Ein weiterer Erklärungsansatz, den die Autoren heranziehen, ist die **Ressourcen-
theorie**. Hier wird herausgearbeitet, dass einzigartige Beschaffungsstrategien dazu

---

[293] Bei der Auswahl wurde darauf geachtet, dass die Unternehmen verschiedene Größenklassen
und Beteiligungsverhältnissen abdecken. Die Datenerhebung fand zwischen 2006–2008 statt. Vgl.
Wu und Pagell (2011): S. 579.

[294] Kraljic (1983) empfiehlt für die sogenannten „Leveraged Items" (Hebelprodukte), dass hier
die Beschaffungsmacht genutzt werden soll und gerade keine Kontinuität bei der Lieferantenbasis angewendet werden soll, da Lieferanten einfach ausgetauscht werden können. Siehe
Kraljic (1983): 65, 112. Boutellier und Wagner (2001) beschreiben die Situation in diesem
opportunistischen Bereich folgendermaßen: „Man kann die Lieferanten und ihre Produkte jederzeit
untereinander austauschen." Boutellier und Wagner (2001): S. 41.

[295] Vgl. Pagell et al. (2010): S. 62.

[296] Vgl. Pagell et al. (2010): S. 63.

[297] Vgl. Pagell et al. (2010): S. 64.

[298] Siehe Abschn. 5.1 (Lieferanten-Abnehmer-Marktmacht-Portfolio).

[299] Vgl. Pagell et al. (2010): S. 65.

[300] Vgl. Pagell et al. (2010): S. 66.

führen können, dass ein Wettbewerbsvorteil entsteht. Dies kann beispielsweise auf ein größeres Vertrauen in die jeweiligen Geschäftspartner zurückgeführt und mit Wissen über die Erwartungen der Geschäftspartner erklärt werden. Dieser Ansatz kann nach Ansicht der Autoren aber nur teilweise das Verhalten gegenüber den Lieferanten erklären, sodass ein hybrider Erklärungsansatz gewählt wird.[301]

Dazu wird als dritter Erklärungsstrang eine Veränderung der Erwartungen bei den **Stakeholdern** in Richtung nachhaltiger Zielsetzungen herangezogen. Die Manager werden durch Marktbedürfnisse und regulatorische Änderungen dazu gezwungen, eine stärkere Nachhaltigkeitsorientierung auch im Bereich der Beschaffung umzusetzen.[302]

5.25.2 Dimensionen

Aus diesen Erkenntnissen ergibt sich eine **Änderungsnotwendigkeit** für das von Kraljic (1983) entwickelte Portfolio. Die Risiko-Dimension wird erweitert und orientiert sich an Nachhaltigkeitsrisiken. Dazu wird die Kategorie der „Leveraged Items" (Hebelartikel) dreigeteilt. Daraus entstehen die in Tab. 5.57 abgebildeten und zu Teilen modifizierten Felder.

Tab. 5.57 Modifizierte Kategorien des Nachhaltigkeits-Portfolios. (Quelle: In Anlehnung an Pagell et al. (2010): S. 68 mit Verweis auf Kraljic (1983).)

Kraljic-Kategorie	Neue Kategorie	Beschaffungs-risiko	Nachhaltigkeits-Risiken	Kurzfristiger Zustand
Strategisch	Strategisch	Hoch	Mindestens ein Bereich hoch	Nein
Engpass	Engpass	Hoch	Alle niedrig	Nein
Nicht-kritisch	Nicht-kritisch	Niedrig	Alle niedrig	Nein
Hebelartikel	Echte Massen-ware	Niedrig	Einer hoch, andere niedrig	Nein
	Vorübergehende strategische Massenware	Im Moment hoch aufgrund von Informations-asymmetrie wird zeitnah niedrig sein	Ein Bereich hoch	Ja
	Strategische Massenware	Wird hoch werden	Mindestens ein Bereich hoch	Nein

---

[301] Vgl. Pagell et al. (2010): S. 66.

[302] Vgl. Pagell et al. (2010): S. 67.

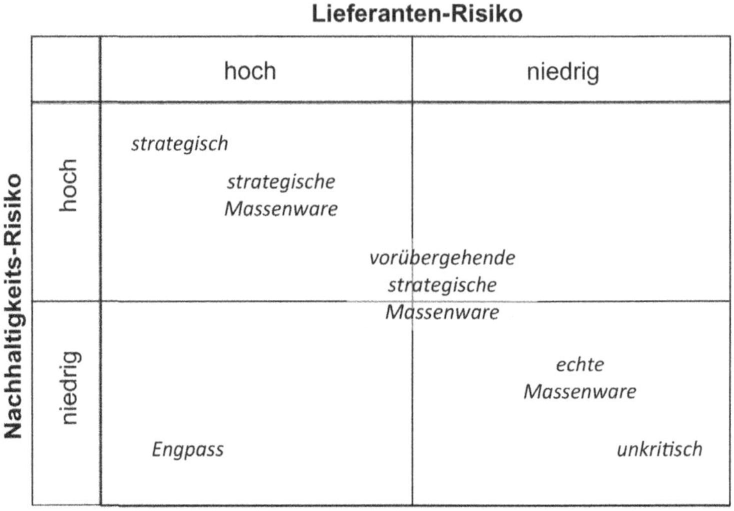

Lieferanten-Risiko

	hoch	niedrig
hoch	*strategisch* *strategische* *Massenware*	
		vorübergehende *strategische* *Massenware*
niedrig		*echte* *Massenware*
	Engpass	*unkritisch*

*(Zeilenbeschriftung links: **Nachhaltigkeits-Risiko**, hoch / niedrig)*

Abb. 5.31 Nachhaltigkeitsportfolio. (Quelle: In Anlehnung an Pagell et al. (2010): S. 68)

5.25.3 Strategieableitung

Außer bei den Hebelartikeln ändert sich lediglich die **Risikoeinordnung,** welche nun nachhaltigkeitsorientiert ist. Bei den Hebelartikeln gibt es weiterhin die als echte Massenware eingeordneten Objekte, welche wie die Hebelartikel behandelt werden. Die vorübergehenden strategischen Massenwaren werden **zeitlich befristet** mit einem stärkeren Fokus also eher wie strategische Objekte behandelt, bis die Informationsasymmetrie reduziert ist und andere Hersteller auch auf dem Niveau Nachhaltigkeitsobjekte anbieten können.[303]

Die **strategischen Massenwaren** sind mit den strategischen Objekten beinahe gleichzusetzen im Hinblick auf die anzuwendenden Instrumente.[304] Der Grund ist, dass die strategischen Massenwaren dazu führen können, dass Wettbewerbsvorteile erreicht werden. Abb. 5.31 zeigt das modifizierte Nachhaltigkeitsportfolio.

5.25.4 Kritische Evaluation

Die Robustheit der Einordnung in dem Portfolio wurde mithilfe von **vier Fallstudien** überprüft.[305] Hier konnten keine Hinweise gefunden werden, welche darauf hindeuten, dass das Modell durch die Fallstudien falsifiziert wird.[306]

---

[303] Vgl. Pagell et al. (2010): S. 69.

[304] Vgl. Pagell et al. (2010): 68 f.

[305] Vgl. Pagell et al. (2010): S. 69.

[306] Vgl. Pagell et al. (2010): S. 70.

Tab. 5.58 Bewertung – Nachhaltigkeitsportfolio

Fundierung	Novitätsgrad	Tiefe der abgeleiteten Normstrategien	Empirische Fundierung
Aufbauend auf Portfolios von Kraljic	Wesentliche Modifikation des Portfolios von Kraljic zur Integration der Nachhaltigkeit	Relativ oberflächlich, aber in Teilen höhere Detaillierung über Rückgriff auf Kraljic möglich	Basiert auf Erkenntnissen aus sechs bzw. vier Fallstudien
+(positiv)	+(positiv)	0 (kleinere Mängel)	0 (kleinere Mängel)

Als vorteilhaft an dem Portfolio ist die tiefe **Theoriebasiertheit** hervorzuheben und der praxisorientierte Ansatz über die **Fallstudien**. Für eine stärkere Fundierung sollte hier eine höherzahlige empirische Untersuchung durchgeführt werden. Die Bewertung wird in Tab. 5.58 zusammengefasst.

5.26 Kundenstatus-Portfolio

5.26.1 Motivation und Grundlagen

Das von Schiele (2012) entwickelte Portfolio basiert auf der Erkenntnis, dass ein **Status** als bevorzugter Kunde sich **positiv** auf die **Kunden-Lieferanten-Beziehung** auswirkt. Das Portfolio versucht eine Hilfestellung bei der Identifikation von strategisch wichtigen und innovativen Lieferanten zu geben, mit denen eine enge Zusammenarbeit angestrebt werden sollte.[307]

Die Auswirkung als Hauptlieferant eingeordnet zu werden haben Ulaga und Eggert (2006) analysiert. Die Hauptlieferanten erhalten üblicherweise 73,3 % der Kundenvolumens zugeteilt.[308] Dabei ist die kostenseitige Wettbewerbsfähigkeit ein notwendiges Merkmal. Hauptfaktoren für die Wahl als erster Lieferant sind das Servicelevel und die persönliche Interaktion.[309]

5.26.2 Dimensionen

Die Dimensionen, aus denen das Portfolio aufgebaut ist, sind die Wettbewerbsfähigkeit beim Lieferanten und der Status des Käufers beim Lieferanten.

---

[307] Vgl. Schiele (2012): S. 44.
[308] Vgl. Ulaga und Eggert (2006): S. 130.
[309] Vgl. Ulaga und Eggert (2006): S. 131.

Abb. 5.32 Kundenstatus-Portfolio. (Quelle: In Anlehnung an Schiele (2012): S. 48)

Die **Wettbewerbsfähigkeit** des **Lieferanten** kann erhoben werden über die technische und strategische Bedeutung der Produkte des Lieferanten, die kommerzielle Wichtigkeit gemessen am Beschaffungsvolumen und die Übereinstimmung der Werte und Firmenkultur.

Der **Status** des **Käufers** beim Lieferanten kann über das Verhalten des Lieferanten gegenüber dem Käufer oder auch den Key Account Status erhoben werden.[310]

Zusammengesetzt ergibt sich das Portfolio mit den abgeleiteten Strategien, welches in Abb. 5.32 gezeigt wird. Die Skala der Punktevergabe für den gebildeten Wert der jeweiligen Dimensionen wurde in diesem Beispiel von Null bis Einhundert skaliert.

5.26.3 Strategieableitung

Im Detail können die Strategien so, wie in Tab. 5.59 gezeigt, umgesetzt werden.

5.26.4 Kritische Evaluation

Es werden keine Verweise auf entsprechende Beschaffungsportfolios vorgenommen. Die Integration des **Status** beim **Lieferanten** ist ein **neuer** Teilaspekt. Der Detaillierungsgrad der Strategien befindet sich auf einem leicht erweiterten Niveau. Hinsichtlich der

---

[310] Vgl. Schiele (2012): S. 48.

Tab. 5.59 Detailstrategien für Kundenstatus-Portfolio. (Quelle: In Anlehnung an Schiele (2012): 48 f.)

Feldbezeichnung	Situation	Strategie	
Quacksalber	Lieferant ohne nennenswerte Wettbewerbs-vorteile gewährt keinen bevor-zugten Kunden-status	Wechselstrategie	Lieferantenwechsel und dafür Suche nach erfolgsversprechenden Lieferanten
König	Kunde hat bevor-zugten Status, partnerschaft-licher Umgang mit hoher gegen-seitiger Prozess-integration	Kooperations-strategie	Ziel ist Nutzung käuferseitiger Wett-bewerbsvorteile Workshops und ähnlichen Instrumente zur Intensivierung der Zusammenarbeit
Knappe	Lieferant vergibt bevorzugten Kundenstatus an Käufer, ist jedoch eingeschränkt wettbewerbsfähig	Lieferanten-entwicklungs-strategie	Aktivitäten sind darauf ausgerichtet den Lieferanten weiter zu entwickeln, da es sich schwierig gestalten wird bei einem wettbewerbsfähigen Lieferanten auch den gewünschten Kundenstatus zu erreichen
Schwarzer Ritter	Lieferant ver-wehrt bevorzugten Kundenstatus, hat diesen jedoch an Konkurrenten vergeben	Bindungsstrategie	Maßnahmen zur Erreichung des bevorzugten Kundenstatus bei Lieferanten: 1) Suche nach Ausweichmöglich-keiten, z. B. Sublieferant, der in Kategorie Knappe eingeteilt werden kann 2) Erhöhung Attraktivität bei Lieferanten durch:
			Ausweitung Beschaffungsvolumen
			Senkung Kosten bei Lieferanten durch Prozessverschlankungen
			Schaffung eines positiven Arbeitsklimas durch gemeinsame Qualitäts-initiativen
			Lieferantenentwicklungs-programme
			Produktionsplanung
			Prozesse und Roadmaps

Tab. 5.60 Bewertung – Kundenstatus-Portfolio

Fundierung	Novitätsgrad	Tiefe der abgeleiteten Normstrategien	Empirische Fundierung
Keine Angabe	Status beim Lieferanten ist eine neue Detail-ebene bei der Strategie-ableitung	Erste Ansätze werden gegeben	Keine Angabe
– (massive Mängel)	0 (kleinere Mängel)	0 (kleinere Mängel)	– (massive Mängel)

empirischen **Fundierung** wird **keine Angabe** gemacht. Die Bewertung in der Übersicht zeigt Tab. 5.60.

5.27 Kombiniertes Lieferanten-Abnehmer-Marktmacht- und Lieferantenpotenzial-Portfolio

5.27.1 Motivation und Grundlagen

Aufbauend auf dem Lieferanten-Abnehmer-Marktmacht-Portfolio von Kraljic (1985) wird in dem von Rezaei und Fallah Lajimi (2019) entwickelten Portfolio für jedes der Felder eine **Differenzierung** bzw. Detaillierung der Strategien über eine eigene Matrix vorgenommen.[311] Diese Lieferantenpotenzialmatrix basiert auf der Fähigkeit und Bereitschaft des Lieferanten zur Zusammenarbeit.[312]

5.27.2 Dimensionen

Die **Fähigkeiten** können mittels verschiedener Variablen, wie Qualität, Reputation und Prozesskenntnisse gemessen werden.[313] Die **Bereitschaft** kann beispielsweise über die Vertrautheit, die Bereitschaft, Informationen auszutauschen und die Abhängigkeit bewertet werden.[314]

Im Vergleich zu anderen Kombinationen von Portfolios werden hier **nicht** die zu integrierenden Portfolios in **Dimensionen** und damit Achsen der Matrix **trans-**

---

[311] Eine Auflistung möglicher Ausgestaltungskriterien siehe Rezaei und Fallah Lajimi (2019): S. 422.

[312] Vgl. Rezaei und Ortt (2012): S. 4598.

[313] Siehe Rezaei und Ortt (2012) mit einer Auflistung von über 20 möglichen Variablen. Vgl. Rezaei und Ortt (2012): S. 4600.

[314] Vgl. Rezaei und Ortt (2012): S. 4601 und Rezaei und Fallah Lajimi (2019): S. 423.

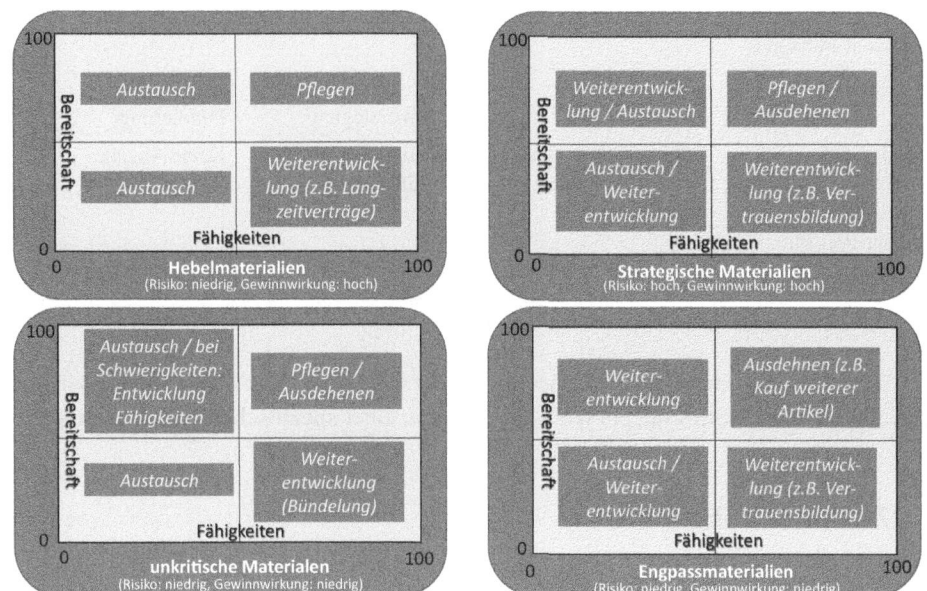

Abb. 5.33 Kombiniertes   Lieferanten-Abnehmer-Marktmacht-   und   Lieferantenpotenzial-Portfolio. (Quelle: In Anlehnung an Rezaei und Fallah Lajimi (2019): 424, 430–433)

formiert,[315] sondern in jedes Feld des Lieferanten-Abnehmer-Marktmacht-Portfolios ein Lieferantenpotenzial-Portfolio **integriert,** sodass jedes der vier Felder nochmals in vier Einzelbereiche untergliedert wird, wie es Abb. 5.33 zeigt.

5.27.3 Strategieableitung

In den 16 Feldern werden sechs Normstrategien (Austausch, Pflegen, Weiterentwicklung, Ausdehnen, Entwicklung Fähigkeiten und Ausdehnen) vorgeschlagen, welche zu Teilen variiert oder auch kombiniert werden. Die Vorgehensweise führt zu **leichten Differenzierungen** in den einzelnen Quadranten.

Die Variationen bzw. Abweichungen sind durch die **Marktsituation** induziert, welche beispielsweise dazu führt, dass man bei geringen Fähigkeiten und geringer Bereitschaft des Lieferanten bei unkritischen Materialien diesen zwingend austauscht und bei Engpassmaterialien und Hebelmaterialien auch die Weiterentwicklung als eine Option neben dem Austausch in Betracht zieht. Dadurch entsteht zwar eine höhere Komplexität der

---

[315] Siehe Abschn. 5.23.

Tab. 5.61 Bewertung – Kombiniertes Lieferanten-Abnehmer-Marktmacht- und Lieferanten-potenzial-Portfolio

Fundierung	Novitätsgrad	Tiefe der abgeleiteten Normstrategien	Empirische Fundierung
Basiert auf Lieferanten-Abnehmer-Markt-macht-Portfolio	Neuer Ansatz der Integration von zwei Portfolios	Relativ geringer Detailierungsgrad	Keine Angabe
+(positiv)	+(positiv)	0 (kleinere Mängel)	– (massive Mängel)

Darstellung, jedoch wird die Strategieempfehlung deutlich angepasster an die spezifische Situation und die Normstrategie wird zumindest zu einer **spezifischen Normstrategie**.[316]

5.27.4 Kritische Evaluation

Das Portfolio weist mit dem Lieferanten-Abnehmer-Marktmacht-Portfolio eine **breite Basis** auf. Eine empirische Fundierung liegt nicht vor. Die Detaillierung der **Strategien** ist auf einem **niedrigen Niveau** anzusiedeln. Eine empirische Fundierung wurde nicht vorgenommen. Zusammenfassend werden die Analyseergebnisse in Tab. 5.61 gezeigt.

5.28   Gartners Magischer Quadrant

5.28.1 Motivation und Grundlagen

Der magische Quadrant ist von der IT-Beratungs-Firma Gartner (siehe Snapp (2013) und Black et al. (2016)) entwickelt worden und ordnet auf Basis von qualitativen Kriterien Lieferanten auf unterschiedlichen **Technologiemärkten** entsprechend ihrer Zukunfts- und Umsetzungsfähigkeit ein. Die Berichte mit den konkreten Einordnungen der Unternehmen werden alle ein bis zwei Jahre aktualisiert herausgegeben.[317]

5.28.2 Dimensionen

Die **Zukunftsfähigkeit** wird erhoben auf Basis des Überkriteriums ‚Vollständigkeit der Vision', welche auf einer Reihe von Faktoren basiert, genauso wie die **'Fähigkeit der**

---

[316]Vgl. Rezaei und Fallah Lajimi (2019): S. 429–433.

[317]Vgl. Black et al. (2016): S. 2.

Tab. 5.62 Bewertungskriterien Gartners magischer Quadrant. (Quelle: In Anlehnung an Black et al. (2016): 3 f. und Snapp (2013): S. 70–72)

Dimension	Faktor	Beschreibung
Vollständigkeit Vision	Marktverständnis	Fähigkeit des Lieferanten, die Bedürfnisse der Kunden zu verstehen und in Dienstleistungen/Produkte umzusetzen
	Marketing-Strategie	Vorhandensein einer klaren ausdifferenzierten Botschaft, welche in der gesamten Organisation konsistent bekannt ist und entsprechend an den Kunden über verschiedene Kanäle (Online, Werbung…) kommuniziert wird
	Vertriebsstrategie	Vorhandensein einer Vertriebsstrategie, welche die unterschiedlichen Möglichkeiten von direktem und indirektem Vertrieb sowie Marketing nutzt
	Produktangebots-Strategie	Ansatz des Lieferanten hinsichtlich Produktentwicklung und Lieferung, um auf aktuelle und zukünftige Anforderungen reagieren zu können
	Geschäftsmodell	Validität und Logik des Geschäftsmodells des Lieferanten
	Vertikale/Industrie-Strategie	Strategie des Lieferanten in Bezug auf die Erfüllung von Kundenbedürfnissen mithilfe von direkten Ressourcen und Fähigkeiten
	Innovation	Fähigkeit des Lieferanten, Ressourcen, Expertise und Kapital so zusammenzubringen, dass Wettbewerbsvorteile erzielt werden
	Geographische Strategie	Ausprägung der Strategie bezüglich der spezifischen Notwendigkeiten der relevanten Regionen
Fähigkeit Umsetzung	Produkte/Dienstleistungen	Fähigkeiten, Qualität und Funktionseigenschaften der Produkte und Dienstleistungen entsprechend der Marktdefinitionen zu gestalten
	Überlebensfähigkeit	Finanzielle Stärke des Lieferanten und Wahrscheinlichkeit, in das relevante Produkt weiter zu investieren
	Vertriebsumsetzung/Preisgestaltung	Fähigkeit des Lieferanten im Bereich Vertriebsaktivitäten, Preisgestaltung und Verhandlungsmanagement
	Reaktionsfähigkeit	Befähigung, flexibel auf Kundenbedürfnisse und Marktdynamiken zu reagieren
	Marketingumsetzung	Klarheit, Qualität und Kreativität der Marketing-Programme, um die Marke am Markt bekannt zu machen und Aufmerksamkeit für die Produkte und Dienstleistungen zu erhalten
	Kundenerfahrung	Qualität der technischen Unterstützung, Bonusprogramme, Benutzergruppen, Service Level Agreements
	Arbeitsprozess	Fähigkeit des Lieferanten, seine Versprechungen umzusetzen; dazu gehören die Organisationsstruktur, Erfahrungen und Systeme

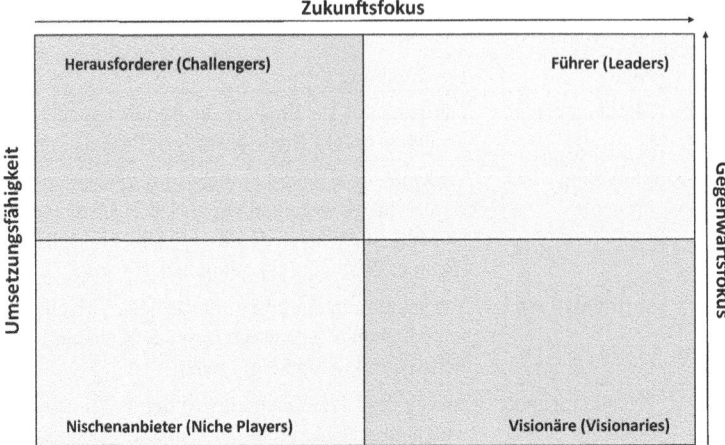

Abb. 5.34 Gartner – Magischer Quadrant. (Quelle: In Anlehnung an Black et al. (2016): S. 6 und Snapp (2013): S. 68)

Umsetzung'. Diese werden in Tab. 5.62 strukturiert nach den Dimensionen und den Einzelfaktoren dargestellt.

5.28.3 Strategieableitung

Parallel zu allen zusammengesetzten Dimensionen werden die Einzelbewertungen der Lieferanten über eine nicht offen gelegte Gewichtung[318] der Einzelfaktoren und deren Aufaddition berechnet. Die Lieferanten werden dann in die Matrix nach der Struktur von Abb. 5.34 eingetragen.

Die Matrix wird in vier Quadranten aufgeteilt:[319]

- Die Idealposition nehmen die **Führer** ein. Diese bieten Angebote, die die Anforderungen des Marktes erfüllen und haben gezeigt, dass sie die Vision besitzen, ihre Marktstellung zu erhalten, auch bei sich verändernden Bedingungen. Sie sind in der Lage, die Richtung des Gesamtmarktes zu bestimmen, besitzen eine große zufriedene Kundenbasis und haben eine hohe Sichtbarkeit am Markt. Ihre Größe und finanzielle Stärke ermöglichen es ihnen, in einer sich verändernden Ökonomie bestehen zu können. Es existiert die Gefahr, dass sie die Bedürfnisse von speziellen Segmenten nicht erfüllen.

---

[318] Vgl. Snapp (2013): S. 72.

[319] Vgl. Black et al. (2016): S. 6–8 und Snapp (2013): S. 69.

- Die **Herausforderer** haben eine sehr gute Fähigkeit, Dinge umzusetzen, jedoch keinen Plan um dauerhaft eine werthaltige Position für neue Kunden einzunehmen. Häufig nehmen große Lieferanten in gesättigten Märkten diese Position ein, um ihr Risiko zu minimieren und um zu vermeiden, dass Kundenbeziehungen oder Aktivitäten gefährdet werden. In einigen Fällen werden Produkte angeboten, welche sich am Ende des Produktlebenszyklus befinden. Eine Entwicklung zum Führer kann über eine Entwicklung der Zukunftsfähigkeit und damit der Vision realisiert werden.
- **Visionäre** kennen Marktentwicklungen sehr genau, haben jedoch eingeschränkte Fähigkeiten, eine daraus entwickelte Vision umzusetzen. In Märkten, welche sich in einem frühen Stadium befinden, ist dieser Status normal, in gesättigten Märkten reflektiert er die Strategie eines kleineren Lieferanten, der z. B. Innovationen vor dem generellen Markttrend verkauft. Kunden und Lieferanten der Visionäre haben auf der einen Seite hohe Risiken und auf der anderen Seite eine hohe Gegenleistung, da die Visionäre oft neue Technologien, Dienstleistungen oder Geschäftsmodelle anbieten. Negativ steht dem gegenüber, dass die Visionäre häufig eine geringe finanzielle Stärke haben. Inwieweit Visionäre Herausforderer oder Führer werden können, hängt davon ab, ob die neuen Technologien akzeptiert werden und Partnerschaften entwickelt werden können, welche Ihre Stärken vervollständigen. Visionäre haben sich in der Vergangenheit immer wieder als attraktive Akquisitionsobjekte für Führer oder Herausforderer herauskristallisiert.
- **Nischenanbieter** haben eine gute Position in einem bestimmten Segment eines Marktes oder haben begrenzte Fähigkeiten, Innovationen hervorzubringen oder Konkurrenten zu übertreffen. Ursache könnte sein, dass sie sich auf bestimmte Funktionalitäten, Branchen oder Regionen fokussieren. Produkte der Nischenanbieter haben meistens eine breite Funktionalität, jedoch hat der Anbieter limitierte Support-Fähigkeiten und eine relativ kleine Kundenbasis. Risiken existieren hinsichtlich der langfristigen Überlebensfähigkeit dieser Lieferanten.

5.28.4 Kritische Evaluation

Kritisch ist diese kommerziell geprägte Matrix im Hinblick auf die **Transparenz** der Bewertung und Gewichtung zu sehen. Dies gilt in besonderem Maße für die Vielzahl von subjektiven Kriterien, welche zur Ermittlung der Dimensionen bewertet werden müssen.[320] Dabei könnten auch Interessenkonflikte eine Rolle spielen. Kleinere Unternehmen werden aufgrund von Mindestumsatzkriterien überhaupt nicht aufgenommen.[321]

Es existiert **keine Anlehnung** an ein **bestehendes Portfolio,** die Differenzierung in operative und strategische Bereiche ist neu im Bereich der Ansätze zu Beschaffungs-

---

[320] Vgl. Gartner Inc. (2019): S. 2.
[321] Vgl. Gartner Inc. (2019): S. 4.

Tab. 5.63 Bewertung – Gartners magischer Quadrant

Fundierung	Novitätsgrad	Tiefe der abgeleiteten Normstrategien	Empirische Fundierung
Keine	Neuer Ansatz die Fähigkeiten im operativen und strategischen Bereich des Lieferanten gegen-über zu stellen	Wenige konkrete Strategien	Keine Angabe
– (massive Mängel)	+ (positiv)	0 (kleinere Mängel)	– (massive Mängel)

portfolios. Es werden relativ **wenige konkrete Strategien** zur Nutzung der heraus-kristallisierten Positionen gegeben und es existiert keine empirische Fundierung. Die Konklusion der Bewertung wird in Tab. 5.63 aufgezeigt.

5.29 Nachhaltigkeitsrisiko-Portfolio

5.29.1 Motivation und Grundlagen

Das von Fröhlich et al. (2015) entwickelte Portfolio ist motiviert von der Erkenntnis, dass Nachhaltigkeitsziele eine hohe Relevanz besitzen, welche jedoch nicht ausreichend in den existierenden Portfolios berücksichtigt werden[322]. Beim Nachhaltigkeitsrisiko-Portfolio wird das **Portfolio** von **Kraljic** verwendet[323] und erweitert um eine **dritte Dimension**, welche die Nachhaltigkeitsrisiken erfasst.[324] Basis der Ausarbeitung sind Expertengespräche mit verschiedenen Unternehmen, wobei ein Schwerpunkt auf die Chemiebranche gelegt wurde.[325]

5.29.2 Dimensionen

Um das Design der Erweiterung zu entwickeln, wurde ein qualitativer Forschungsansatz gewählt, bei dem der aktuelle Stand des Unternehmens bezüglich der angewendeten Nachhaltigkeitsphilosophie, Schlüsselfaktoren, die zur Integration der Nachhaltigkeit geführt haben, Stärken und Schwächen der Nachhaltigkeitsumsetzung und die bisherigen

---

[322] Vgl. Fröhlich et al. (2015): S. 57.

[323] Siehe Abschn. 5.1 (Lieferanten-Abnehmer-Marktmacht-Portfolio).

[324] Vgl. Wellbrock und Ludin (2019): S. 253 Zum Nachweis der fehlenden Berücksichtigung der Nachhaltigkeitsrisiken siehe Fröhlich et al. (2015): S. 65.

[325] Vgl. Fröhlich et al. (2015): S. 55.

Tab. 5.64 Nachhaltige Lieferantenbewertungskriterien. (Quelle: In Anlehnung an Fröhlich et al. (2015): S. 69)

Gruppe	Kriterien
Ökologische	Energieverbrauch
	Wasserverbrauch
	CO_2-Ausstoß
	Abfallvermeidung
	Luftverschmutzung
	Wasserverschmutzung
	Lärmbelästigung
	Flächennutzung (z. B. für Produktionsstätten)
Ethische	Humankapitalentwicklung
	Kinderarbeit
	Arbeitsrecht/Menschenrechte
	Schutz Arbeitnehmerrechte
	Arbeitszeit/Flexibilität
	Ausgleichszahlungen
	Faire Lohngestaltung
	Gleichbehandlung der Geschlechter
	Diversity
	Einbeziehung relevanter Stakeholder
	Transparenz
	Schutz geistigen Eigentums
	Korruption
	Einhaltung vorgegebener Standards
Ökonomische	Transportkosten/Durchlaufzeiten
	Kosten externer Effekte
	Konstante Profitabilität
	Verbesserung sozialer Standards
Soziale, Gesundheits- und Sicherheitskriterien	Nachhaltige Arbeitsbedingungen
	Gesundheit und Sicherheit
	Soziale Auswirkungen betrieblicher Prozesse
	Sozialleistungen

nachhaltigkeitsbezogenen Beschaffungsaktivitäten erhoben wurden.[326] Zur Zusammenstellung der dimensionsausbildenden Kriterien wurden außerdem Rückgriffe auf Studien von Verbänden und auch die Branchenstrukturanalyse von Porter herangezogen.[327] Daraus ist die in Tab. 5.64 aufgeführte Zusammenstellung der vier Gruppen von **nachhaltigen Lieferantenbewertungskriterien** entstanden.

---

[326]Vgl. Fröhlich et al. (2015): S. 66.

[327]Vgl. Fröhlich et al. (2015): S. 69.

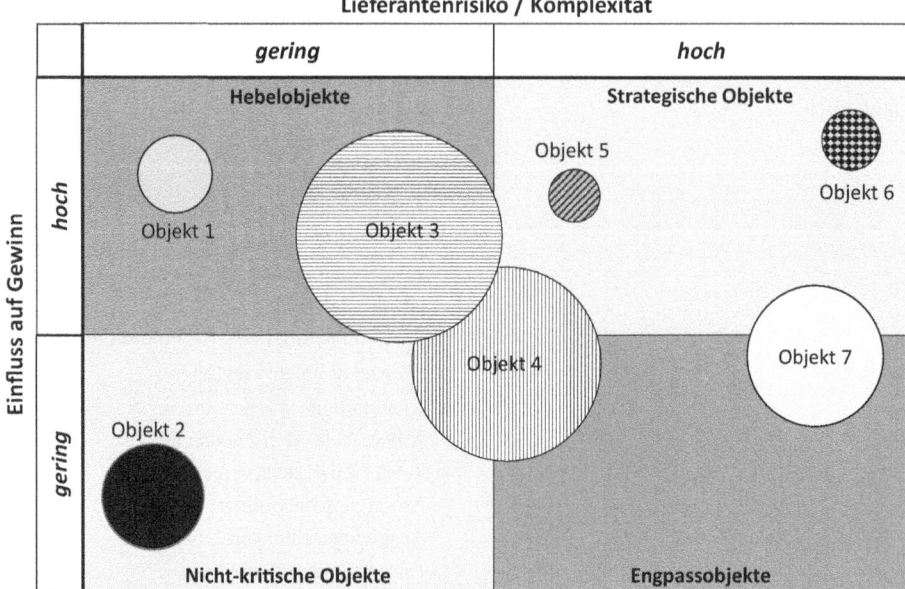

Abb. 5.35 Nachhaltigkeitsrisiko-Portfolio (Beispiel). (Quelle: In Anlehnung an Fröhlich et al. (2015): S. 70)

Die Einordnung des ermittelten Nachhaltigkeitsrisikos, welches auf dem Erfüllungsgrad der nachhaltigen Lieferantenbewertungskriterien basiert, erfolgt in der Matrix über die Größe der Blasen. Damit wird der Aufbau der traditionellen Matrix beibehalten und die dritte Dimension über das Ausmaß der jeweiligen Blase angezeigt, wie es in Abb. 5.35 beispielhaft dargestellt ist.

5.29.3 Strategieableitung

Der **Fokus** der Handlungsempfehlungen sollte auf die auf Basis der Kraljic-Dimensionen als **sehr risikoreich** charakterisierten **Lieferanten** gelegt werden.[328] Besonders hervorgehoben werden als mögliche Strategien das Multiple Sourcing[329] und das Finden von Substitutionsprodukten.[330] Spezifisch werden die in Tab. 5.65 aufgenommenen strategischen Ausrichtungen für die vier Felder vorgeschlagen.

---

[328] Vgl. Fröhlich et al. (2015: S. 70.
[329] Siehe Jonen (2019): S. 924.
[330] Vgl. Fröhlich et al. (2015): S. 71.

5.29.4 Kritische Evaluation

Zusammenfassend kann man feststellen, dass das Portfolio auf eine relativ **einfach** zu realisierende Art das Thema ‚Nachhaltigkeit' in die Betrachtung mit aufnimmt. Gerade aufgrund des hohen Verbreitungsgrades der Kraljic-Matrix kann mittels des Ansatzes mit wenig Zeitaufwand die Integration von Nachhaltigkeitsaspekten in die Beschaffungsstrategieauswahl erfolgen. Die vorgeschlagenen Kriterien sind durchweg von einer hohen Allgemeingültigkeit geprägt, sodass eine Anwendung in Branchen außerhalb des Chemiebereiches ohne Probleme möglich sein sollte. Die vorgeschlagenen Adjustierungen in Bezug auf die Nachhaltigkeit passen zu den Grundrichtungen, die für strategische Objekte, Hebelobjekte, unkritische Objekte und Engpassobjekte ursprünglich aufgestellt wurden.

Tab. 5.65 Strategische Ausrichtungauf Basis der Nachhaltigkeitsrisiken. (Quelle: In Anlehnung an Fröhlich et al. (2015): S. 72)

Objektbereich	Nachhaltigkeitsrisiko (Größe der Blase)		
	Groß	*Mittel*	*Klein*
Strategische Objekte	Sofortmaßnahmen ergreifen	kontinuierliche und intensive Analysen	jährliche/halbjährliche Nachhaltigkeits-Meetings
Hebelobjekte	Umgehende Suche nach Alternativanbieter	Einleiten von Maßnahmen, wie Kommunikationswege	Aufklären der Lieferanten über Schwachstellen bei Nachhaltigkeitsbewertung
Unkritische Objekte/ Engpassobjekte	Falls kein Verbesserungspotenzial existiert, sollte eine Eigenproduktion erfolgen statt des Bezugs bei einem nicht nachhaltigen Lieferanten		

Tab. 5.66 Bewertung – Nachhaltigkeitsrisiko-Portfolio

Fundierung	Novitätsgrad	Tiefe der abgeleiteten Normstrategien	Empirische Fundierung
Erweiterung des Portfolios von Kraljic	Risikoorientierte Integration der Nachhaltigkeit bereits von Pagell, M./ Wu Zhaohui/Wassermann, M. E. (2010) vorgenommen, bei diesem Portfolio jedoch als dritte Dimension	Sehr allgemein	Verwendung von qualitativen Studien
+(positiv)	*0 (kleinere Mängel)*	*0 (kleinere Mängel)*	*0 (kleinere Mängel)*

Die Vorschläge für spezifische **Strategien** sind auf einem **relativ allgemeinen Niveau**. Als empirische Fundierung wurden zumindest qualitative Studien verwendet. Eine zusammenfassende Bewertung zeigt Tab. 5.66.

5.30   Value-Risk-Supply-Portfolio (Wertbeitrags-Supply-Chain-Risiko-Portfolio)

5.30.1 Motivation und Grundlagen

Die Zielsetzung der Kostenreduktion war im Beschaffungsbereich über viele Jahrzehnte hinweg das dominante Bewertungskriterium.[331] Ausgelöst durch Faktoren wie der Internationalisierung des Einkaufs,[332] ‚Just-in-Time'-Anlieferungen,[333] eine durch Spezialisierung immer geringer werdende Fertigungstiefe[334] und der Unberechenbarkeit des wirtschaftlichen Umfelds[335] ist mittlerweile in Unternehmen ein Perspektivwechsel zu beobachten, der in Richtung der **Versorgungssicherheit** geht, da die teils massiven Bedrohungspotenziale in der Lieferkette anerkannt werden.[336] Die Unternehmen realisieren, dass eine ausbleibende oder fehlerhafte Lieferung deutlich relevantere negative Planabweichungen verursacht als eine nicht realisierte Kostenreduktion.[337] Zur Erreichung dieser Zielsetzung steht die Steuerung der Supply-Chain-Risiken im Mittelpunkt.[338] Risiko soll dabei verstanden werden als ein Sachverhalt, der durch unsichere Ereignisse entsteht, die eine negative Zielverfehlung bewirken können.[339]

In der Praxis und in der Theorie besteht schon seit einigen Jahrzehnten die Erkenntnis, dass am Markt nicht einzelne Abnehmer, sondern gesamte **Wertschöpfungsketten** bzw. -netzwerke konkurrieren.[340] Dies lässt sich verdeutlichen anhand der Kosten, welche bei einem Produktionsprozess von Stufe zu Stufe entstehen. Diese belaufen sich auf bis zu 50 % der Gesamtkosten.[341] Abb. 5.36 zeigt exemplarisch, wie Material- und Geldströme über die verschiedenen Kettenglieder hinweg verlaufen.

---

[331] Vgl. Wildemann (2010): S. 60, Wildemann (1998): S. 31 und Horváth & Partners (2011): S. 13.

[332] Vgl. Grosse-Ruyken et al. (2012): S. 25 und Christopher und Peck (2004): S. 12.

[333] Vgl. Haywood und Peck (2003): S. 35.

[334] Vgl. Wagner et al. (2018): S. 329 und Gabath (2010): S. 32.

[335] Vgl. Hermann und Schatz (2011): S. 301.

[336] Vgl. Grosse-Ruyken et al. (2011): S. 768, Gabath (2010): S. 30, Jüttner (2003): S. 794, Christopher und Peck (2004): S. 1, Wildemann (1998): S. 33 und Kraljic (1986): S. 73.

[337] Vgl. Jonen (2019): S. 921 und Grosse-Ruyken et al. (2012): S. 24.

[338] „Supply Chain Risks present the most serious threat to business continuity". Christopher und Peck (2004): S. 11.

[339] Vgl. Jonen (2008): 58 f.

[340] Vgl. Sydow (1992): S. 1 und Wildemann (1998): 9, 13, 116.

[341] Vgl. Wildemann (2009): S. 64 mit Verweis auf Wildemann (1998): S. 15: S. 15.

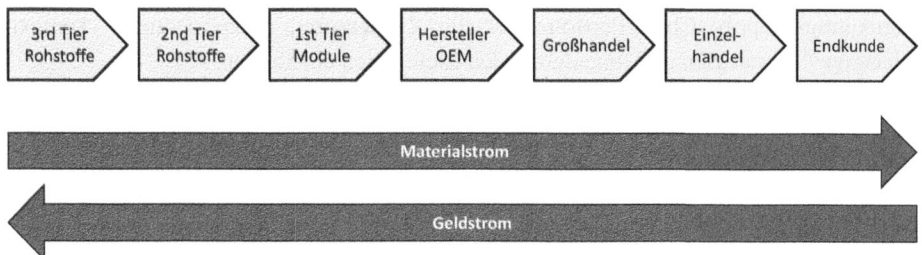

Abb. 5.36   Stufen der Lieferkette. (Quelle: In Anlehnung an Gabath (2010): S. 65)

Das **Risikomanagement** der Supply Chain leidet immer noch an einer **Umsetzungs-problematik**.[342] Dies ist auch darauf zurück zu führen, dass zwischen den Mitgliedern der Supply Chain Informationsasymmetrien existieren, Unternehmen an mehreren Supply Chains beteiligt sind, die Mitglieder sich unterscheiden in Bezug auf Risiko-tragfähigkeit und -bereitschaft und teilweise unterschiedliche nationale regulatorische Anforderungen relevant sind.[343] Folge ist, dass ca. die Hälfte der Unternehmen die Zusammenarbeit mit Lieferanten als nicht erfolgreich einschätzen.[344]

Die Einordnung der Risiken erfolgt auf Basis einer Analyse der **Ursachen** (Ausgangs-faktoren) und **Wirkungen** (Zieldimension).[345] Beim Aufbau von Portfolios hat es sich als sinnvoll erwiesen, eine **strenge Trennung** der beiden **Achsen** vorzunehmen, da auf diesem Weg eine Überschneidungsfreiheit der Dimensionen garantiert werden kann. Darüber hinaus ist es aus Sicht der **Aufwandssparsamkeit** ratsam, eine Ausgestaltung der Dimensionen auf Basis einer geringen Anzahl von Daten zu realisieren. Wichtigste Anforderung ist eine möglichst **exakte Abbildung** der **Beschaffungssituation**.

Zur kombinierten Betrachtung der Ursachen und Wirkungen innerhalb eines Portfolios werden die Supply-Chain-Risiken als Ausgangsfaktoren und der Wertbeitrag des jeweiligen Beschaffungsobjektes als Wirkungsfaktor gegenübergestellt.[346] Das

---

[342] Vgl. Grosse-Ruyken et al. (2011): S. 765, Hermann und Schatz (2011): S. 304 und Kajüter (2015): S. 14, 24. In einer empirischen Untersuchung unter 51 Schweizer Industrieunternehmen durch Ziegenbein (2007) hatten lediglich 24 % der Unternehmen angegeben, dass sie die Risiken in der Supply Chain regelmäßig identifizieren, bewerten und steuern. Vgl. Ziegenbein (2007): S. 35. Haywood und Peck (2003) stellen fest, dass die Techniken zur Lieferantenauswahl und -bewertung nur in ungenügendem Maße Risikoaspekte beinhalten. Siehe Haywood und Peck (2003): S. 41.

[343] Vgl. Kajüter (2015): S. 16.

[344] Vgl. Wildemann (1998): S. 117.

[345] Vgl. Lingnau und Jonen (2015): S. 324 und Jonen (2008): 11, 33.

[346] Vgl. Ziegenbein (2007): S. 22.

Wertbeitrags-Supply Chain-Portfolio hat die **Zielsetzung,** risikoorientierte, kontext-abhängige[347] Strategien im Umgang mit den Lieferanten abzubilden.

5.30.2 Dimensionen

Eine Einteilung von Beschaffungsobjekten singulär nach dem Einkaufsvolumen[348] blendet viele wesentliche Merkmale der Objekte aus und ist damit nicht adäquat. Zur Steuerung der Beschaffung sollte eine wesentliche Größe der mit den Einkaufsgütern erzeugte **Wertbeitrag** sein.[349] Daraus folgt, dass nicht das volumenstärkste Einkaufs-objekt die höchste Relevanz besitzen sollte, sondern jenes, mit dem die größte Marge mit Blick auf den Absatz verknüpft ist.[350] Ein Konzept zur Abbildung des Wertbeitrags ist die Deckungsbeitragsbetrachtung nach der Gesamtzuschlüsselungsmethode.[351] Hiermit verbunden ist eine direkte Quantifizierung des Maximalausfallrisikos.[352]

    Risiken in der **Lieferkette** haben durch die zunehmende Globalisierung, den Trend zur Konzentration auf Kernkompetenzen und der damit zusammenhängenden reduzierten Fertigungstiefe, sowie die Tendenz die Supply Chain „lean" zu gestalten und den daraus folgenden Dominoeffekten, eine herausragende Bedeutung erhalten.[353] Dies ist auf die zunehmenden Abhängigkeitsverhältnisse und die Verschärfung der geographischen und kulturellen Distanz zurück zu führen.[354] Hierbei sollte nicht nur der direkte Lieferant, sondern auch die Ausgestaltung der Zulieferstruktur einbezogen werden, da dort kooperationsspezifische Risikofaktoren festgestellt werden.[355] Ursprung der Risiken können der Beschaffungsmarkt, das Beschaffungsobjekt oder der spezifische Lieferant sein.[356]

    Das **Supply-Chain-Risiko** umfasst sämtliche Risiken des organisationsüber-greifenden Material- und Informationsflusses, deren Ursachen bei Lieferanten, dem Beschaffungsmarkt oder der Lieferkette liegen.[357] Es wird durch unterschiedliche Ein-

---

[347] Vgl. Kajüter (2015): S. 22.

[348] Zu dieser Vorgehensweise siehe Grosse-Ruyken et al. (2011): S. 766.

[349] Vgl. Chick (2015): 32 f., Olsen und Ellram (1997): 103 f. und Kraljic (1986): S. 75.

[350] Vgl. Arning und Lauschke (2021): S. 231.

[351] Siehe Arning und Lauschke (2021) für ein Berechnungsbeispiel (Arning und Lauschke (2021): S. 236). Bei komplexeren Zusammenhängen wird eine Ermittlung über Algorithmen empfohlen (Arning und Lauschke (2021): S. 237).

[352] Vgl. Arning und Lauschke (2021): S. 238.

[353] Vgl. Jüttner (2003): 775, 778.

[354] Vgl. Lasch et al. (2015): S. 77.

[355] Vgl. Jüttner (2003): S. 778.

[356] Vgl. Lasch et al. (2015): S. 81.

[357] Vgl. Jüttner (2003): S. 778, Gabath (2010): S. 19 und Ziegenbein (2007): S. 22.

flussfaktoren determiniert. In der obersten Ebene können diese in Risiken innerhalb der Supply Chain[358] und Risiken, welche außerhalb der Supply Chain liegen, unterteilt werden.[359] Um die anvisierte Datensparsamkeit und auf diesem Weg die Aufwandssparsamkeit zu realisieren, sollen die wesentlichen Risiken über deren empirische Relevanz identifiziert und in einen Katalog aufgenommen werden. Deswegen wurden die folgenden Risiken auf Basis der Analyse von empirischen Studien, Fallstudien und Workshops als besonders relevant identifiziert, weshalb sie zur Dimensionsbildung einbezogen werden sollen:[360]

- Intern
  - Preiserhöhungen
  - Qualitätsmängel (z. B. ungenügende Qualitätskontrollen)
  - Lieferanteninsolvenz (Bonität)[361]
  - Unregelmäßigkeiten bei Logistik/Transport[362] (z. B. Vernichtung Ausgangslager oder Transportlager)[363]
  - Nachhaltigkeit: ökologische, soziale Ereignisse
  - Digitalisierung (z. B. Stabilität der IT-Systeme)
  - Schnittstellen (z. B. Kommunikation zu Lager, Kapazität, Transport)[364]
  - Abhängigkeiten (z. B. Wechselkosten, Substitutionsmöglichkeiten)[365]
- Extern:
  - Volkswirtschaft und Wirtschaftspolitik (z. B. Währungskurse)
  - Umfeld (politische und soziale Unruhen, Streiks und rechtliche Rahmenbedingungen)[366]

---

[358] In einer Befragung von Ziegenbein (2007) haben „die befragten Unternehmen Risiken für die Supply Chain vor allem außerhalb ihres Unternehmens bei ihren Lieferanten, z. B. durch verspätete oder ungenügende Produktqualität vom Lieferanten" wahrgenommen. Ziegenbein (2007): S. 34.

[359] Vgl. Christopher und Peck (2004): 3 f.

[360] Siehe Abschn. 5.4 und vgl. Lasch et al. (2015): S. 82, Eberle (2005): S. 72–80, Chopra und Sodhi (2004): 53, 57 Christopher und Peck (2004): 4 f., Ziegenbein (2007): 23, 28, 37, Jüttner (2003): 780, 787 f., Hermann und Schatz (2011): S. 303, Grosse-Ruyken et al. (2012): 25 f., Sarnow und Schröder (2019): 265 f., Kajüter (2015): S. 17, Bayer und Bioly (2014): S. 60 und Menze (1993): S. 254. Jüttner (2003) schlagen zusätzlich vor Netzwerk-Risikoquellen aufzunehmen. Darauf wird hier aufgrund der schwierigen Zurechenbarkeit bzw. Differenzierbarkeit zwischen internen und externen Faktoren verzichtet. Siehe Jüttner (2003): S. 787.

[361] Vgl. Statistisches Bundesamt (2021).

[362] Vgl. Sarnow und Schröder (2019): S. 261 und Gabath (2010): S. 66.

[363] Vgl. Ziegenbein (2007): S. 27. Ziegenbein (2007) nennt diese Risikokategorie „Deliver"-Risiken. Siehe Ziegenbein (2007): S. 27.

[364] Vgl. Ziegenbein (2007): S. 26.

[365] Vgl. Haywood und Peck (2003): S. 37.

[366] Vgl. Saunders (1997): S. 60.

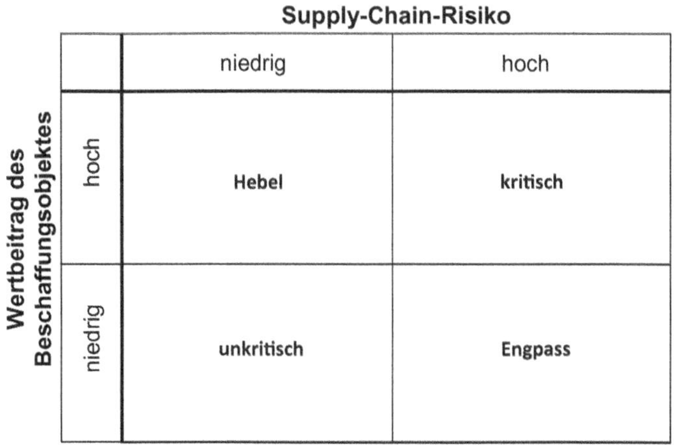

Supply-Chain-Risiko

		niedrig	hoch
Wertbeitrag des Beschaffungsobjektes	hoch	Hebel	kritisch
	niedrig	unkritisch	Engpass

Abb. 5.37 Wertbeitrags-Supply-Chain-Risiko-Portfolio

– Naturereignisse   (z. B.   Überschwemmungen,   Erdbeben,   extreme   Wetter-
   bedingungen)

Die Differenzierung nach intern und extern erfolgt aus Sicht der Supply Chain. Das
heißt, dass in der Kategorie „**extern**" sämtliche Ursachen zusammengefasst sind, die
sich außerhalb des Einflusses der Elemente der Supply Chain befinden.[367]
   Ein wichtiger Aspekt gerade bei unternehmensübergreifenden Supply Chains sind
die **Risikointerdependenzen**.[368] Hier sollte versucht werden, zumindest beispielhaft
mithilfe von kognitiven Karten eine Abschätzung des Effektes der Interdependenzen zu
erhalten.[369]
   Zusammengefasst werden die beiden Dimensionen in dem Wertbeitrags-Supply-
Chain-Risiko-Portfolio, wie es in Abb. 5.37 gezeigt wird. Dieses zeigt mit dem
Supply-Chain-Risiko die **Quelldimension** des Risikos und mit dem Wertbeitrag die
Risikofolge.[370] Damit kann das Portfolio nicht als reines Lieferanten- oder Objekt-
Portfolio eingeteilt werden, sondern jede Dimension steht für einen der Faktoren:

• Das Supply-Chain-Risiko ist die externe Lieferantendimension.
• Der Wertbeitrag des Beschaffungsobjektes ist die interne Perspektive.

---

[367] Vgl. Ziegenbein (2007): S. 28.

[368] Vgl. Kajüter (2015): S. 13 und Chopra und Sodhi (2004): S. 54.

[369] Vgl. Lingnau und Jonen (2015): S. 332–335.

[370] Vgl. Jüttner (2003): S. 778 und Ziegenbein (2007): S. 39.

Sinnvoll ist es, nicht sämtliche Beschaffungsobjekte und damit Lieferanten in das Portfolio einzuordnen. Vielmehr ist es folgerichtig, ein oder zwei nützliche **K.O.-Kriterien** zu definieren, über welche die Menge der zu bearbeitenden Objekte deutlich reduziert werden kann. Ein solches Kriterium könnte beispielsweise ein Normteil oder ein ohne große Mehrkosten und Kapazitätsbelastung selber produzierbares Teil sein.

5.30.3 Strategieableitung

Hauptziel des Portfolios ist die Identifikation der **kritischen Lieferanten**.[371] Diese erfüllen zwei Kriterien: Zum einen repräsentiert das eingekaufte Objekt einen hohen Wertbeitragsanteil für das Unternehmen und zum anderen gehen von dem Lieferanten bzw. der damit zusammenhängenden Lieferkette gravierende Risiken aus. Grundsätzlich sollte dieser Bereich komplett in die strategische Entscheidungsfindung des Gesamtunternehmens integriert sein.[372]

Ansatzpunkte zur **Risikoreduktion** sind dabei vorrangig die Vermeidung (z. B. von geographischen Gebieten), die Erhöhung der Flexibilität[373] (z. B. durch Multiple Sourcing) und die Kontrolle (z. B. durch parallele Prozesse).[374] Dabei können die Maßnahmen nach innen gerichtete Risikoabwehrstrategien sein oder nach außen gerichtete beschaffungsmarkt-beeinflussende Strategien, sowie Übergangsstrategien.[375] Detailliert werden für die kritischen Lieferanten folgende Maßnahmen vorgeschlagen:[376]

- **Überwachung/Transparenz:** intensive gemeinsame Planung über alle relevanten Stufen der Supply Chain hinweg,[377] ständiges Monitoring über Ratings und Liefertreue im Sinne eines Frühwarnsystems zur Erhöhung der Netzwerktransparenz,[378] Stresstests, Zertifizierung

---

[371] Vgl. Grosse-Ruyken et al. (2011): S. 766.

[372] Vgl. Kraljic (1986): S. 77.

[373] Vgl. Wagner et al. (2018): S. 330.

[374] Vgl. Jüttner (2003): S. 789.

[375] Vgl. Sonnenberg (1996): 58 f.

[376] Vgl. Grosse-Ruyken, P. T./ Wagner, S. M./ Zaremba (2011): S. 767, Chopra und Sodhi (2004): S. 59 Kajüter (2015): S. 13, Jüttner (2003): 789 f., Kraljic (1986): 83–55, Sarnow und Schröder (2019): 262 f. und Grosse-Ruyken et al. (2012): S. 27.

[377] Vgl. Haywood und Peck (2003): S. 39.

[378] Vgl. Jüttner (2003): S. 785.

- **Beschaffungsstrategien:** Dual Sourcing, Insourcing, Lieferantenwechsel, Bewertung der geeignetsten Alternative auf Basis der Realoptionstheorie,[379] Verzicht auf Lieferanten (z. B. aus bestimmten Krisenländern)[380]
- **Eigenfertigung:** Möglichkeiten evaluieren, Wandlungsfähigkeit der eigenen Produktion erhöhen
- **Lager:** Erhöhung Bestände, laufende Bestandskontrolle, Krisenplanung, Dezentralisierung,[381] werksnahe Ansiedelung der Lieferanten[382]
- **Technisch:** Materialsubstitution
- **Kooperation:** Festlegung einer gemeinsamen Risikophilosophie,[383] gemeinsame Verschlankung und Standardisierung der Prozesse, Verfahrensrichtlinien,[384] Unterstützung Lieferant bei Qualitätssicherung und -verbesserung, detaillierte Audits, Standards für Kommunikation, Bildung eines Kooperationsausschusses,[385] Einsatz gemeinsamer IT-Systeme zur Zusammenarbeit,[386] bis hin zur Beteiligung am Eigenkapital des Lieferanten[387]
- **Bedarfsprognosen:** präzise
- **Notfallpläne:** detailliert entwerfen

Dabei existiert nicht der eine Königsweg,[388] sondern es muss **situationsspezifisch** und vielfach mit einer **Kombination** der Maßnahmen gearbeitet werden.

Darüber hinaus sind noch drei Kombinationen aus Beschaffungsobjekt und Liefernetzwerk[389] einsortiert worden. Die empfohlenen Strategien, welche darauf beruhen,

---

[379] Vgl. Christopher und Peck (2004): S. 8 und Jonen und Harbrücker (2019): 11, 49.

[380] Vgl. Ziegenbein (2007): S. 61.

[381] Vgl. Chopra und Sodhi (2004): S. 54. Als Beispiel für eine Risikostrategie im Bereich der Lagerhaltung führen Chopra und Sodhi (2004) Die strategische Ölreserve der U.S.A. an. Vgl. Chopra und Sodhi (2004): S. 58.

[382] Vgl. Gabath (2010): S. 69.

[383] Vgl. Jüttner (2003): 783, 786.

[384] Vgl. Wildemann (1998): S. 38.

[385] Vgl. Wildemann (1998): S. 73.

[386] Gemeinsame IT-Systeme können CAS-Software (Shared Application), Projektmanagement-Software oder Management-Informationssysteme sein. Vgl. Wildemann (1998): S. 89.

[387] Vgl. Gabath (2010): S. 51.

[388] Vgl. Chopra und Sodhi (2004): S. 55.

[389] Vgl. Jüttner (2003): S. 784.

Tab. 5.67 Strategische Maßnahmen des Wertbeitrags-Supply-Chain-Risiko-Portfolio

Kategorie	Hebel	Unkritisch	Engpass
Überwachung/Transparenz Lieferanten	Höchstens in geringem Maße		Intensivierung der Planung innerhalb der Lieferkette und Implementierung von Frühwarnindikatoren unter Abwägung des Erhebungsaufwands, Zertifizierung[390]
Beschaffungsstrategien	Single Sourcing	Single Sourcing, wenn Risiken existieren dann eher Akzeptanz (Selbsttragen)	Dual Sourcing-Pflicht, Deinvestition, Lieferantenpflege
Eigenfertigung	Insourcing auf Grund hohem Wertbeitrag evaluieren	Reduktion	Eher keine Option
Lager	Niedrig („Just-in-Time"), Lagerhaltung auf Lieferanten abwälzen	Niedrig	Abhängig von Kapitalbindung und Lagervolumen den Lagerbestand tendenziell erhöhen, laufende Bestandskontrolle
Technisch	Eingeschränkt verfolgen	Produktstandardisierung/ Normteile	Substitution, Identifikation Materialeinsparmöglichkeiten
Vertraglich	Spotkäufe, Nebenleistungswettbewerb steigern (Lager und Logistik)	Spotkäufe, großzügige Bestellmengenpolitik	Langfristige Verträge (Volumensicherung)
Kooperation	Joint Venture aufgrund hohen Wertbeitrags evaluieren, Verfahrensrichtlinien	Nicht notwendig	Einfache risikoreduzierende Maßnahmen, einfache Audits, Standardarbeitsanweisungen, Normen, intensiver Informationsaustausch
Bedarfsprognose	Genau	Mindestbestand, automatische Nachbestellung durch System	Detailliert
Notfallplanung	Grobplanung (Krisenpläne)	Keine	Grobplanung (Krisenpläne)

---

[390]Vgl. Schnitzenbaumer und Wind (2013): S. 181.

abhängig von der Risikosituation spezifische Steuerungsmaßnahmen zu ergreifen,[391] werden in Tab. 5.67 gezeigt.[392]

Grundsätzlich bietet es sich an, die Maßnahmen an den Supply-Chain-Risiken orientiert vorzunehmen. Das heißt, wenn beispielsweise besonders hohe Risiken im Bereich der IT-Systeme vorhanden sind, dass hier über Standards der Kommunikationssysteme die Zuverlässigkeit der IT-Systeme erhöht wird.

5.30.4 Kritische Evaluation

Bei der Identifikation und Bewertung der Risiken ist insbesondere in der Supply Chain der **Zielkonflikt** zwischen zeitlichem und finanziellem Aufwand der Erhebung auf der einen Seite und der Genauigkeit auf der anderen Seite im besonderen Maße relevant. Supply Chain Manager müssen hier die Abwägung zwischen einem ‚Over Management' und der Herstellung einer objektiv fundierten Entscheidungssituation treffen.[393]

Das Modell bezieht sich insbesondere in der Wirkungsebene nur auf die Deckungsbeitragsverluste und bezieht **andere Schadensebenen,** die beispielsweise durch die Behebung von Störungen oder Imageschäden entstehen, **nicht** mit ein.[394]

Die Strategien für die vier eingeteilten Gruppen erfolgen **ohne** eine **Kosten-Nutzen-Abwägung,** d. h. es wird beispielsweise nicht einbezogen, welche spezifischen Risiken bei einer Bestandserhöhung in Bezug auf das Obsoletwerden dieser[395] bestehen. Hier wird es im Hinblick auf diese Maßnahme deutliche Unterschiede bei der Eintrittswahrscheinlichkeit geben. Genauso wird keine Kosten-Nutzen-Abwägung bei dem Vorschlag der Maßnahmen durchgeführt, d. h. es wird nicht einbezogen, welche Versicherungsprämien bei der Betriebsunterbrechungsversicherung eingespart werden können[396] durch die Umsetzung von Risikosteuerungsmaßnahmen innerhalb der Supply Chain.

---

[391] Vgl. Haywood und Peck (2003): S. 40.

[392] Herleitung der Strategien beruht auf sachlogischen Ableitungen und den Erkenntnissen folgender Quellen: Corsten (1995): S. 578, Bräkling et al. (2012): 31, 46 f., Harting (1994): S. 46, Christopher und Peck (2004): S. 8, Jüttner (2003): S. 786, Heege (1981): 20, 48 f., Heege (1987): S. 83–92, Haywood und Peck (2003): S. 40, Hubmann und Barth (1990): S. 29, Lindner (1983): S. 292, Piontek (2016): S. 93, Ziegenbein (2007): S. 61, Roland (1993): S. 140: S., Chopra und Sodhi (2004): S. 55 und Wildemann (2002): S. 555–557.

[393] Vgl. Ziegenbein (2007): S. 38.

[394] Vgl. Ziegenbein (2007): 19, 30.

[395] Vgl. Ziegenbein (2007): S. 19.

[396] Vgl. Ziegenbein (2007): S. 37.

Tab. 5.68 Bewertung   –   Value-Risk-Supply-Portfolio.   (Wertbeitrags-Supply-Chain-Risiko-Portfolio)

Fundierung	Novitätsgrad	Tiefe der abgeleiteten Normstrategien	Empirische Fundierung
Verwendet als Basis Erkenntnisse und Kritik aller wesentlichen vorhandenen Portfolios	Erstmalige Verwendung des Wertbeitrags in einem Portfolio	Auf erhöhtem mittleren Niveau vorhanden, Kosten-Nutzen-Abwägung fehlt	Relevante Risiken und abgeleitete Strategien bauen auf empirischen Studien und Workshops auf
+(positiv)	*0 (kleinere Mängel)*	*0 (kleinere Mängel)*	*+(positiv)*

Das Portfolio basiert auf einer **breiten Verarbeitung** der Erfahrungen der **bestehenden Portfolios**. Neu ist der bisher noch nicht erfolgte Einbezug des Wertbeitrags als eine Portfoliodimension. Die Risiken und auch die Ableitung der Strategien basiert auf einer breiten Sichtung von entsprechenden Studien. Die Ergebnisse der Analyse werden in Tab. 5.68 zusammengetragen.

Kritik an Portfolios

6

Eine Reihe **grundsätzlicher Anforderungen** an ein Strukturierungsinstrument wie Echtheit (mindestens zwei-elementige Besetzung der Matrix, d. h. mindestens zwei nicht-leere Teilmengen), Vollständigkeit (jedes Element in mindestens einer Teilmenge enthalten), Eindeutigkeit (jedes Element in genau einer Teilmenge) werden durch die vorgestellten Portfolios zweifelsfrei **erfüllt**. Beginnend mit dem Anforderungskriterium der Differenziertheit (entstandene Klassen hinreichend homogen) beginnen die Problempunkte der Portfolio-Technik.[1] In der Praxis und in der wissenschaftlichen Diskussion sind die Portfolios intensiv umstritten.[2] Die Kritik an den Portfolios kann **unterteilt** werden in jene Punkte, die **allgemeingültig** sind, d. h. auf Portfolios für alle Unternehmensbereiche und strategischen Entscheidungen zutreffen und diejenigen, welche speziell für den **Beschaffungsbereich** gelten, entsprechend untergliedern sich die folgenden beiden Unterkapitel.

6.1 Allgemeine Kritik an der Portfolio-Technik

Ein Kritikpunkt im Hinblick auf die eingehenden Größen ist der alleinige **Vergangenheitsbezug**,[3] welcher beinahe[4] bei allen verwendeten Dimensionen existiert, sowie der **statische Charakter**[5]. Dadurch werden Entscheidungen für die Zukunft rein auf statischen Vergangenheitsdaten basierend getroffen.[6] Das jeweilige Portfolio ist nur

---

[1] Vgl. Lange (1981): S. 163.

[2] Vgl. Hopfenbeck (2002): S. 612.

[3] Vgl. Robens (1985): S. 199.

[4] Eine Ausnahme stellt beispielsweise Gartners Magischer Quadrant dar (siehe Abschn. 5.28).

[5] Vgl. Thiemt (2003): S. 213.

[6] Vgl. Heege (1981): S. 23, Heege (1987): S. 96, Harting (1994): S. 44 und Roland (1993): S. 132.

© Der/die Autor(en), exklusiv lizenziert an Springer Fachmedien Wiesbaden GmbH, ein Teil von Springer Nature 2023
A. Jonen, *Beschaffungsportfolios,* https://doi.org/10.1007/978-3-658-39924-5_6

eine Momentaufnahme,[7] welche bei der Erstellung schon nicht mehr aktuell ist. Auf der anderen Seite wird für die Zukunftsdaten das Problem gesehen, dass hier Prognosen beispielsweise über das Verhalten der Konkurrenz einbezogen werden müssten und das diese Daten auf Basis einer eigenen Strategie ausgewählt werden sowie durch die von dem Portfolio empfohlenen Strategie, möglicherweise verändert werden und somit eine neue Prognose und eine neue Einordnung zu erfolgen hat.[8]

Die Schwachstellen der Konzepte liegen bei der **subjektiven,** teilweise **willkürlichen,** von persönlichen Interessen geprägten[9] und/oder **unpräzisen Festlegung** der qualitativen **Kriterien** und der Auswahl der Klassifikationsmerkmale.[10] Dadurch werden wichtige Größen überhaupt nicht berücksichtigt oder vernachlässigt.[11] Problematisch ist dies insbesondere aufgrund des präskriptiven Charakters der Portfolios im Hinblick auf die aus den Kriterien abgeleiteten Strategieempfehlungen.[12]

Auch die Auswahl einer Strategie oder die Bestimmung *einer* strategischen Position auf Basis von lediglich zwei Grundfaktoren (Zweidimensionalität) ist als problematisch einzuschätzen.[13] Es besteht die Gefahr, dass **Faktoren,** die für die Bestimmung der strategischen Position auch von hoher Relevanz sind, **nicht beachtet** werden.[14] Lösungsansatz ist hier, mehrere Faktoren in den Dimensionen zu aggregieren. Auf diesem Weg kann jeder relevante Faktor seinen Beitrag zur Positionierung leisten.

Die **Regeln** zur **Aggregation** bzw. Synthese von qualitativen und quantitativen Werten sind generell angreifbar.[15] Dies ist insbesondere an der **Gewichtung** festzumachen,[16] bei der teilweise eine Beliebigkeit festgestellt wird.[17] Eine Gleichgewichtung

---

[7] Vgl. Sonnenberg (1996): S. 71.

[8] Vgl. Lange (1981): S. 169.

[9] Vgl. Gruschwitz (1993): S. 121.

[10] Vgl. Padhi et al. (2012): 2, 7, Thiemt (2003): S. 201 Hopfenbeck (2002): S. 622, Schneider (2005): S. 149, Janker und Janker (2008): S. 135, Wildemann (2009): S. 110, Lindner (1983): S. 277, Rezaei und Ortt (2012): 4593 f., Bräklingi et al. (2012): 48, 59, 67, Roland (1993): 132, 144, Heege (1981): S. 23, Nellore und Söderquist (2000): S. 246, Stölzle und Kirst (2006): S. 249 und Montgomeryi et al. (2018): 192, 194.

[11] Vgl. Harting (1994): S. 36. Menze (1993) empfiehlt zur Reduktion dieser Kritik auf die Delphi-Methode zurückzugreifen, um zumindest eine Intrasubjektivität zu erreichen. Vgl. Menze (1993): S. 256.

[12] Vgl. Drews (2008): S. 52.

[13] Vgl. Glantschnig (1994): S. 41, Hopfenbeck (2002): S. 622 und Arnolds et al. (2016): S. 35.

[14] Vgl. Heege (1981): S. 23.

[15] Vgl. Voigt (2008): S. 215, Lee und Drake (2010): S. 6655 und Arnolds et al. (2016): S. 35.

[16] Vgl. Padhii et al. (2012): S. 1, Montgomeryi et al. (2018): S. 192, Schneider (2005): S. 250 und Olsen und Ellram (1997): S. 105.

[17] Vgl. Zhui et al. (2010): S. 307.

der Beurteilungskriterien, welche üblicherweise bei den Portfolios durchgeführt wird,[18] dürfte in der Regel die Situation nicht adäquat abbilden.[19] Durch die Schwierigkeiten bei der Gewichtung entsteht eine analytische Ungenauigkeit.[20] Die Aggregation führt allgemein dazu, dass möglicherweise Faktoren, die für eine strategische Position sehr wichtig sind, verschleiert werden.[21] Es wird daher zur Planung von konkreten Aktionen notwendig sein, auf die detaillierten, also nicht-aggregierten Daten zurückzugreifen.[22]

Hinsichtlich der gebildeten Strategien wird die **Abstraktheit** und damit Schematisierung bzw. Pauschalisierung[23] der Normstrategien kritisiert.[24] Die Komplexität der Geschäftsentscheidungen erlaubt keine einfachen Empfehlungen.[25] Differenzierte und damit individuelle Strategieableitungen, sowie eine Operationalisierung sind dadurch sehr schwierig, auch weil die Empfehlungen bei einer Konkretisierung, also der Ableitung von konkreten Aktionen, häufig mehrdeutig werden.[26] Dies wird auch auf die Unterteilung in eine geringe Zahl von Gruppen zurückgeführt.[27] Dadurch besteht kaum eine Möglichkeit, individuelle beschaffungsmarktbezogene Charakteristika einzubeziehen und auch auf die unternehmensindividuelle Gesamtunternehmensstrategie einzugehen.[28] Wildemann (2009) merkt dazu an, dass die Normstrategien nicht unreflektiert umgesetzt werden sollten und eher als „qualitativer Denkrahmen"[29] verstanden werden sollen.

Bei den Portfolios existiert aufgrund der groben Einteilung häufig ein großer **Graubereich,** in dem keine aussagefähigen Standardstrategien zugeordnet werden können. Typische Empfehlungen sind hier Abwägen oder selektive Strategien.[30] Dies gelingt häufig leidlich für die Extrembereiche, für welche die Vorgehensweise ohnehin offen-

---

[18]Ausnahmen sind die Vorschläge von Heege (1981) und Lindner (1983), welche eine differenzierte Gewichtung der Einflussfaktoren vornehmen. Siehe Heege (1981): 18 f. und Lindner (1983): 268 f.

[19]Vgl. Heege (1981): S. 19 und Thiemt (2003): S. 202.

[20]Vgl. Montgomeryi et al. (2018): 194 f. Kligge (1992) verteidigt die Anwendung einer Gleichgewichtung mit einer Scheingenauigkeit, die entstehen würde, wenn man detaillierte Gewichtungsfaktoren ermitteln würde. Vgl. Kligge (1992): S. 170.

[21]Vgl. Götze und Rudolph (1994): S. 41 und Heege (1987): S. 95.

[22]Vgl. Heege (1987): S. 96.

[23]Vgl. Drews, H. (2008): S. 43.

[24]Vgl. Roland (1993): S. 131, Thiemt (2003): S. 203, Hopfenbeck (2002): S. 622, Robens (1985): S. 199, Szyperski und Winand (1978): S. 132, Hubmann und Barth (1990): S. 32 und Bräklingi et al. (2012): S. 32.

[25]Vgl. Gelderman und van Weele (2005): 19, 21.

[26]Vgl. Heß (2010): 36 f., Lange (1981): S. 164 und Heege (1981): S. 23.

[27]Vgl. Olsen und Ellram (1997): S. 102 und Heege (1987): S. 95.

[28]Vgl. Bräklingi et al. (2012): S. 16.

[29]Vgl. Wildemann (2009): S. 109. Robens (1985) verwendet den Begriff „Denkschemata". Robens (1985): S. 192.

[30]Vgl. Bräklingi et al. (2012): S. 71.

sichtlich ist.[31] Für die interessanten Mischbereiche werden dann die selektiven Strategien angegeben[32], welche das Problem, dass für die Zwischenbereiche keine Strategievorschläge existieren, lediglich kaschieren.[33]

Bei den risikoorientierten Portfolios ist zu beachten, dass die vollständige Abdeckung der Information nur gegeben ist, wenn Risiken vorliegen, die binomialverteilt sind. Bei den **normalverteilten Risiken,** bei denen das Risiko in unterschiedlichem Maß auftreten kann gilt dieses jedoch nicht, sodass bei der Einordnung wesentliche Informationen fehlen.[34]

6.2   Spezifische Kritik an Beschaffungs-Portfolios

Teilweise wird der hohe **Zeit- und Kostenaufwand** kritisiert, welcher im Hinblick auf die Sammlung der Informationen entsteht.[35] Es wird von einem Missverhältnis zwischen dem Aufwand für die Informationsbeschaffung und der Aussagefähigkeit der Portfolios gesprochen.[36] Die notwendigen externen Daten können häufig nur von den wichtigsten Lieferanten beschafft werden[37] und selbst hier besteht eine hohe Gefahr, dass diese nicht korrekt sind. Die Datenlage wird noch unsicherer, wenn nicht aktuelle Lieferanten, sondern potenzielle Lieferanten bewertet werden sollen.[38] Dieser Problembereich wird in besonderem Maße für kleine und mittelständische Unternehmen gesehen.[39] Eine Reduktion der Bewertungsobjekte im Vorfeld kann keine Lösung dieses Problembereichs sein, da die Bedeutung der Objekte erst durch die Anwendung des Instrumentes offensichtlich wird und somit das Potenzial der Methode nur in Ansätzen ausgenutzt wird.[40]

Das originäre Hauptziel der Portfoliomethode bzw. der Grundgedanke der Portfoliotheorie, nämlich das Erreichen eines **ausgewogenen Portfolios,**[41] wird an sich bei allen Ansätzen im Beschaffungsbereich **nicht angestrebt,** bzw. kann nicht angestrebt werden,

---

[31] Vgl. Thiemt (2003): S. 203.
[32] Vgl. Heege (1981): S. 23 und Roland (1993): S. 147.
[33] Vgl. Heege (1987): S. 95.
[34] Vgl. Drews (2013): S. 78.
[35] Vgl. Heege): S. 7, 95; Thiemt (2003): S. 201.
[36] Vgl. Roland (1993): S. 144.
[37] Vgl. Heege (1981): S. 22, Körfer (2011): S. 61 und Arnolds et al. (2016): S. 35.
[38] Vgl. Roland (1993): S. 108, 131.
[39] Vgl. Lee und Drake (2010): S. 6661.
[40] Vgl. Thiemt (2003): S. 207.
[41] Vgl. Robens (1985): S. 192.

da die Objekte in keinerlei Beziehung zueinanderstehen.[42] Thiemt (2003) merkt dazu zu Recht an, dass er vor dem Beschaffungskontext „keine Rolle spielt"[43].

Die wichtige Forderung der **Unabhängigkeit** der **Dimensionen** wird bei vielen Ansätzen nicht erfüllt.[44] Beispielsweise können Interdependenzen zwischen der internen Dimension der Objektrelevanz und der externen Dimension des Beschaffungsmarktes existieren,[45] wenn beispielsweise das Produkt, für das das Material verwendet wird, seine Wichtigkeit darüber erreicht, dass es besonders einzigartig und/oder innovativ ist und deswegen auf einem monopolistischen Markt gekauft werden muss.[46]

Schwierig ist außerdem die Festlegung von **Bewertungsgrenzen** bzw. der **Trennlinien**.[47] Hier besteht die Notwendigkeit, zu bestimmen, wann beispielsweise die Leistungsfähigkeit eines Lieferanten hoch oder niedrig ist.[48] Zusätzlich wird zu beachten sein, dass die Grenze abhängig vom einzelnen Fall bzw. dem einzelnen Beschaffungsmarkt[49] angepasst, also verschoben werden muss.[50]

In den Portfolios werden die **Beziehungen** zwischen **Objekten** und damit auch die Interdependenzen zwischen Strategien[51] nicht beachtet.[52] Das heißt, dass in einem beschaffungsobjektorientierten Portfolio die Zusammenhänge zwischen den Waren (Rabatte auf die Summe aller Einkäufe bei einem Konzern) nicht beachtet werden.[53] Dies gilt auch bei der Anwendung im Hinblick auf Lieferanten. Insofern das Spektrum eines Lieferanten mehrere Materialgruppen umfasst, ist dieser für jede der Gruppen einzeln zu bewerten, da sowohl die Angebotsmacht als auch das Entwicklungspotenzial nicht über alle Objekte hinweg homogen sein müssen.[54] Dies ist darauf zurück zu führen, dass die Unabhängigkeit der Objekte, also die Entscheidungsautonomie, eine wesentliche Voraussetzung der Portfoliomethode ist.[55] Diese Negierung der Interdependenzen

---

[42]Vgl. Lindner (1983): S. 280. Eine Ausnahme bildet das Beschaffungsmarktattraktivitäts-Wettbewerbsvorteils-Portfolio (siehe Abschn. 5.3). Vgl. Roland (1993): S. 145.

[43]Thiemt (2003): S. 200.

[44]Vgl. Roland (1993): S. 131, Thiemt (2003): S. 201, Dubois und Pedersen (2002): S. 40 und Drews (2013): S. 76.

[45]Vgl. Heege (1987): S. 16.

[46]Vgl. Terpendi et al. (2011): S. 86 und Hopfenbeck (2002): S. 622.

[47]Vgl. Drews (2013): S. 78, Thiemt (2003): S. 203, Homburg (2002): S. 196, Ullmann und Siejek (2013): S. 192 und Drews (2018): S. 38.

[48]Vgl. Drews (2008): S. 43 und Gelderman und van Weele (2005): 20 f.

[49]Vgl. Heege (1987): S. 28.

[50]Vgl. Heege (1981): S. 19 und Gelderman und van Weele (2005): S. 19.

[51]Vgl. Olsen und Ellram (1997): S. 102.

[52]Vgl. Voigt (2008): S. 215 und Drews (2013): S. 77. Diese Kritik wird so auch für produkt- oder marktorientierte Portfolie gesehen. Siehe Robens (1985): S. 192.

[53]Vgl. Montgomeryi et al. (2018): S. 193 und Thiemt (2003): 202 f.

[54]Vgl. Kaluza (2010): S. 74.

[55]Vgl. Drews (2008): S. 42 und Bräklingi et al. (2012): S. 10.

Tab. 6.1 Zusammenfassung der Kritik an Beschaffungsportfolios

#	Bereich	Thema	Kritik	Beschreibung
1	Allgemein	Einfluss-faktoren	Vergangenheits-bezug	Eingehende Größen ohne Zukunfts-bezug
2			Subjektiv	Eingehende Größe subjektiv, unpräzise oder sogar willkürlich
3			Bewertung: Trend zur Mitte	Bei Teambewertung wenig Extremwerte
4		Dimensionen	Wichtige Faktoren nicht beachtet	Relevante Faktoren können aufgrund der Einschränkung durch Zweidimensionali-tät nicht beachtet werden
5			Regeln Aggregation angreifbar/Gleich-gewichtung	Schwierigkeiten bei der Festlegung der Gewichtung der Einflussfaktoren, häufige realitätsfremde Gleich-gewichtung
6		Felder	Graubereiche bei Einteilung	Viele Portfolios haben lediglich ungenaue Aussagen hinsichtlich Strategie (insb. selektive Strategien)
7		Strategien	Abstraktheit	Strategien zu generell und deswegen schwierig zu konkretisieren
8	Beschaffung	Zielsetzung	Ausgewogenheit nicht angestrebt	Angestrebte Ausgeglichenheit der Portfoliotheorie zwischen verschiedenen Bestandteilen des Portfolios hat im Beschaffungsbereich keine Relevanz
9		Einfluss-faktoren	Hohe Kosten der Informations-beschaffung	Notwendige Informationen können lediglich mit unverhältnismäßigem Aufwand besorgt werden oder sind nicht verfügbar
10		Dimensionen	Unabhängigkeit	Dimensionen haben häufig eine Reihe von Interdependenzen
11		Felder	Bewertungs-grenzen schwierig festlegbar	Unklare Grenzfestlegung für Ein-ordnung als hohe oder niedrige Aus-prägung von Merkmalen
12			Beziehungen nicht berück-sichtigt	Zusammenhänge zwischen einzu-kaufenden Gütern oder Lieferanten werden nicht mit einbezogen
13			Objekte/Material-gruppen	Abgrenzung der Objekte/Material-gruppen nicht eindeutig oder zu weit gefasst

(Fortsetzung)

Tab. 6.1 (Fortsetzung)

#	Bereich	Thema	Kritik	Beschreibung
14		Strategien	Fehlende Problemadäquanz	Strategien können aufgrund der Multifaktorialität der Einflussfaktoren kontraindiziert sein
15			Ein-Faktor-Dimensionen	Dimensionen, welche lediglich auf einem Faktor basieren, führen dazu, dass notwendige weitere Aspekte bei Strategieempfehlung nicht berücksichtigt werden
16			Interdependenzen nicht berücksichtigt	Zusammenhänge zwischen Strategien werden nicht mit einbezogen
17			Mischstrategien finden keine Berücksichtigung	Fälle in denen eine Mischung aus Strategien (z. B. unterschiedliche Vertragsformen) sinnvoll sind, werden nicht einbezogen
18			Dynamik unbeachtet	Portfolios berücksichtigen nicht die Reaktionen der Marktteilnehmer
19			Mangelnde empirische Fundierung	In sehr seltenen Fällen wurde in der Realität überprüft, ob vorgeschlagene Strategien bei jeweiligen Konstellationen der Einflussfaktoren zum Erfolg führen
20			Strategien zu wenig voneinander differenzierbar	Strategien haben unabhängig von den analysierten Einflussfaktoren sehr große Ähnlichkeiten

kann ausgeweitet werden auf das gesamte Netzwerk, welches Kunden und Lieferantenbeziehungen umfasst.[56] Die isolierte Betrachtung der Beziehung als einer Dyade zwischen Einkäufer und Lieferant entspricht nicht den netzwerkartigen Verflechtungen in der Realität.[57]

Neben den Interdependenzen sind die **Abgrenzungen** der Objekte auch unklar. Die in den Artikeln zu den Portfolios herangezogene Analyseebene des einzelnen Artikels wird bei einer durchschnittlichen Artikelzahl von 100.000 ein völlig unüberschaubares Portfolio ergeben. Deswegen kommt immer wieder der Hinweis Gruppen zu bilden, was mit entsprechenden Problemen verbunden ist, da für eine mit hoher Wahrscheinlichkeit **nicht komplett homogene Gruppe** eine gemeinsame Strategie gefunden werden muss. Weitere Probleme sind zu identifizieren für Materialen, die bei **verschiedenen**

---

[56] Vgl. Dubois und Pedersen (2002): S. 37 und Christopher und Peck (2004): S. 2.
[57] Vgl. Dubois und Pedersen (2002): 37 f. und Hubmann und Barth (1990): S. 32.

Lieferanten eingekauft werden. Auch hier weichen die Autoren dieser Fragestellung elegant aus.

Die **Problemadäquanz** der Beschaffungsportfolioansätze muss infrage gestellt werden. Dies ist darauf zurückzuführen, dass eine Vielzahl von **heterogenen Einflussfaktoren** verwendet werden, um mehrere heterogene Maßnahmen daraus abzuleiten. Dies lässt sich an dem Einzelkriterium „Störanfälligkeit der Transportwege" erklären. Dieses bildet gemeinsam mit einer Reihe von anderen Kriterien die Einordnung hinsichtlich des externen Versorgungsrisikos im ABC-Versorgungsrisiko-Portfolio.[58] Wenn das gesamte externe Versorgungsrisiko gering ist, so ist eine Empfehlung, die Kosten der Raum- und Zeitüberbrückung zwischen Abnehmer und Lieferanten zu minimieren. Dies wäre jedoch **kontraindiziert,** insofern ein erhöhtes Risiko bei den Transportwegen besteht.[59] Durch die Heterogenität der Dimensionen kann die Situation auftreten, dass Objekte, bei denen sich die Ausprägung der einzelnen Einflussfaktoren stark unterscheidet, trotzdem in einem gemeinsamen Bereich der Matrix eingeordnet und in der Folge gleiche Strategievorschläge gemacht werden. Deren Erfolgswirksamkeit ist mit Blick auf die Herleitung deutlich zu hinterfragen.

Es ist auf der anderen Seite auch keine Lösung, **Dimensionen** auf lediglich **einem Faktor** basieren zu lassen. Dadurch gelingt zwar eine Reduktion der Komplexität auf der Ebene der Einflussgrößen,[60] jedoch lassen sich die Entscheidungen hinsichtlich spezifischer Strategien auf Basis der Portfolios oft nicht unabhängig von weiteren Aspekten treffen, welches wieder für Multi-Faktoren-basierte Dimensionen spricht.[61] Aufgrund der häufigen Fehlbewertungen (z. B. Überscheidungen der Kriterien) sieht Robens (1985) den „Informationswert einer Portfolio-Analyse auf […] Basis [der] multifaktoriellen Beurteilungsgrößen […] zweifelhafter als [...bei…] Verfahren mit eindimensionalen Beurteilungskriterien."[62]

Ein weiterer Kritikpunkt an den Portfolios ist, dass nicht mit einbezogen wird, dass für ein einzelnes Produkt durchaus **unterschiedliche Beschaffungsstrategien** sinnvoll sein können. Zum Beispiel heißt dies, dass die beste Lösung im Hinblick auf eine Balance zwischen Flexibilität und Kosten eine **Mischung** aus Langzeitverträgen, Optionsvertrag und Spotmarkt sein kann.[63]

Neben dem negieren der Interdependenzen werden auch **dynamische Entwicklungen** nicht beachtet. Dies bezieht sich auf die Reaktionsmöglichkeiten der Konkurrenz, spezifischer Lieferanten oder des gesamten Marktes.[64]

---

[58] Siehe Abschn. 5.5.

[59] Vgl. Roland (1993): S. 145.

[60] Vgl. Bräklingi et al. (2012): S. 40.

[61] Vgl. Roland (1993): S. 147 und Gelderman und van Weele (2005): S. 19.

[62] Robens (1985): S. 195.

[63] Vgl. Martínez-de-Albéniz und Simchi-Levi (2005): S. 91.

[64] Vgl. Szyperski und Winand (1978).

Die Portfolios basieren zu großen Teilen auf Erfahrungen (heuristischem Wissen) oder sachlogischen Annahmen und sind von daher als konzeptionell einzuordnen.[65] Das heißt, dass sie **nicht empirisch validiert** sind und keine Prüfung stattgefunden hat,[66] inwieweit die Umsetzung der vorgeschlagenen Strategien tatsächlich zu einem verbesserten Erfolg führt.[67] Für eine Reihe von Absatzportfolios, wie dem BCG-Portfolio oder dem Marktattraktivitäts-Wettbewerbsvorteils-Portfolio, konnten Studien zeigen, dass die Anwendung sich sogar negativ auf den Unternehmenswert auswirkt.[68] Im Bereich der Beschaffungsportfolios haben empirische Erhebungen beispielsweise aufgezeigt, dass der Engpass-Quadrant aus dem Lieferanten-Abnehmer-Marktmacht-Portfolio in der Realität nicht existiert.[69]

Der Gesamtüberblick über die Beschaffungs-Portfolios hat gezeigt, dass diese trotz deutlich **unterschiedlicher Einflussfaktoren** immer wieder sehr **ähnliche Maßnahmen** ableiten. Dies zeigt sich exemplarisch zwischen dem Chancenrealisierungs- (Lieferanten-Abnehmer-Marktmacht-Portfolio[70]) und der Abschöpfungsstrategie (ABC-Versorgungsrisiko-Portfolio[71]), sowie der Emanzipations- (Lieferanten-Abnehmer-Marktmacht-Portfolio[72]) und Investitionsstrategie (ABC-Versorgungsrisiko-Portfolio[73]).[74]

Die Kritik kann zum einen entsprechend der Unterkapitelstruktur in allgemeingültige, für alle Portfolios, und spezifische, nur für den Beschaffungsbereich relevante eingeteilt werden. Zum anderen haben sich die **Kategorien** Zielsetzung, Einflussfaktoren, Dimensionen, Felder und Strategien herausgebildet. Entsprechend dieser Struktur wird

---

[65] Vgl. Rezaei und Ortt (2012): S. 4595 und Wildemann (2009): S. 89.

[66] „Die Entwicklung von Typen ohne empirische Relevanz ist allerdings selten das Ziel betriebswirtschaftlicher Untersuchungen." Lieberum (1999): S. 140.

[67] Vgl. Terpendi et al. (2011): S. 73, Drews (2018): S. 38, Hopfenbeck (2002): S. 623 und Lee und Drake (2010): S. 6655. Für Beispiele der empirischen Validierung bei der BCG-Matrix siehe Drews (2008): S. 46. Hier konnte bezüglich der BCG-Matrix festgestellt werden, „dass es keine empirische Studie gibt, welche eine positive Wirkung des Einsatzes des originären BCG-Portfolios auf die Entscheidungsqualität belegt." Drews (2008): S. 46.

[68] Vgl. Drews (2008): S. 55, Slater und Zwirlein (1992): 717 ff. und Pick und Sträter (2005), welche auf Basis eines fiktiven Fallbeispiels für junge Technologieunternehmen zeigen, welche nachteiligen Auswirkungen die Anwendung des McKinsey-Portfolios hat. Siehe Pick und Sträter (2005): S. 183.

[69] Vgl. Terpendi et al. (2011): S. 85.

[70] Siehe Abschn. 5.27.

[71] Siehe Abschn. 5.5.

[72] Siehe Abschn. 5.1.

[73] Siehe Abschn. 5.5.

[74] Diese große Ähnlichkeit konstatieren Szyperski und Winand (1978) Auch für die BCG-Matrix und die General Electric-Matrix. Siehe Szyperski und Winand (1978): S. 128.

die gesamte Kritik in Tab. 6.1 zusammengefasst. Problematisch ist dabei, dass „viele der Mängel [zusammenhängen] und [sich] gegenseitig [...] potenzieren"[75].

Fazit der kritischen Auseinandersetzung mit den Beschaffungsportfolio-Ansätzen ist, dass diese ein hilfreiches Instrument zur Beschreibung einer Beschaffungssituation und zur **Vororientierung** (Schwerpunkte und Prioritäten) für die Selektion von Strategien bilden können.[76] Sie haben sich bewährt in der Aufdeckung von strategischen Inkonsistenzen oder dem Aufdecken von bisher nicht beachteten Bereichen[77] und insbesondere Risiken[78]. Dabei sind sie geprägt von einer leichten Handhabung[79] und aufgrund der Komplexitätsreduktion[80] von einem einfachen und anschaulichen Ergebnis,[81] welches sehr gut als Basis für Diskussionen verwendet werden kann.[82] Es sollte jedoch nicht erwartet werden, dass der Output der Modelle eine detaillierte Strategie mit konkreten Umsetzungsempfehlungen ist und man sollte eine intensive Reflektion der Ergebnisse walten lassen.[83] Hierzu sollte die kritische Sicht auf die unterschiedlichen Fehlerquellen sensibilisiert haben.[84]

Die Analyse der bestehenden Beschaffungsportfolios hat ergeben, dass eine **Vielzahl** von verschiedenartig ausgeprägten Portfolios vorzufinden ist. Deswegen sollte die Zielsetzung sein, dass für die jeweilige **Situation** am besten geeignete zu finden.[85] Auf diesem Weg können die kritischen Sachverhalte der Portfolios reduziert, bzw. ausgeschlossen werden, insofern diese bei der spezifischen Anwendung von besonderer Relevanz sind. Damit wird ein Zusammenhang zwischen Kontextfaktoren[86] und Ausgestaltungsformen der Beschaffungsportfolios hergestellt.

---

[75] Drews (2008): S. 44.

[76] Vgl. Nellore und Söderquist (2000): S. 246, Roland (1993): S. 147, Lee und Drake (2010): S. 6653 und Montgomeryi et al. (2018): S. 193 Roventa (1979) spricht von einem „robusten ersten Schritt". Roventa S. 3.

[77] Vgl. Heß (2010): S. 37, Heege (1987): S. 93 und Montgomeryi et al. (2018): S. 194.

[78] Vgl. Eberle (2005): S. 166.

[79] Vgl. Heege (1987): S. 93 und Hubmann und Barth (1990): S. 27.

[80] Vgl. Drews (2008): S. 52 und Bräkling et al. (2012): S. 6.

[81] Vgl. Heege (1981): S. 22, Thiemt (2003): S. 205 Lieberum (1999): S. 64 und Heege (1987): S. 93.

[82] Vgl. Götze und Rudolph (1994): S. 44, Roland (1993): S. 144.

[83] Vgl. Terpend et al. (2011): S. 86.

[84] Vgl. Robens (1985): S. 199.

[85] Vgl. Harting (1994): S. 44.

[86] Für Controlling-relevante Kontextfaktoren siehe Horváth et al. (2015): S. 378–382.

Referenzmodell zur Auswahl eines geeigneten Beschaffungsportfolios

Die Analyse der bestehenden Portfolios lieferte als Ergebnis einen Pool von Rahmenfaktoren, welche abhängig von der Situation die Beschaffungsaktivitäten determinieren können.[1] **Zielsetzung** des generischen Referenzmodells ist eine Struktur anzubieten, nach der es möglich ist, ein Beschaffungsportfolio für spezifische Anwendungssituationen[2] und damit kriterienbasiert auszuwählen.[3] Grundannahme ist dabei, dass abhängig von der Situation und der daraus resultierenden Aufgabenstellung bestimmte Merkmale wichtiger bzw. weniger wichtiger sind.[4]

Die Bildung eines Referenzmodells ist im Hinblick auf die betriebswirtschaftlichen Forschungsmethoden der **Morphologie** zuzuordnen. Das Modell liefert das Ergebnis einer Klassifizierung der Phänomene in dem Feld der Beschaffungsportfolios.[5] Das grundsätzliche Vorgehen dazu wird in Abb. 7.1 gezeigt.

Die Auswahl eines geeigneten Portfolios sollte auf Basis der Analyse der bestehenden Portfolios anhand der **vier Ausprägungseigenschaften** Analysethema, Beurteilungsziel bzw. Dimensionen, Datensituation und Ergebnis, also die abgeleiteten Strategien erfolgen.[6]

---

[1] Vgl. Lieberum (1999): S. 138.

[2] Das Vorgehen geht auf den situativen Ansatz zurück (siehe Staehle (1999): S. 48) und ist deckungsgleich mit dem Terminus „Kontingenzansatz" (englischsprachigen Raum: „Contingency Approach"). Vgl. Kieser (2019): S. 170.

[3] Vgl. Kersten et al. (2009): S. 863 und Sonnenberg, K. (1996): 55, 61.

[4] Vgl. Lieberum (1999): S. 70.

[5] Vgl. Homburg (2007): S. 29.

[6] Sonnenberg (1996) benennt als Differenzierungskriterien folgende Aspekte: Portfolio-Dimensionen, Normstrategie-Typen, Klassenbildung, Art der Positionierung der Beschaffungsobjekte. Siehe Sonnenberg (1996): S. 55.

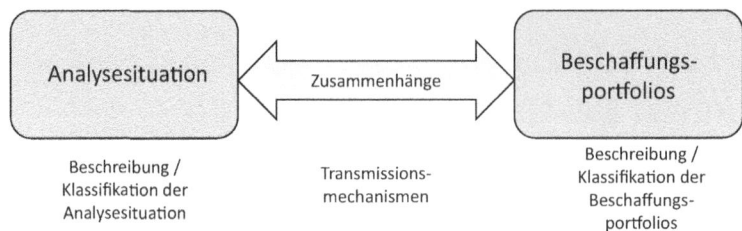

Abb. 7.1 Grundstruktur des situativen Ansatzes bei der Instrumenten-/Verfahrensauswahl. (Quelle: In Anlehnung an Henselmann 1999: S. 401)

Beim **Analysethema** ist zu entscheiden, ob eine generelle Beurteilung erfolgen soll oder ein Spezialthema, wie die Digitalisierung oder Nachhaltigkeit, behandelt werden soll.[7]

Das **Beurteilungsziel** bezieht sich auf den Sachverhalt, der eingeordnet werden soll. Hier wird differenziert nach dem Objekt, welches beschafft werden soll, dem Produkt/ der Dienstleistung, in das das Objekt eingeht, den bestehenden oder potenziellen Lieferanten, einem gesamten Beschaffungsmarkt, einer strategischen Einheit gebildet aus Ressourcen oder einer Division, sowie die Risikosituation.[8] Bei den analysierten Portfolios und in der Praxis wird in der Regel eine Kombination von zwei dieser Ziele relevant sein. Mit dem Beurteilungsziel zusammenhängend ist die Dimension, die im ersten Fall rein intern sein könnte. Diese Ausprägung weist keines der Portfolios auf, da alle mindestens eine externe Dimension enthalten. Außerdem kann sie rein extern (z. B. Beschaffungsquellenportfolio[9]) oder eine Mischung aus internen und externen Aspekten (z. B. Optimale-Lieferantenzahl-Portfolio[10]) sein.[11]

Die **Datensituation** hebt darauf ab, welche Daten Eingang in die Dimensionen des Portfolios finden. Hier existiert ein Kontinuum beginnend bei wenigen Daten, die für

---

[7] Die Situation hinsichtlich der Themen und der daraus abgeleiteten Dimensionen wird damit gegensätzlich zu Sonnenberg (1996) so eingeschätzt, dass keine wesentliche Übereinstimmung bei den durch die Beschaffungsportfolios behandelten Themen existiert. Siehe Sonnenberg (1996): S. 57. Dabei gibt es durchaus Portfolios, die eine große Verwandtschaft aufzeigen, jedoch sind auch eine Reihe von Portfolios zu identifizieren, die bedeutende Weiterentwicklungen, differenzierte Herangehensweisen und insbesondere auch thematisch deutliche Differenzierungen aufweisen.

[8] Eberle (2005) Entwickelt eine ähnliche Struktur für die Betrachtung von „Beschaffungs-konstellationen". Eberle (2005): S. 67.

[9] Siehe Abschn. 5.21.

[10] Siehe Abschn. 5.18.

[11] Lieberum (1999) nimmt neben der Unterteilung in unternehmensinterne und -externe Merkmale die Unterscheidung in produktimmanente Merkmale auf. Vgl. Lieberum (1999): S. 71. Diese werden in der hier vorgenommenen Differenzierung unter die internen Merkmale subsumiert, da die Entscheidung für die Materialien im Unternehmen verortet wird.

Tab. 7.1 Auswahlkriterien für Beschaffungsportfolios[12]

#	Auswahlbereiche	Ausprägungskriterien					
1	Analysethema	Generell	Digitalisierung	Nachhaltigkeit	…		
2	Beurteilungsziel	Objekte	Produkte	Lieferanten	Beschaffungs-markt	Strategische Einheit	Risiko
	Dimension	(Rein intern)[13]		Rein extern			
		Gemischt: intern/extern					
3	Datensituation	Umfangreiche strukturierte Daten vorhanden	→		Kaum Daten vor-handen		
		Multi-kriteriell	→		Mono-kriteriell		
4	Ergebnis	Strategische Grob-richtung	→		Ausdifferenzierte Maßnahmen		

das Portfolio benötigt werden, da sich beispielsweise eine Dimension lediglich auf Basis des Beschaffungsvolumens berechnet (mono-kriteriell), bis hin zu Portfolios, bei denen beide Dimensionen jeweils aus einem Scoring-Wert (multi-kriteriell) bestehen, der sich aus einer Vielzahl von Daten rekrutiert. Auf diesem Weg werden bei der Auswahl auch die Informationskosten, also die Wirtschaftlichkeit der „Befüllung" des Modells[14] einbezogen, welche sich aus pagatorischen Kosten und Opportunitätskosten (Einsatz von Zeit des Informationsaufbereiters) zusammensetzen.[15]

Auch das angestrebte **Ergebnis** stellt ein Kontinuum dar. Hier ist die Frage, ob lediglich eine Grobrichtung erwartet wird, sodass es ausreicht, wenn das Portfolio drei oder vier Normstrategien enthält, oder ob ein hoher Differenzierungsgrad erwartet wird, welcher sich in einer hohen Zahl von unterschiedlichen Strategien, welche im ausgeprägtesten Ausmaß den Status einer Maßnahme haben, niederschlägt. Quantifiziert werden kann dies anhand der Anzahl der durch das Portfolio generierten Normstrategien.[16]

Tab. 7.1 zeigt das Modell mit den vier Auswahlbereichen und den Ausprägungskriterien.

Grundsätzlich ist es bei allen Portfolios möglich, mehrere **Zeithorizonte** zu integrieren. Ausgangspunkt ist die Erhebung der Ist-Situation. Zusätzlich kann ein Soll- und Plan-Portfolio aufgestellt werden. Die Soll-Position im Portfolio enthält die

---

[12] Spalten des Modells weisen außer bei Beurteilungsziel und Dimensionen über die Zeilen hinweg keinen Zusammenhang auf.

[13] In Klammern gesetzt, da realiter nicht existent.

[14] Vgl. Drews (2013): 75 f.

[15] Vgl. Laux et al. (2018): 356, 358, 368, 611. Zum Zirkularitätsproblem bei der Berechnung der Informationskosten siehe Frohwein (2014): S. 6.

[16] Vgl. Thiemt (2003): S. 204.

Werte, die im Idealfall erreicht werden sollen. Die Plan-Position ist die Position, die entsprechend des Budgets eingeplant ist.

Generell kann bei der Auswahl der Beschaffungsportfolios der **Filter** der **empirischen Validierung** verwendet werden. Damit würden rein auf Erfahrungen oder sachlogischen Ableitungen basierende Portfolios ausgeschlossen werden. Problematisch könnte dabei eine zu starke Einengung der Auswahl sein,[17] sodass die gewünschte Ausprägung hinsichtlich Analysethema, Beurteilungsziel, Datensituation oder Ergebnis nicht mehr im Auswahlbereich liegt.

Bei einer beispielhaften **Anwendung** des **Auswahlmodells** stehen folgende Portfolios im Fokus, wenn die Zielsetzung ,generell' sein soll, das Beurteilungsziel die ,Lieferanten' sind und hierfür eine ,umfangreiche strukturierte Datenlage' existiert und möglichst ,ausdifferenzierte Maßnahmen' abgeleitet werden sollen: Lieferanten-Abnehmer-Marktmacht-Portfolio[18] und mit Einschränkungen das Beschaffungsquellenportfolio[19].

Ein weiteres **Merkmal** zur **Differenzierung** der Portfolios kann der Grad der Objektivierbarkeit der eingehenden Größen sein. Beispielsweise wird dies für die BCG-Matrix als „gut"[20] eingeschätzt.

---

[17]Letztendlich weisen lediglich 3 der 28 analysierten Portfolios (X %) eine vollständige empirische Validierung auf. Weitere 7 (28 %) weisen zumindest teilweise (häufig über Fallstudien) eine Validierung auf.

[18]Siehe Abschn. 5.1.

[19]Siehe Abschn. 5.21.

[20]Vgl. Szyperski und Winand (1978): S. 127.

8 Wege zur Optimierung der Verwendung von Portfolios

Die **Kritikpunkte** an Portfolios im Allgemeinen und den Beschaffungsportfolios im Speziellen müssen aus Sicht des Autors nicht die Konsequenz haben, dass grundsätzlich von der Anwendung der Portfolio-Analyse abzuraten ist, wie bei anderen Autoren konstatiert wird.[1] Diese Auffassung wird zum einen am Nutzen festgemacht und an den Möglichkeiten der Kritik über den situativen Ansatz und das darauf basierende Referenzmodell sowie weiteren Optimierungspotenzialen entgegenzutreten. Dabei ist es relevant zu evaluieren, auf welche Art und Weise die identifizieren Fehler bei den jeweiligen Portfolios zumindest reduziert werden können. Im Folgenden werden die identifizierten **Problembereiche** einzeln aufgenommen und es wird aufgezeigt, wie die Ungenauigkeiten und Fehlerpotenziale vermieden bzw. verringert werden können.

Zur **Reduktion** des Problems des **Zeitaufwands** könnte eine Zusammenfassung mehrerer gleichartiger Beschaffungsobjekte vorgenommen werden. Als Differenzierungskriterium bietet sich hier die Substituierbarkeit an.[2] Dabei können jedoch zum einen Schwierigkeiten hinsichtlich der praktischen Relevanz der Substituierbarkeit[3] auftreten als auch der Verschleierung von bedeutenden erfolgs- oder risikorelevanten Erkenntnissen.[4] Deswegen kann eine Abgrenzung alternativ anhand der Dimensionen Abnehmergruppen, Funktionen und Technologien verwendet werden.[5] Eine Art Filter könnte auch über die Einteilung in standardisierte und spezialisierte Beschaffungsobjekte vorgenommen werden. Dabei könnte eine Konzentration auf die

---

[1] Siehe Drews (2008): S. 54 und Armstrong und Brodie (1994): 83 f.

[2] Vgl. Lindner (1983): S. 218–220.

[3] Friedl (1990) Stellte in einer empirischen Untersuchung fest, dass lediglich ein geringer Teil der bedeutenden Einsatzgüter substituierbar waren. Siehe Friedl (1990): S. 220.

[4] Vgl. Thiemt (2003): S. 208.

[5] Vgl. Abell und Hammond (1979): S. 392.

spezifischen Güter erfolgen, welche üblicherweise nur von einer geringen Zahl von Anbietern bezogen werden können und hohe Transaktionskosten verursachen. Damit könnte ein sinnvolles Unterscheidungskriterium der **Standardisierungsgrad** sein.[6] Die Vereinfachung über die **Aggregation** beeinflusst jedoch die Ergebnisse der Portfolioanalyse in hohem Maß,[7] sodass hier mit großer Vorsicht vorgegangen werden muss.

Zur Reduktion der **Subjektivität** bei der Bewertung wird empfohlen, aus Akzeptanzgründen mehrere Experten hinsichtlich ihrer Einschätzung zu befragen. Hier entsteht auf der anderen Seite das Problem des **Trends zur Mitte**, d. h. dass bei der Bewertung im Team häufig eine Tendenz zum Ausgleich der Extrempositionen auftreten, sodass eine mittlere Einstufung als Ergebnis resultiert.[8]

Verwendung einer **differenzierten Skala** zur Erhebung der Faktorbewertung. Dabei ist die Abwägung zu treffen zwischen der Ungenauigkeit einer Dreier-Skala (1: niedrig, 2: mittel, 3: hoch) und der möglichen Scheingenauigkeit beispielsweise einer 10er-Skala (1: keine, 2: extrem niedrig, 3: sehr niedrig, 4: niedrig, 5: gering mittel, 6: mittel, 7: hoch mittel, 8: hoch, 9: sehr hoch, 10: extrem hoch)[9].

Aufbauend auf der differenzierten Skala können in der Matrix die Strategieableitungen stärker spezialisiert werden. So kann über die Verwendung einer **3X3-Matrix** statt der Standard-2X2-Matrix[10], eine höhere **Treffgenauigkeit** bzw. Differenzierung der **Normstrategie** ermöglicht werden.[11] Dabei ist es auch möglich, lediglich eine der Dimensionen in drei Felder zu teilen (z. B. schlechter, gleich, besser) und die andere in zwei (niedrig, hoch).[12]

Das Problem, dass die Strategieempfehlungen zu **generell** sind, indem beinahe schon zwangsläufig eine Kombination von Strategieoptionen vorgeschlagen wird,[13] kann über eine **Einzelbetrachtung** der **Einflussfaktoren** in einem zweiten, detaillierten Analyseschritt begegnet werden. Dazu werden problemadäquate Gruppen von Einflussfaktoren für die einzelnen Strategietypen vorgeschlagen, welche aufeinander abgestimmt oder sogar simultan und nicht als zusammengefasste Größe betrachtet werden. Die wesentlichen Faktoren werden geordnet nach den vier Gruppen (Objekt, Abnehmer, Lieferant und Markt) und für fünf wesentliche Strategiefelder dargestellt, wie in Tab. 8.1 aufgezeigt wird.

---

[6]Vgl. Thiemt (2003): S. 210.

[7]Vgl. Drews (2008): S. 43 und Dubois und Pedersen (2002): S. 39.

[8]Vgl. Schneider (2005): S. 149.

[9]Vgl. Padhi et al. (2012): S. 3.

[10]Vgl. Lee und Drake (2010): S. 6653.

[11]Vgl. Olsen und Ellram (1997): S. 107. Teilweise werden auch 16-elementige Portfolio-Typologien vorgeschlagen. Vgl. Bräkling et al. (2012): S. 7.

[12]Vgl. Riemer (2008): S. 15.

[13]Vgl. Roland (1993): S. 148.

Tab. 8.1 Wesentliche Einflussgrößen in Abhängigkeit von Strategieoptionen. (Quelle: In Anlehnung an Roland (1993): 149 f.)

Einflussfaktoren/ Strategien	Objekt- orientiert	Abnehmer- orientiert	Lieferantenorientiert	Marktorientiert
Logistikstrategien	ABC/XYZ-Analyse	Lager-kapazitäten / -bedingungen	Mengen-, Termin- und Qualitätstreue	Möglichkeit Einbeziehung Spediteure und logistische Dienstleister
	Transportfähig-keit/Haltbarkeit	Fehlmengen-kosten	Kooperationsbereitschaft	
	Volumen			
Entwicklungs-strategien	Schwierigkeits-grad	Fähigkeiten/ Kapazitäten im Bereich Forschung und Entwicklung	Koordinationsaufwand	
	Spezifität technisches Wissen			
	Komplexität	Image	Abhängigkeit von Lieferanten	
Komplett- / Einzelteilbezug	ABC-Analyse	Aspekte der Make-or-Buy-Entscheidung	Leistungsfähigkeit	Auswirkung auf Strukturen der betroffenen Beschaffungs-märkte
	Zahl der Varianten		Koordinationsbedarf	
	Kostenstruktur		Abhängigkeit von Lieferanten	
Zahl der Lieferanten	ABC/XYZ-Analyse	Möglichkeit Eigenfertigung	Koordinationsaufwand	Marktstruktur
		Fehlmengen-kosten	Ausmaß Abhängigkeit (Lieferantenwechsel-kosten)	
			Gefahr Vorwärts-integration	
Vertrag (Preisgleitklausle, Vertragsdauer)	ABC/XYZ-Analyse	Zeitintensiver Aufbau Beziehung	Investitionsbedarf	Marktstruktur
				Branchen- / marktbezogene Gepflogen-heiten

Zur Begegnung der Kritik des **statischen** und **vergangenheitsorientierten Charakters** schlägt Thiemt (2003) vor in das Portfolio eine **mehrperiodige Betrachtung** aufzunehmen. Die Dauer der Periode soll abhängig von Kontextfaktoren, wie der Geschwindigkeit der Marktentwicklung in spezifischen Branchen getroffen werden. In die Matrix werden für die Gegenwart und beispielsweise zwei Punkten in der **Zukunft** die Objektausprägungen aufgenommen. Zur Verbildlichung des zeitlichen

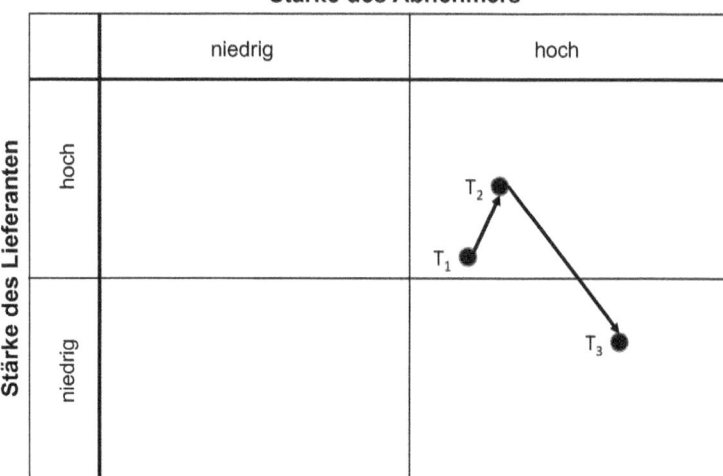

Abb. 8.1 Dynamisches Marktmachtportfolio. (Quelle: In Anlehnung an Thiemt 2003: S. 214)

Ablaufs werden die aufeinanderfolgenden Objektausprägungen mit Pfeilen verbunden.[14] Das Vorgehen wird beispielhaft an dem Lieferanten-Abnehmer-Marktmacht-Portfolio[15] in Abb. 8.1 aufgezeigt.

Ein Nachteil der Herangehensweise ist die entstehende Unübersichtlichkeit der Portfoliodarstellung. Dieser kann begegnet werden mit einer Verwendung von mehreren **parallelen Matrizen**, in denen jeweils eine reduzierte Anzahl von Betrachtungsobjekten eingezeichnet werden. Aufgrund der nichtexisten Forderung nach einem ausgeglichenen Portfolio wird dieses Vorgehen als vertretbar eingeordnet.[16]

Der Kritik im Hinblick auf den Vergangenheitsbezug der Portfolios kann auch damit begegnet werden, dass die **Dimensionen** bereits **zukunftsorientierte** Bestandteile wie das Innovationspotenzial[17] oder auch Risikoeinschätzungen[18] enthalten. Ein Ansatz, um sogar auf der monetären Ebene die Zukunftsorientiertheit einzubeziehen, ist der ‚Supplier Lifetime Value'. Hier werden die Zahlungsflüsse, die für einen Lieferanten erwartet werden, abdiskontiert und zu einem Wert aggregiert.[19] Um eine reine Konzentration auf die Zahlungsflüsse zu verhindern, wird vorgeschlagen, über ein

---

[14] Vgl. Thiemt (2003): S. 214.

[15] Siehe Abschn. 5.1

[16] Vgl. Thiemt (2003): S. 215.

[17] Siehe Beschaffungsquellenportfolio (Abschn. 5.21) und Gartner magischer Quadrant (Abschn. 5.28).

[18] Siehe Risikoportfolio (Abschn. 5.4) und Hubmann und Barth (1990): S. 28.

[19] Vgl. Stölzle und Kirst (2006): 249 f.

Abb. 8.2 Beispiel zur Hierarchisierung von Bewertungskriterien. (Quelle: In Anlehnung an Olsen und Ellram (1997): S. 112)

Scoring-Modell auch Faktoren wie Umweltleistung oder den Servicelevel einzubeziehen. Dadurch wird die damit gebildete Dimension zu einem semi-quantitativen Beurteilungskriterium.[20]

Zur Integration der **Risiken** werden **Simulationsansätze** vorgeschlagen. Ein einfach zu realisierender Ansatz könnte dabei sein im Team eine optimistische, wahrscheinliche und pessimistische Einschätzung abzufragen.[21] Auf diesem Weg entsteht eine Dreipunktschätzung für die Einordnung der einzelnen Objekte. Beachtet werden sollten dabei die möglichen Verzerrungen der Einschätzungen, die im Team durch Machtstrukturen oder dominante Personen erschwert werden können.[22] Deutlich aufwendiger aber auch genauer, da die Interdependenzen einbezogen werden wird das Ergebnis bei Anwendung der **Monte-Carlo-Methode**.[23]

Zur Erleichterung der **Gewichtung** kann eine **Hierarchisierung** der **Einflussfaktoren** vorgenommen werden. Die Reduktion der Bewertungsobjekte auf der einzelnen Ebene erleichtert die Festlegung der Wertigkeit, da diese nur jeweils in der spezifischen Ebene vorgenommen werden muss, wie das Beispiel in Abb. 8.2 zeigt.

Zur Erhebung der Gewichtung und auch zur Bewertung der Kriterien kann außerdem der **Analytical Hierarchy Process** [AHP] herangezogen werden.[24] Auf diesem Weg kann der Entscheidungsprozess transparent gestaltet und falsche Einschätzungen können erkannt werden. Dabei ist auch eine Integration von Gruppenwertungen möglich, um

---

[20] Vgl. Stölzle und Kirst (2006): S. 252.

[21] Für ein Zahlenbeispiel siehe Götze und Rudolph (1994): S. 37.

[22] Vgl. Thiemt (2003): S. 217.

[23] Vgl. Thiemt (2003): 218–222.

[24] Vgl. Khan und Ali (2020): 369 ff., Lee und Drake (2010): 6663 f. und Nydick und Hill, R. P. (1992): S. 33–35.

zumindest eine Intersubjektivität herzustellen.[25] Diese Vorteile des AHP und zusätzlich verbesserte Ergebnisse hinsichtlich der relevanten Performance-Maße (z. B. Konsistenz) bietet die **Best–worst**-Methode [BWM].[26] Um zusätzlich auch die Interdependenzen zwischen den Kriterien einzubeziehen, bietet sich der ANP an.[27] Hierbei kann durchaus für die gewählten Dimensionen jeweils ein separates ANP-Modell umgesetzt werden.[28]

Zur Begegnung der Kritik an der Zweidimensionalität können weitere Dimensionen hinzugenommen werden.[29] Kumar et al. (2015) haben ein Modell mit **drei Dimensionen** (strategische Intention des Einkaufs, Struktur Beschaffungsmarkt und Beziehung zwischen Einkäufer und Lieferant)[30] entworfen, aus dem Sie vier Strategietypen (strategischer Einkauf, gefangener Einkäufer, nichtkritischer Einkauf und gegnerischer Einkauf)[31] herausgearbeitet haben. Auch Lieberum (1999) entwickelte Typologien im dreidimensionalen Raum und macht unterschiedliche Vorschläge für die Kombination der Dimensionen. Zum Beispiel leitet er Beschaffungsstrategien auf Basis der Individualität des Beschaffungsobjektes, der Marktseitenverhältnisse[32] und der Homogenität des Beschaffungsbedarfes ab.[33] Hierbei wird jedoch schnell deutlich, dass die Vorteile der aufwandsarmen Visualisierung und damit die Transparenz der Strategieentscheidung verloren gehen aufgrund der zusätzlichen Komplexität solcher Konstrukte.[34]

Diese Situation, bei der die Verbesserung eines Kritikpunktes zu einer Verschlechterung eines anderen Aspektes führt, ist auch bei der Forderung nach dem Einbezug einer größeren Anzahl von Kriterien festzustellen. Dies wird deutlich bei den Portfolios, welche als Kombination zweier Portfolios auftreten.[35] Die Kritik der möglichen Missachtung relevanter Kriterien kann durch die Verbindung von zwei Portfolios und der darin enthaltenen Kriterien geheilt werden, jedoch hat das Vorgehen zur Konsequenz, dass die Anzahl der verarbeiteten Bewertungsvariablen stark ansteigt und auch die **Strategievielfalt** sich **quadriert**,[36] sodass das Ziel der einfachen

---

[25] Für eine Zusammenfassung der Kritik am AHP im Zusammenhang mit der Anwendung bei der Lieferantenbewertung siehe Montgomery et al. (2018): S. 195.

[26] Vgl. Rezaei (2015): S. 49.

[27] Vgl. Zhu et al. (2010): 307 f.

[28] Vgl. Zhu et al. (2010): S. 310.

[29] Siehe beispielsweise Beschaffungsmarkttypen-Quadrant (Abschn. 5.7).

[30] Vgl. Terpend et al. (2011): S. 75–77.

[31] Vgl. Terpend et al. (2011): 82 f.

[32] Siehe Theisen (1970): 38–44, 47–59.

[33] Vgl. Lieberum (1999): S. 160.

[34] Vgl. Rezaei und Ortt (2012): S. 4596 und Thiemt (2003): S. 210.

[35] Vgl. Heege (1987): S. 96. Siehe kombiniertes Beschaffungsgüter/Beschaffungsquellenportfolio (Abschn. 5.23) oder kombiniertes Lieferanten-Abnehmer-Marktmacht- und Lieferantenpotenzial-Portfolio (Abschn. 5.27).

[36] Siehe Rezaei und Fallah Lajimi (2019): S. 424, 433.

Segmentierung der Lieferanten in spezifische Strategietypen höchstens noch eingeschränkt umgesetzt ist.

Ein einfacher Ansatz der Aufnahme einer zusätzlichen Dimension, indem die Bedeutung der **Objekte** (Geschäftseinheiten, Produkte, Materialien oder Lieferanten) anhand des **Volumens** bzw. der **Wertigkeit** in dem Portfolio **visualisiert** wird,[37] der bei einigen Einzelportfolios bereits vorgestellt wurde.[38] Hier bietet sich das Beschaffungsvolumen an, welches sowohl bei einer Einordnung von Materialien als auch Lieferanten verwendet werden kann.[39] Diese Vorgehensweise unterstreicht noch einmal die hohe Relevanz die Homogenität bei der Aggregation der Teilobjekte zu berücksichtigen. Eine Inhomogenität führt dazu, dass das Portfolio keine eindeutigen Ergebnisse liefert.[40]

Die Wertigkeit kann zusätzlich noch zweigeteilt einbezogen werden, indem auch das **zukünftige**, also geplante Beschaffungsvolumen, für den Lieferant bzw. das Material oder die Materialgruppe aufgenommen wird. Damit wird abgesichert, dass massive Veränderungen der zukünftigen Relevanz bei der Interpretation der Matrix einbezogen werden. Natürlich muss hierbei klar sein, dass einige der Portfolios diese beiden Größen direkt oder in einer weiter verarbeiteten Form bereits integriert haben. An dieser Vorgehensweise wird kritisiert, dass das Volumen die Wirkung aller Entscheidungsarten (strategisch, taktisch, operativ) ist. Somit ist es unzureichend und es kann damit problematisch sein auf Basis dieser Information Entscheidungen für lediglich eine bestimmte Entscheidungsart (üblicherweise strategisch) zu treffen.[41]

Einige der Schwächen der Portfolios (z. B. Nichtbeachtung relevanter Faktoren, Spezifikation der Strategien) können neben der diskutierten **Kombination** mit anderen Beschaffungsportfolios über die Integration in eine **Instrumentenkette** mit anderen **Beschaffungscontrollinginstrumenten** reduziert werden.[42] Dabei können diese sowohl eingehende Daten liefern (z. B. Lieferantenrisikoanalyse in Beschaffungsgüterportfolio) oder die Daten aus dem Portfolio weiterverarbeiten (z. B. SWOT-Analyse), d. h. die Ergebnisse des Portfolios sind eingehende Daten für weitere Verarbeitungen.

Um das Problem der nicht beachteten Abhängigkeiten von Objekten (z. B. Bezug mehrerer Objekte bei einem Lieferanten) begegnen zu können, kann eine Variation des Aggregationsgrades auf Materialgruppenebene im Sinne einer **Sensitivitätsanalyse** vorgenommen werden. Mit steigendem Aggregationsgrad kann eine Vereinfachung der Darstellung und eine Verringerung der Abhängigkeitsbeziehungen erreicht werden. Auf

---

[37] Vgl. Hopfenbeck (2002): S. 614 und Szyperski und Winand (1978): S. 126.

[38] Siehe Materialkosten-Senkungspotenzial-Portfolio (Abschn. 5.6).

[39] Vgl. Bräkling et al. (2012): S. 15 und Hubmann und Barth (1990): S. 29.

[40] Vgl. Drews (2013): S. 76 und Wildemann (2009): S. 90.

[41] Vgl. Lange (1981): S. 166.

[42] Vgl. Hopfenbeck (2002): S. 624.

der anderen Seite nimmt aber die innere Homogenität der Objekte ab.[43] Hier muss eine Abwägungsentscheidung zwischen diesen Effekten vorgenommen werden.

Tab. 8.2 zeigt eine Zusammenfassung der Ansatzpunkte zur Reduktion der Kritik an den Beschaffungsportfolios. Dabei werden die Ansatzpunkte unterteilt nach verfahrensmäßigen Aspekten, welche die Informationsbeschaffung und Bewertung betreffen und den inhaltlichen Aspekten, welche zu einer strukturellen Änderung der Portfolios führen.[44]

Offen sind aus der kritischen Betrachtung dabei noch folgende Punkte:

- ausgewogenes Portfolio nicht angestrebt
- Unabhängigkeit der Dimensionen nicht erfüllt
- Problemadäquanz aufgrund Vielzahl von heterogenen Einflussfaktoren fraglich
- teilweise Mischung von Beschaffungsstrategien sinnvoll
- empirische Validierung fehlt

Hier kann dann über die Auswahl der Beschaffungsportfolios eine Reduktion erreicht werden (z. B. Auswahl eines Portfolios, welches eine empirische Validierung besitzt) oder der Mangel muss bei der Anwendung der Portfolio-Methode akzeptiert werden (kein ausgewogenes Portfolio, Unabhängigkeit der Dimensionen nicht gewährleistet).

---

[43] Vgl. Drews (2013): S. 77.
[44] Vgl. Thiemt (2003): S. 244.

Tab. 8.2 Ansatzpunkte für Optimierung der Beschaffungsportfolios

Kritik	Ansatzpunkt	Spezifikation	Adjustierungskategorie		Abwägungsnotwendigkeit
			Informations-beschaffung / -verwertung	Portfolio-struktur	
Hoher Zeitaufwand	Zusammenfassung Beschaffungsobjekte	Zusammenfassung der Objekte über Substituierbarkeit oder Standardisierungsgrad			Evaluation, ob tatsächlich Substituierbarkeiten vorliegen
Subjektivität	Einbindung mehrerer Experten zur Auswahl Kriterien und Bewertung	Befragung mehrerer ausgewählter Experten	X		Trend zur Mitte
Abstraktheit der Strategien	Verwendung differenzierter Skala	Erhöhung der Skaleneinteilung		X	Gefahr der Scheingenauigkeit
	Höhere Anzahl von Matrizenfeldern	Erhöhung der Strategieoptionen (z. B. 3 × 3)		X	Ohne konkreten Unternehmensbezug hoher Generalisierungsgrad notwendig
	Entwicklung von bereichs-spezifischen Strategien	Entwicklung von spezifischen Strategien (z. B. Logistik, Entwicklung) aufgeteilt nach den Einflussfaktoren (z. B. Objekt, Markt)		X	Aufwand der Strategieentwicklung
fehlender Zukunftsbezug/ statisch	Mehrperiodige Betrachtung	Darstellung für Gegenwart und zwei zukünftige Zeitpunkte		X	Entstehende Unübersichtlichkeit, Verwendung paralleler Portfolios
	Integration von zukunfts-bezogenen Faktoren	‚Supplier Lifetime Value', diskontierte zukünftige Zahlungsflüsse	X		Kombination mit qualitativen Faktoren
Verteilung der Risiken, Inter-dependenzen	Simulationsansätze, Monte-Carlo-Methode	Drei-Punkt-Schätzung, Erhebung Interdependenzen	X		Aufwand der Erhebung

(Fortsetzung)

Tab. 8.2 (Fortsetzung)

Kritik	Ansatzpunkt	Spezifikation	Adjustierungskategorie		Abwägungsnotwendigkeit
			Informationsbeschaffung /-verwertung	Portfoliostruktur	
Gewichtung der Faktoren subjektiv	Hierarchisierung	Bildung von Gruppen von themenspezifischen Faktoren	X		-
	Gewichtung über AHP, ANP oder BWM	Abgabe paarweiser Relevanzeinschätzungen, möglicherweise als Gruppenbewertung	X		Aufwand der Durchführung des AHP oder ANP, notwendige Kenntnisse
Relevante Einflussfaktoren werden nicht beachtet	Aufnahme einer dritten Dimension	Aufbau eines dreidimensionalen Raumes durch Einbringung eines Einzelfaktors oder einer Kombination von Faktoren	X	X	Aufwand der Durchführung, im Hinblick auf die Erhebung weiterer Faktoren
	Bildung eines kombinierten Portfolios aus zwei Einzelportfolios	Bildung von Einzelportfolios deren Ergebnis die Dimensionen für ein kombiniertes Portfolio bilden	X	X	Darstellungsaufwand
	Kreise entsprechend Wertigkeit darstellen	Vergangenes und/oder zukünftiges Beschaffungsvolumen mittels Größe des Kreises in Portfolio darstellen	X	X	Darstellung unübersichtlich
	Instrumentenkennte: Kombination mit anderen Beschaffungscontrollinginstrumenten	Verwendung der Ergebnisse der Beschaffungsportfolios als Eingangsdaten für weitere Instrumente oder Verwendung der Ergebnisse von Beschaffungscontrollinginstrumenten als Eingangsdaten für weitere Instrumente	X		Aufwand der Durchführung

(Fortsetzung)

Tab. 8.2 (Fortsetzung)

Kritik	Ansatzpunkt	Spezifikation	Adjustierungskategorie		Abwägungsnotwendigkeit
			Informations-beschaffung / -verwertung	Portfolio-struktur	
Nichtbeachtung Interdependenzen zwischen Objekte	Sensitivitätsanalyse	Erhöhung und Verringerung des Aggregationsniveaus der Objekte und Analyse der daraus resultierenden Veränderungen			Aufwand der Durchführung, mangelnde Homogenität der Objekte

Fazit

Grundsätzlich kann festgestellt werden, dass die Portfolios einen **wertvollen Bezugs-rahmen** darstellen, um strategische Richtungen für die Beschaffung herauszuarbeiten.[1] Die mittlerweile hohe Anzahl an Beschaffungsportfolios hat für eine breite Abdeckung möglicher Anwendungsbereiche gesorgt.[2] Als wesentliche Aspekte für die Portfolios können die Machtkonstellation (Betrachtung von Märkten und Lieferanten) und das Risiko zwischen Abnehmer und Lieferant aus dem Überblick der Portfolios herausgearbeitet werden.[3] Darauf basierend liegt der Schwerpunkt der abgeleiteten Normstrategien auf der Wirtschaftlichkeit und der Risikoreduktion.[4] Entweder ist die Empfehlung, dabei eine hervorragende Situation zu halten bzw. auszunutzen oder, wenn die Situation Mängel aufweist, Anstrengungen zu unternehmen, um durch entsprechende Aktivitäten die Ideal-position schrittweise zu erreichen. In der Anwendung ist zu beachten, dass die Schemata nicht als Katechismen, sondern lediglich als Denkanstöße verwendet werden sollten.[5]

Einem Unternehmen kann nicht ein bestimmtes Beschaffungsportfolio als besonders relevant empfohlen werden, sondern dies ist von unterschiedlichen **situativen Faktoren** abhängig.[6] Zunächst ist klarzustellen, ob eine Konzentration auf einen bestimmten Strategieaspekt erfolgen (z. B. Nachhaltigkeit, logistische Fragestellungen oder Single versus Multiple Sourcing) oder auf ein Bündel von Maßnahmen abgezielt werden soll.[7]

---

[1] Vgl. Heege (1987): S. 97.

[2] Harting (1994) erwartet 1994 eine noch wachsende Zahl verschiedener Portfolioarten in der Beschaffung. Vgl. Harting (1994): S. 44.

[3] Vgl. Bräkling et al. (2012): S. 69, 72.

[4] Vgl. Bräkling et al. (2012): S. 70.

[5] Vgl. Szyperski und Winand (1978): S. 132 und Drews (2013): S. 78.

[6] Vgl. Harting (1994): S. 44.

[7] Vgl. Roland (1993): S. 143.

Weitere wichtige situative Faktoren sind das Analysethema, das Beurteilungsziel und die Ausgangslage hinsichtlich der Information. Abhängig davon sollte das Beschaffungsportfolio ausgesucht bzw. die Dimensionen des Portfolios gestaltet werden. Hierbei besteht durchaus die Möglichkeit, die Ausgestaltungsmerkmale der existierenden Beschaffungsportfolios als Grundlage eines Baukastensystems zu verwenden und im Sinne eines **situationsadäquaten „Best-of"-Modells** eine entsprechende Zusammenstellung von Dimensionen, Strategien und Darstellung zu erstellen. Wesentlicher zu lösender Problempunkt dabei wäre die bereits bei einer Reihe von Modellen kritisierte empirische Fundierung der Verknüpfung von Einflussfaktoren und Normstrategien.

Außerdem muss auf Basis der unterschiedlichen Kritik[8] bei der Interpretation immer ein Bewusstsein für die Grenzen der Methodik mit einbezogen werden. Damit sind die Portfolios ein Instrument, welches Orientierung geben kann,[9] jedoch **nicht isoliert** als alleinige Entscheidungsgrundlage eingesetzt werden sollte. Im Sinne einer Instrumentenkette[10] können Daten, die durch andere Methoden zu Informationen verarbeitet wurden, Eingang in die Portfolio-Analyse finden (z. B. Beschaffungsmarktsegmentierung[11]) oder die Ergebnisse Ausgangpunkt für andere Beschaffungscontrollinginstrumente sein (z. B. Statusanalyse[12] oder Wirkungs-Potenzial-Matrix[13]).

Der Kritik kann außerdem mit unterschiedlichen **Adjustierungen** an den bestehenden Modellen begegnet werden. Ein Ansatz zur Spezifikation der abgeleiteten Strategien ist eine Spezifikation für die Einzelbereiche Logistik[14], Entwicklung, Komplett-/Einzelteilbezug, Zahl der Lieferanten und Vertragsgestaltung (z. B. Preisgleitklausel, Vertragsdauer).[15] Der Kritik im Hinblick auf die Aggregation und speziell der Gewichtung kann mithilfe einer Erweiterung mit dem Analytical Network Process entgegengetreten werden.[16] Auf diesem Weg könnten zusätzlich auch die Interdependenzen zwischen den Kriterien erhoben und einbezogen werden.

Ein großer Mangel bezüglich der Beschaffungsportfolios und damit ein wichtiges Feld für weitere Forschung liegt bei der bisher teilweise sehr geringen **empirischen Analyse** auf allgemeiner, wie auch auf portfoliospezifischer Ebene. Dies betrifft zum einen die Frage, inwieweit ein Beschaffungsbereich durch die Anwendung eines bestimmten Portfolios bzw. der dadurch abgeleiteten Strategien besonders erfolgreich

---

[8] Siehe Kap. 6.

[9] Vgl. Hubmann und Barth (1990): S. 32.

[10] Vgl. Jonen und Lingnau (2007): S. 8.

[11] Vgl. Heß (2010): 143 f.

[12] Vgl. de Quervain und Wagner (2003): 104 f. und Janker und Janker (2008): S. 23.

[13] Vgl. Wildemann (2010): S. 59.

[14] Vgl. Hubmann und Barth (1990): S. 27.

[15] Vgl. Roland (1993): 149 f.

[16] Vgl. Zhu et al. (2010): S. 307 f.

bzw. erfolgreicher ist.[17] Zum anderen ist die Relevanz der einzelnen Portfolios in der Praxis von Bedeutung, um festzustellen, ob hier zu Teilen rein theoretische Konstrukte vorliegen und woran ein intensiver Einsatz bzw. eine ablehnende Haltung gegenüber spezifischen Portfolios in der Praxis festgemacht werden können.

Neben der empirischen Fundierung der einzelnen Beschaffungsportfolios ist außerdem eine **Anwendungserprobung** des **Referenzmodells** durchzuführen. Im Sinne des situativen Ansatzes sollten vergleichbare Problemsituationen, die Einflussfaktoren und die möglichen Handlungsalternativen sowie Effizienzindikatoren in Unternehmen erfasst und empirisch ausgewertet werden.[18]

Ein Bereich der bisher noch vernachlässigt wurde, der jedoch eine hohe Bedeutung besitzt,[19] sind **Digitalisierungsportfolios** im Beschaffungsbereich.[20] Lediglich das Value-Risk-Supply-Portfolio[21] integriert in einer Unterkategorie der Risikomessung in Ansätzen digitale Aspekte. Hier wäre es hilfreich, Möglichkeiten zur Abbildung der Digitalisierungsnotwendigkeit der Beschaffungsobjekte und der Digitalisierungs-möglichkeiten der Lieferanten darzustellen, um basierend darauf Strategien ableiten zu können.

---

[17] Siehe dazu Homburg und Klarmann (2003), welche aufzeigen, dass die Messung der Effektivität und Effizienz der Instrumente im Marketingbereich schon lange Zeit ein sehr relevantes Themen-feld ist. Vgl. Homburg und Klarmann (2003): S. 68.

[18] Vgl. Hübner und Jahnes (1998): S. 56.

[19] Vgl. Henke et al. (2021): S. 145.

[20] Vgl. Meyer et al. (2021): S. 87. Ein erster Ansatz ist zu finden bei Kleemann und Glas (2017): S. 25.

[21] Siehe Abschn. 5.30.

Literatur

Abell DF, Hammond JS (1979) Strategic market planning. Problems and analytical approaches. Prentice-Hall, Englewood Cliffs

Albach H (1978) Strategische Unternehmensplanung bei erhöhter Unsicherheit. J Bus Econ 48(8):702–715

Anders W (1994) Strategische Einkaufsplanung. Kernbereich eines strategischen Einkaufs-managements, 2. Aufl. Lang, Frankfurt a. M.

Ansoff HI, Leontiades JC (1976) Strategic Portfolio Management. J Gen Manage 4(1):13–29. https://doi.org/10.1177/030630707600400102

Arabzad SM, Razmi J, Ghorbani M (2011) Classify purchasing items based on risk and profitability attributes; using MCDM and FMEA techniques. Res J Int Stud 6(21):80–85. https://doi.org/10.13140/2.1.3457.0882

Armstrong J, Brodie RJ (1994) Effects of portfolio planning methods on decision making: experimental results. Int J Res Mark 11(1):73–84. https://doi.org/10.1016/0167-8116(94)90035-3

Arning V, Lauschke G (2021) Bessere Steuerung der Einkaufsaktivitäten durch Fokussierung auf die Wertschöpfung. In: Bogaschewsky R (Hrsg) Einkauf und Supply Chain Management, 76/21. Springer Gabler, Wiesbaden (ZfbF-Sonderheft, 76), S 223–240

Arnolds H, Heege F, Röh C, Tussing W (2016) Materialwirtschaft und Einkauf. Grundlagen, Spezialthemen, Übungen, 13. Aufl. Springer Gabler, Wiesbaden

Batran A (2008) Realoptionen in der Lieferantenentwicklung. Bewertung von Handlungsspiel-räumen dynamischer Wertschöpfungspartnerschaften, 1. Aufl. Gabler, Wiesbaden

Baumgarten H, Bodelschwing K (1996) Kostenreduzierung druch gestraffte Abläufe. Logistik-orientierte Beschaffungsstrategien. Beschaffung Aktuell 43(2):35–38

Baumgarten H, Wolff S (1999) Versorgungsmanagement – Erfolge durch Integration von Beschaffung und Logistik. In: Hahn B, Kaufmann L (Hrsg) Handbuch Industrielles Beschaffungsmanagement. Internationale Konzepte – innovative Instrumente – aktuelle Praxis-beispiele. Gabler Verlag (Springer eBook Collection), Wiesbaden, S 321–342

Bayazit O, Karpak B (2007) An analytical network process-based framework for successful Total Quality Management (TQM) an assessment of Turkish manufacturing industry readiness. Int J Prod Econ 105(1):79–96. https://doi.org/10.1016/j.ijpe.2005.12.009

Bayer F, Bioly S (2014) Supply Chain Risk Management in der Industrie – am Beispiel der Metall- und Elektroindustrie. ild Schriftenreihe Logistikforschung. FOM, Essen. Institut für Logistik & Dienstleistungsmanagement

Bensaou M (1999) Portfolios of buyer-supplier relationships. Sloan Manage Rev 40(4):35–44

Besslich J, Lumbe H-J (1994) Siemens: neugestaltung der Lieferantenbeziehung – teil II. Erster Schritt: bestandsaufnahme der Material- und Lieferantenstruktur. Beschaffung Aktuell 10:22–25

Black D, Thomas J, Weaver T (2016) How markets and vendors are evaluated in gartner magic quadrants. Hg. v. Gartner, Inc. Stamforf. https://www.gartner.com/resources/298200/298294/how_markets_and_vendors_are__298294.pdf. Zugegriffen: 22. Jan. 2016, 6. Aug. 2022

Bloch PH, Richins ML (1983) A theoretical model for the study of product importance perceptions. J Mark 47(3):69–81. https://doi.org/10.1177/002224298304700308

Boutellier R, Wagner SM (2001) Strategische Partnerschaften mit Lieferanten. In: Belz C, Mühlmeyer J (Hrsg) Key supplier management. Thexis; Luchterhand, St. Gallen, S 38–60

Bräkling E, Günther P, Oidtmann K (2012) Einsatz der Portfoliotechnik im strategischen Beschaffungsmarketing. Expert-Verlag, Renningen

Caniëls MC, Gelderman CJ (2007) Power and interdependence in buyer supplier relationships. A purchasing portfolio approach. Ind Mark Manage 36(2):219–229. https://doi.org/10.1016/j.indmarman.2005.08.012

Chen IJ, Paulraj A, Lado AA (2004) Strategic purchasing, supply management, and firm performance. J Oper Manage 22(5):505–523. https://doi.org/10.1016/j.jom.2004.06.002

Chick G (2015) The procurement value proposition. The rise of supply management. Kogan Page, London

Chopra S, Sodhi M (2004) Managing risk to avoid supply-chain breakdown. MIT Sloan Manage Rev. Jahrgang: 45, Seite 53–61

Christopher M, Peck H (2004) Building the resilient supply chain. Int J Logistics Manage 15(2):1–14. https://doi.org/10.1108/09574090410700275

Claycomb C, Germain R, Dröge C (2000) The effects of formal strategic marketing planning on the industrial firm's configuration, structure, exchange patterns, and performance. Ind Mark Manage 29(3):219–234. https://doi.org/10.1016/S0019-8501(98)00055-8

Corsten H (1995) Beschaffungsmanagement. Konzeption und Aufgabenbereiche. In: Corsten, Hans; Reiß, Michael (Hrsg) Handbuch Unternehmungsführung. Konzepte – instrumente – schnittstellen. Gabler, Wiesbaden, S 574–586

Cox A, Lonsdale C, Sanderson J, Watson G (2014) The use of procurement and supply management tools and techniques. In: Cox A, Lonsdale C, Sanderson J, Watson G (Hrsg) Right tools for the job. On the use and performance of management tools and techniques. Palgrave Macmillan, Houndmills, S 251–281

Cox A, Watson G (2004) Top tools: one hit wonders or lasting classics? Supply Manage 9(22):20–23

Darkow I-L (2003) Logistik-Controlling in der Versorgung. Konzeption eines modularen Systems. Deutscher Universitätsverlag, Wiesbaden

de Quervain, Wagner (2003) Von der Strategiefindung zur Strategieumsetzung. In Boutellier R, Wagner SM, Wehrli HP (Hrsg) Handbuch Beschaffung. Strategien, Methoden, Umsetzung. Hanser, München, S 99–131

Drews H (2008) Abschied vom Marktwachstums-Marktanteils-Portfolio nach über 35 Jahren Einsatz? Eine kritische Überprüfung der BCG-Matrix. Z Plan & Unternehmenssteuerung 19(1):39–57. https://doi.org/10.1007/s00187-008-0041-8

Drews H (2013) Portfolio-Modelle richtig nutzen. Controll Mag 38(2):74–78.

Drews H (2018) Ein besseres BCG-Portfolio: Das Wertbeitragsportfolio. Controll Mag 43(2):38–39

Dubois A, Pedersen A-C (2002) Why relationships do not fit into purchasing portfolio models—a comparison between the portfolio and industrial network approaches. Eur J Purchasing & Supply Manage 8(1):35–42. https://doi.org/10.1016/S0969-7012(01)00014-4

Dunst KH (1983) Portfolio Management. Konzeption für die strategische Unternehmensplanung, 2. Aufl. de Gruyter, Berlin

Eberle AO (2005) Risikomanagement in der Beschaffungslogistik: Gestaltungsempfehlungen für ein System. Difo-Druck GmbH, Bamberg

Eßig M, Buck T (2007) Dimensionen, Elemente und Institutionalisierung eines Beschaffungs-controlling-Portfolios. Controll Manage 51(3):168–173. https://doi.org/10.1007/s12176-007-0052-6

Fieten R (1979) Materialwirtschaft als Managementaufgabe. Beschaff Aktuell 10:18–23

Fiocca R (1982) Account portfolio analysis for strategy development. Ind Mark Manage 11(1):53–62. https://doi.org/10.1016/0019-8501(82)90034-7

Ford D (1984) Buyer/seller relationships in international industrial markets. Ind Mark Manag 13(2):101–112. https://doi.org/10.1016/0019-8501(84)90041-5

Friedl B (1990) Grundlagen des Beschaffungscontrolling. Zugl.: Tübingen, Univ., Diss., 1988/89. Duncker & Humblot, Berlin (Betriebswirtschaftliche Forschungsergebnisse, 95)

Fröhlich E, Buchta C, Malilo N (2015) Zur Integration von Nachhaltigkeitsrisiken in das Strategische Beschaffungsmanagement. In: Fröhlich E (Hrsg) CSR und Beschaffung. Springer, Berlin, S 55–75

Frohwein T (2014) Grundlagen der Theorie der Firma: Methodologie wissenschaftlicher Theorien. Research Papers on Innovation, Services and Technology. Stuttgart

Gabath CW (2010) Risiko- und Krisenmanagement im Einkauf. Methoden zur aktiven Kosten-senkung, 1. Aufl. Gabler, Wiesbaden

Gartner Inc. (2019) Gartner magic quadrant – frequently asked questions. https://emtemp.gcom.cloud/ngw/globalassets/en/research/documents/magic-quad-faq.pdf. Zugegriffen: 21. Febr. 2022

Gelderman CJ (2003) A portfolio approach to the development of differentiated purchasing strategies. Eindhoven University of Technology, Maastricht

Gelderman CJ, van Weele AJ (2005) Purchasing portfolio models: a critique and update. J Supply Chain Manage 41(3):19–28. https://doi.org/10.1111/j.1055-6001.2005.04103003.x

Glantschnig E (1994) Merkmalgestützte Lieferantenbewertung. Förderges. Produkt-Marketing, Köln (Beiträge zum Beschaffungsmarketing, 11)

Götze U, Rudolph F (1994) Instrumente der strategischen Planung. In: Bloech J, Götze U, Huch B, Lücke W, Rudolph F (Hrsg) Strategische Planung. Instrumente, Vorgehensweisen und Informationssysteme. Physica, Heidelberg, S 1–56

Grochla E (1983) Erfolgsorientierte Materialwirtschaft durch Kennzahlen. Leitfaden zur Steuerung und Analyse der Materialwirtschaft. FBO-Verl. Baden-Baden (Betriebswirtschaftliche Beiträge zur Organisation und Automation, 24)

Grosse-Ruyken PT, Wagner SM, Zaremba BW (2011) Integratives Risikomanagement in der Beschaffung. Z wirtschaftlichen Fabrikbetrieb 106(10):764–768. https://doi.org/10.3139/104.110638

Grosse-Ruyken PT, Zaremba BW, Wagner SM (2012) Assessing key drivers of supply chain vulnerability. Logistics Q 17 Fall:24–27

Grunwald G, Schwill J (2017) 3. Planung eines nachhaltigen Beziehungsmarketings. In Grunwald G, Schwill J (Hrsg) Beziehungsmarketing. Schäffer-Poeschel, Freiburg, S 71–224

Gruschwitz A (1993) Global Sourcing. Konzeption einer internationalen Beschaffungsstrategie. Zugl.: Stuttgart, Univ., Diss. M & P Verl. für Wiss. und Forschung, Stuttgart

Gutenberg E (1957) Die Stellung der Unternehmensmorphologie in der Betriebs. In: Weisser G (Hrsg) Die Morphologie der einzelwirtschaftlichen Gebilde und ihre Bedeutung für die Einzel-wirtschaftspolitik: Bericht über d. Kölner Tagung 1955, Bd. 1. Verlag Otto Schwarz, Göttingen, S 1–37

Hammann P, Lohrberg W (1986) Beschaffungsmarketing. Eine Einführung. Poeschel, Stuttgart (Sammlung Poeschel, S 124)

Hammer RM (1995) Unternehmungsplanung. Lehrbuch der Planung und strategischen Unternehmungsführung, 6. Aufl. Oldenbourg, München

Harting D (1994) Lieferanten-Wertanalyse. Ein Arbeitshandbuch mit Checklisten und Arbeitsblättern für Auswahl, Bewertung und Kontrolle von Zulieferern, 2. Aufl. Schäffer-Poeschel, Stuttgart (11)

Haywood M, Peck H (2003) An investigation into the management of supply chain vulnerability in UK aerospace manufacturing. In: Pawar KS (Hrsg) Logistics and networked organisations. Proceedings of the 8th international symposium on logistics, Sevilla, Spain, 6–8th July 2003. Centre for Concurrent Enterprise Univ, Nottingham, S 35–42

Heege F (1981) Portfolio-Management in der Beschaffung. Der Betriebswirt 22(1):17–23

Heege F (1987) Lieferantenportfolio. Ganzheitliches Beurteilungsmodell für Lieferanten und Beschaffungssegmente. VWP-Verlag, Nürnberg (Beschaffungspraxis)

Heimbrock KJ (2001) Kompetenzpartnermanagement. Beschaffung im dynamischen Unternehmen, 1. Aufl. Gabler, Wiesbaden

Henke M, Broza-Abut N, Jung J, Meyer D, Schulte AT (2021) Einkaufscontrolling: performance Measurement mit der Extended Balanced Scorecard. In: Gleich R (Hrsg) Prozess- und Funktionscontrolling. Grundlagen, Kennzahlen, Best Practices, 1. Aufl. Haufe Group, Freiburg, München, Stuttgart, S 139–151

Henselmann K (1999) Unternehmensrechnungen und Unternehmenswert. Ein situativer Ansatz. Shaker, Aachen

Hermann M, Schatz A (2011) Supply Chain Risk Management – Relevanz und Handlungsbedarf. Z wirtschaftlichen Fabrikbetrieb 106(5):301–305. https://doi.org/10.3139/104.110558

Heß G (2010) Supply-Strategien in Einkauf und Beschaffung. Systematischer Ansatz und Praxisfälle, 2. Aufl. Gabler, Wiesbaden

Homburg C (2002) Bestimmung der optimalen Lieferantenzahl für Beschaffungsobjekte. In: Hahn D, Kaufmann L (Hrsg) Handbuch Industrielles Beschaffungsmanagement. Internationale Konzepte – innovative Instrumente – aktuelle Praxisbeispiele, 2. Aufl. Gabler, Wiesbaden, S 181–199

Homburg C (2007) Betriebswirtschaftslehre als Empirische Wissenschaft — Bestandsaufnahme und Empfehlungen. Schmalenbachs Z betriebswirtschaftliche Forsch 59(Sonderheft 56):27–60. https://doi.org/10.1007/BF03373732

Homburg C, Klarmann M (2003) Empirische Controllingforschung – anmerkungen aus der Perspektive des Marketing. In: Weber J, Hirsch B (Hrsg) Zur Zukunft der Controllingforschung. Empirie, Schnittstellen und Umsetzung in der Lehre, 1. Aufl. Deutscher Universitätsverlag, Wiesbaden. (Gabler Edition Wissenschaft Schriften des Center for Controlling & Management (CCM), 9):65–88

Hopfenbeck W (2002) Allgemeine Betriebswirtschafts- und Managementlehre. Das Unternehmen im Spannungsfeld zwischen ökonomischen, sozialen und ökologischen Interessen, 14. Aufl. Redline Wirtschaft bei Verl. Moderne Industrie, München

Horváth P, Gleich R, Seiter M (2015) Controlling, 13. Aufl. Vahlen, München

Horváth & Partners (2011) Performance Management im Einkauf 2011. Den Wertbeitrag des Einkaufs aktiv steuern und optimieren. Hg. v. Bundesverband Materialwirtschaft, Einkauf und Logistik e. V. Stuttgart

Hubmann H-E, Barth M (1990) Das neue Strategiebewusstsein im Einkauf. Portfolio-Methoden im Einkauf: die Einkaufsmatrix. Beschaff Aktuell 37(10):26–32

Hübner H, Jahnes S (1998) Management-Technologie als strategischer Erfolgsfaktor. Ein Kompendium von Instrumenten für Innovations-, Technologie- und Unternehmensplanung unter Berücksichtigung ökologischer Anforderungen. de Gruyter, Berlin

Janker C, Janker CG (2008) Multivariate Lieferantenbewertung. Empirisch gestützte Konzeption eines anforderungsgerechten Bewertungssystems, 2. Aufl. Gabler, Wiesbaden

Janßen J (2012) Funktionen und Instrumente des Beschaffungscontrollings, 1. Aufl. Grin Verlag, München

Jonen A (2008) Kognitionsorientiertes Risikocontrolling, 1. Aufl. Eul-Verlag, Lohmar

Jonen A (2019) Beschaffungsstrategien. WISU – das Wirtschaftsstudium 48:921–927, 977

Jonen A, Harbrücker U (2019) Investitionsrechenverfahren in der Praxis: aktueller Stand und historische Entwicklung. Mannheim (Mannheimer Beiträge zur Betriebswirtschaftslehre, 03/19)

Jonen A, Lingnau V (2007) Das real existierende Phänomen Controlling und seine Instrumente. Eine kognitionsorientierte Analyse. Lehrstuhl für Unternehmensrechnung und Controlling, Kaiserslautern (Beiträge zur Controlling-Forschung, Nr. 13)

Jüttner U (2003) Risiko- und Krisenmanagement in Supply Chains. In Boutellier R, Wagner SM, Wehrli HP (Hrsg) Handbuch Beschaffung. Strategien, Methoden, Umsetzung. Hanser, München, S 775–795

Kajüter P (2015) Risikomanagement in der Supply Chain: ökonomische, regulatorische und konzeptionelle Grundlagen. In: Siepermann C, Vahrenkamp R, Siepermann M (Hrsg) Risiko-management in Supply Chains. Gefahren abwehren, Chancen nutzen, Erfolg generieren, 2. Aufl. Schmidt, Berlin, S 13–27

Kaluza C (2010) Konzeption eines erfolgsorientierten Beschaffungscontrolling. Theoretische Betrachtungen und empirische Untersuchungen, 2. Aufl. TCW-Transfer-Centrum, München

Katzmarzyk J (1988) Einkaufs-Controlling in der Industrie. Bundesverband Materialwirtschaft und Einkauf e. V, Frankfurt a. M.

Kaufmann L, Germer T (2001) Controlling internationaler Suplly Chains. Positionierung – instrumente – perspektiven. In Arnold U, Mayer R, Urban G (Hrsg) Supply Chain Management. Unternehmensübergreifende Prozesse – kollaboration – IT-Standards. Förder-kreises Betriebswirtschaft an der Universität Stuttgart e. V. Stuttgart, S. 177–192

Kaufmann L, Thiel C, Becker A (2005) Überblick über das Beschaffungscontrolling. In: Schäffer U, Weber J (Hrsg) Bereichscontrolling. Funktionsspezifische Anwendungsfelder, Methoden und Instrumente, 1. Aufl. Schäffer-Poeschel, Stuttgart, S 3–21

Kersten W, Winter M, Schröder M (2009) Produktentwicklungsprojekte in Supply Chains – situationsadäquates Projektmanagement als Erfolgsfaktor. In: Mieke C (Hrsg) Entwicklungen in Produktionswissenschaft und Technologieforschung. Festschrift für Professor Dieter Specht. Unter Mitarbeit von Dieter Specht. Logos, Berlin, S 857–870

Khan AU, Ali Y (2020) Analytical Hierarchy Process (AHP) and analytic network process methods and their applications: a twent year review from 2000–2019. Int J Anal Hierarchy Process 12(3):369–459. https://doi.org/10.13033/ijahp.v12i3.822

Kibbeling MI (2005) An exploratory study into the role of culture in the buyer-supplier relation-ship: a Dutch-French comparison of differentiated purchasing portfolio strategies. Eindhoven University of Technology, Eindhoven

Kieser A (2019) Der Situative Ansatz. In: Kieser A, Ebers M (Hrsg) Organisationstheorien, 8. Aufl. Kohlhammer, Stuttgart, S 168–195

Kleemann FC, Glas A (2017) Einkauf 4.0. Digitale Transformation der Beschaffung. Springer Gabler, Wiesbaden (essentials)

Kligge CG (1992) Strategische Beschaffung und Rückwärtsintegration – konzeptionelle Grund-lagen und ihre praktische Anwendung an einem Beispiel der Kleinserienfertigung. Frankfurt

Knauer T, Nuss A, Wömpener A (2012) Der instrumentelle Kern des Controllings. Controll Mag 37(1):67–73

Knight L, Tu Y-H, Preston J (2014) Integrating skills profiling and purchasing portfolio management: an opportunity for building purchasing capability. Int J Prod Econ 147:271–283. https://doi.org/10.1016/j.ijpe.2013.06.013

Knoblich H (1969) Betriebswirtschaftliche Warentypologie. Grundlagen und Anwendungen. VS Verlag, Wiesbaden (Beiträge zur betriebswirtschaftlichen Forschung, 32)

Knoblich H (1972) Die typologische Methode in der Betriebswirtschaftslehre. WiSt – wirtschaftswissenschaftliches Studium 1(4):141–147

Koppelmann U (1991) Marketing. Einführung in Entscheidungsprobleme des Absatzes und der Beschaffung, 3. Aufl. Werner, Düsseldorf

Koppelmann U (1993) Beschaffungsmarketing. Springer, Berlin

Koppelmann U (2004) Beschaffungsmarketing, 4. Aufl. Springer, Berlin

Körfer C (2011) Beschaffungscontrolling. Die Performance der Beschaffung durch geeignete Instrumente messbar machen, 1. Aufl. Diplomica, Hamburg

Kraljic P (1977) Neue Wege im Beschaffungsmarketing. Manag Mag 7(11):72–80

Kraljic P (1983) Purchasing must become supply management. Harvard Bus Rev 61(5):109–117

Kraljic P (1985) Versorgungsmanagement statt Einkauf. Harvard Bus Manag 1:6–14

Kraljic P (1986) Gedanken zur Entwicklung einer zukunftsorientierten Beschaffungs- und Versorgungsstrategie. In: Theuer G (Hrsg) Beschaffung – ein Schwerpunkt der Unternehmensführung. Moderne Industrie, Landsberg/Lech, S 72–93

Kumar S, Liu J, Scutella J (2015) The impact of supply chain disruptions on stockholder wealth in India. Int J Phys Distrib & Logistics Manag, 45(9/10):938–958. https://doi.org/10.1108/IJPDLM-09-2013-0247

Kümpel T, Deux T (2003) Kennzahlen im strategischen Einkaufscontrolling. Controll Mag 3:243–251

Lange B (1981) Portfolio-Methoden in der strategischen Unternehmensplanung. Hannover

Lasch R, Janker CG, Friedrich C (2001) Identifikation, Bewertung und Auswahl von Lieferanten. Empirische Bestandsaufnahme bei deutschen Industrieunternehmen. Dresdner Beiträge zur Betriebswirtschaftslehre 56. Technische Universität Dresden, Dresden. Professoren der Fachgruppe Betriebswirtschaftslehre

Lasch R, Janker CG, Derno M (2015) Risikoorientiertes Lieferantenmanagement. In: Siepermann C, Vahrenkamp R, Siepermann M (Hrsg) Risikomanagement in Supply Chains. Gefahren abwehren, Chancen nutzen, Erfolg generieren, 2. Aufl. Schmidt, Berlin, S 77–99

Laux H, Gillenkirch RM, Schenk-Mathes HY (2018) Entscheidungstheorie, 10. Aufl. Springer, Berlin, Heidelberg

Lawson B, Cousins PD, Handfield RB, Petersen KJ (2009) Strategic purchasing, supply management practices and buyer performance improvement: an empirical study of UK manufacturing organisations. Int J Prod Res 47(10):2649–2667. https://doi.org/10.1080/00207540701694313

Lee DM, Drake PR (2010) A portfolio model for component purchasing strategy and the case study of two South Korean elevator manufacturers. Int J Prod Res 48(22):6651–6682. https://doi.org/10.1080/00207540902897780

Lieberum J (1999) Einflüsse von Beschaffungskonstellationen auf die Gestaltung von Beschaffungssystemen. Eine Analyse auf typologischer Basis, 1. Aufl. Cuvillier, Göttingen

Lindner T (1983) Strategische Entscheidungen im Beschaffungsbereich. GBI-Verlag, München

Lingnau V, Jonen A (2015) Kognitionsorientiertes Risikocontrolling in der Supply Chain. Balanced Supply Chain Risk Map. In: Siepermann C, Vahrenkamp R, Siepermann M (Hrsg) Risikomanagement in Supply Chains. Gefahren abwehren, Chancen nutzen, Erfolg generieren, 2. Aufl. Schmidt, Berlin, S 323–339

Lowy A, Hood P (2004) The power of the 2 x 2 matrix. Using 2 x 2 thinking to solve business problems and make better decisions. Wiley, Hoboken

Markowitz H (1952) Portfolio selection. J Finance 7(1):77. https://doi.org/10.2307/2975974

Martínez-de-Albéniz V, Simchi-Levi D (2005) A portfolio approach to procurement contracts. Prod Oper Manag 14(1):90–114. https://doi.org/10.1111/j.1937-5956.2005.tb00012.x

Menze T (1993) Strategisches internationales Beschaffungsmarketing. M & P Verlag, Stuttgart

Metty T, Harlan R, Samelson Q, Moore T, Morris T, Sorensen R et al (2005) Reinventing the supplier negotiation process at motorola. Interfaces 35(1):7–23. https://doi.org/10.1287/inte.1040.0119

Meyer C (2010) Fast cycle time: how to align purpose, strategy, and structure for speed. Free Press, New York

Meyer D, Straub N, Ioannidis P, Kaczmarek S, Henke M (2021) Mit Gamification zu digitalen Technologien im Einkauf. Z wirtschaftlichen Fabrikbetrieb 116(1–2):87–90. https://doi.org/10.1515/zwf-2021-0017

Mittner KA (1991) Beschaffungsstrategien im Umbruch. Differenzierte Lieferantenpolitik. Beschaff Aktuell 38(4):21–23

Montgomery RT, Ogden JA, Boehmke BC (2018) A quantified kraljic portfolio matrix: using decision analysis for strategic purchasing. J Purchasing Supply Manag 24(3):192–203. https://doi.org/10.1016/j.pursup.2017.10.002

Müller EW (1990) Gestaltungspotentiale für die Logistik in der Beschaffung. Gemeinsam Spitzenleistungen erreichen. Beschaff Aktuell 37(4):51–53

Muschinski W (1998) Lieferantenbewertung. In: Strub M (Hrsg) Das große Handbuch Einkaufs- und Beschaffungsmanagement. Moderne Industrie, Landsberg/Lech, S 77–126

Narasimhan R (1983) An analytical approach to supplier selection. J Purchasing Mater Manag 19(4):27–32

Nazli WS, Kamil KM, Kuman A (2006) Buyer-supplier relationships in the Turkish automotive industry. Int Jrnl of Op & Prod Mnag 26(9):947–970. https://doi.org/10.1108/01443570610682580

Nellore R, Söderquist K (2000) Portfolio approaches to procurement: Analysing the missing link to specifications. Long Range Plan 33(2):245–267. https://doi.org/10.1016/S0024-6301(00)00027-3

Nolte PJ (2015) Verlässlichkeit als Beschaffungskriterium. Springer Fachmedien GmbH, Wiesbaden

Nydick RL, Hill RP (1992) Using the analytic hierarchy process to structure the supplier selection procedure. Int J Purchasing Mater Manag 28(2):31–36. https://doi.org/10.1111/j.1745-493X.1992.tb00561.x

Olsen RF, Ellram LM (1997) A portfolio approach to supplier relationships. Ind Mark Manag 26(2):101–113. https://doi.org/10.1016/S0019-8501(96)00089-2

Padhi SS, Wagner SM, Aggarwal V (2012) Positioning of commodities using the kraljic portfolio matrix. J Purchasing Supply Manag 18(1):1–8. https://doi.org/10.1016/j.pursup.2011.10.001

Pagell M, Wu Z (2009) Building a more complete theory of Sustainable Supply Chain Management using case studies of 10 exemplars. J Supply Chain Manag 45(2):37–56. https://doi.org/10.1111/j.1745-493X.2009.03162.x

Pagell M, Wu Z, Wassermann ME (2010) Thinking differently about purchasing portfolios: an assessment of sustainable sourcing. J Supply Chain Manage 46(1):57–73. https://doi.org/10.1111/j.1745-493X.2009.03186.x

Pearce JA, Freeman EB, Robinson RB (1987) The tenuous link between formal strategic planning and financial performance. Acad Manag Rev 12(4):658–675. https://doi.org/10.5465/amr.1987.4306718

Pick M, Sträter N (2005) Die Anwendung der Portfolio-Methode nach McKinsey in jungen Unternehmen. Z Plan & Unternehmenssteuerung 16(2):167–188. https://doi.org/10.1007/BF02848577

Piontek J (1993) Leistungsbeurteilung, Wirtschaftlichkeitsanalyse und Erfolgsmessung. Kennzahlengesütztes strategisches Beschaffungsmarketing-Controlling. Beschaff Aktuell 40(12):21–23

Piontek J (2016) Beschaffungscontrolling, 5. Aufl. De Gruyter Oldenbourg, Berlin

Pojda F (2013) XYZ-Analyse. WISU – das Wirtschaftsstudium 42(10):1267

Porter ME (1980) Competitive strategy. Techniques for analyzing industries and competitors. Free Press, New York

Pressey A, Tzokas N, Winklhofer H (2007) Strategic purchasing and the evaluation of "problem" key supply relationships: what do key suppliers need to know? J Bus & Ind Mark 22(5):282–294. https://doi.org/10.1108/08858620710773413

Rezaei J (2015) Best-worst multi-criteria decision-making method. Omega 53:49–57. https://doi.org/10.1016/j.omega.2014.11.009

Rezaei J, Fallah Lajimi H (2019) Segmenting supplies and suppliers: bringing together the purchasing portfolio matrix and the supplier potential matrix. Int J Logistics Res Appl 22(4):419–436. https://doi.org/10.1080/13675567.2018.1535649

Rezaei J, Ortt R (2012) A multi-variable approach to supplier segmentation. Int J Prod Res 50(16):4593–4611. https://doi.org/10.1080/00207543.2011.615352

Riemer K (2008) Beziehungsmanagement: grundlagen, Konzepte und Maßnahmen am Beispiel von Supplier- und Customer-Relationships. Hg. v. Grob, Heinz, Lothar. Uni Münster. Münster (Internetökonomie und Hybridität No. 55)

Robens H (1985) Schwachstellen der Portfolio-Analyse. Marketing ZFP 7(3):191–200

Roland F (1993) Beschaffungsstrategien. Voraussetzungen, Methoden und EDV-Unterstützung einer problemadäquaten Auswahl. Eul, Bergisch Gladbach

Sarkis J, Sundarraj RP (2006) Evaluation of enterprise information technologies: a decision model for high-level consideration of strategic and operational issues. IEEE Trans Syst Man Cybern C 36(2):260–273. https://doi.org/10.1109/TSMCC.2004.843245

Sarnow T, Schröder M (2019) Supply-Chain-Risiken in der Textilindustrie. In: Bode C (Hrsg) Supply Management Research. Aktuelle Forschungsergebnisse 2018. Unter Mitarbeit von Ronald Bogaschewsky, Michael Eßig, Rainer Lasch und Wolfgang Stölzle. Gabler, Wiesbaden, S 255–276

Saunders M (1997) Strategic purchasing supply chain management, 2. Aufl. Financial Times/Prentice Hall, Harlow, England, New York

Scherer J (1991) Zur Entwicklung und zum Einsatz von Objektmerkmalen als Entscheidungskriterien in der Beschaffung. Fördergesellschaft Produkt-Marketing e. V. Köln (9)

Schiele H (2012) Accessing supplier innovation by being their preferred customer. Res Technol Manag 55(1):44–50. https://doi.org/10.5437/08956308X5501012

Schmid M (1983) Strategische Frühaufklärung für die Materialbeschaffung. Harvardmanager 5(3):29–37

Schneider D (2005) Unternehmensführung und strategisches Controlling. Überlegene Instrumente und Methoden, 4. Aufl. Hanser, München

Schnitzenbaumer P, Wind T (2013) Optimierung von Einkaufsportfolio und Supplier Management. In: Abolhassan F (Hrsg) Der Weg zur modernen IT-Fabrik. Springer Fachmedien Wiesbaden, Wiesbaden, S 177–183

Siedenbiedel G (2020) Organisationale Gestaltung. Springer Fachmedien Wiesbaden, Wiesbaden

Slater SF, Zwirlein TJ (1992) Shareholder Value and Investment Strategy Using the General Portfolio Model. J Manag 18(4):717–732. https://doi.org/10.1177/014920639201800407

Snapp S (2013) Gartner and the magic quadrant: a guide for buyers, vendors and investors. Scm Focus, Phoenix (Arizona)

Sommerer G (1998) Unternehmenslogistik. Ausgewählte Instrumentarien zur Planung und Organisation logistischer Prozesse. Hanser, München

Sonnenberg K (1996) Die Wahl der Beschaffungsmarketingstrategie. Ein heuristischer Ansatz. Eul, Bergisch Gladbach

Staehle WH (1999) Management. Eine verhaltenswissenschaftliche Perspektive. Unter Mitarbeit von Peter Conrad und Jörg Sydow, 8. Aufl. Vahlen, München

Statistisches Bundesamt (2021) Insolvenzen nach Jahren. https://www.destatis.de/DE/Themen/Branchen-Unternehmen/Unternehmen/Gewerbemeldungen-Insolvenzen/Tabellen/lrins01.html;jsessionid=B8DEC565A1E2EAD4891629AB0342F6DE.live712#fussnote-1-242428. Zugegriffen: 10. Dez. 2021

Stölzle W, Kirst P (2006) Portfolios als risikoorientiertes Instrument zur Steigerung des erwarteten Wertbeitrags im Lieferantenmanagement. In: Jacquemin M, Pibernik R, Sucky E (Hrsg) Quantitative Methoden der Logistik und des Supply Chain Management. Festschrift für Prof. Dr. Heinz Isermann. Kovač, Hamburg (11), S 239–265

Sydow J (1992) Strategische Netzwerke. Evolution und Organisation. Gabler, Wiesbaden (100)

Szyperski N, Winand U (1978) Strategisches Portfolio-Management: Konzept und Instrumentarium. Z betriebswirtschaftliche Forschung 30(7):123–132

Terpend R, Krause DR, Dooley KJ (2011) Managing buyer-supplier relationships: empirical patterns of strategy formulation in industrial purchasing. J Supply Chain Manag 47(1):73–94. https://doi.org/10.1111/j.1745-493X.2010.03215.x

Theisen P (1970) Grundzüge einer Theorie der Beschaffungspolitik. Duncker & Humblot, Berlin

Thiemt F (2003) Risikomanagement im Beschaffungsbereich, 1. Aufl. Cuvillier Verlag, Göttingen. https://ebookcentral.proquest.com/lib/gbv/detail.action?docID=5021491

Tilles S (1966) Strategies for allocating funds. Harvard Bus Rev 44(1):72–80. http://www.redi-bw.de/db/ebsco.php/search.ebscohost.com/login.aspx%3fdirect%3dtrue%26db%3dbuh%26AN%3d3866446%26site%3dehost-live

Ulaga W, Eggert A (2006) Value-based differentiation in business relationships: gaining and sustaining key supplier status. J Mark 70(1):119–136. https://doi.org/10.1509/jmkg.70.1.119.qxd

Ullmann W, Siejek RS (2013) Komplexitätsmanagement in der Beschaffung – portfolios für das Lieferantenmanagement in der projektorientierten Industrie. In: Bogaschewsky R, Eßig M, Lasch R, Stölzle W (Hrsg) Supply management research. Springer Fachmedien Wiesbaden, Wiesbaden, S 175–196

van Stekelenborg RHA, Kornelius L (1994) A diversified approach towards purchasing and supply: evaluation of production management methods. In: Walter C, Kliemann F, de Oliveira J (Hrsg) Evaluation of production management methods. Production management methods; Working conference. Proceedings. 21–24 mar 1994. Elsevier, Amsterdam (19), S 307–317

Voigt K-I (2008) Industrielles Management. Industriebetriebslehre aus prozessorientierter Sicht. Springer, Berlin, Heidelberg

Wagner SM (2003) Management der Lieferantenbasis. In: Boutellier R, Wagner SM, Wehrli HP (Hrsg) Handbuch Beschaffung. Strategien, Methoden, Umsetzung. Hanser, München, S 691–731

Wagner SM, Grosse-Ruyken PT, Erhun F (2018) Determinants of sourcing flexibility and its impact on performance. Int J Prod Econ 205:329–341. https://doi.org/10.1016/j.ijpe.2018.08.006

Wagner SM, Johnson JL (2004) Configuring and managing strategic supplier portfolios. Ind Mark Manag 33(8):717–730. https://doi.org/10.1016/j.indmarman.2004.01.005

Weber J, Reitmeyer T, Frank S (2000) Erfolgreich entscheiden. Der Managementleitfaden für den Mittelstand. Frankfurter Allgemeine Zeitung, Frankfurt a. M.

Welge MK (1997) Stand der strategischen Planungspraxis in der deutschen Industrie: Bericht über eine empirische Untersuchung. Schmalenbachs Z betriebswirtschaftliche Forsch 49(9):790–806

Wellbrock W, Ludin D (Hrsg) (2019) Nachhaltiges Beschaffungsmanagement. Strategien – praxisbeispiele – digitalisierung. Springer Gabler, Wiesbaden, Germany

Wildemann H (1998) Entwicklungs-, Produktions- und Vertriebsnetzwerke in der Zulieferindustrie. Ergebnisse einer Delphi-Studie. TCW Transfer-Centrum, München

Wildemann H (2002) Das Konzept der Einkaufspotenzialanalyse: bausteine und Umsetzungsstrategien. In: Hahn D, Kaufmann L (Hrsg) Handbuch Industrielles Beschaffungsmanagement. Internationale Konzepte – innovative Instrumente – aktuelle Praxisbeispiele, 2. Aufl. Gabler, Wiesbaden, S 543–561

Wildemann H (2006) Global Sourcing – erfolgsversprechende Strategieableitung. In: Blecker T, Bellmann K (Hrsg) Wertschöpfungsnetzwerke. Festschrift für Bernd Kaluza. Unter Mitarbeit von Bernd Kaluza. Schmidt, Berlin, S 253–268

Wildemann H (2009) Einkaufspotenzialanalyse. Programme zur partnerschaftlichen Erschließung von Rationalisierungspotenzialen, 2. Aufl. TCW Transfer-Centrum, München

Wildemann H (2010) Einkaufscontrolling. Leitfaden zur Messung von Einkaufserfolgen, 7. Aufl. TCW-Verlag, München (Leitfaden/TCW Transfer-Centrum für Produktions-Logistik und Technologie-Management, 85)

Wildemann H (2015) Einkaufspotenzialanalyse. Leitfaden zur Kostensenkung und Gestaltung der Abnehmer-Lieferanten-Beziehung, 22. Aufl. TCW Transfer-Centrum, München

Winand U, Welters K (1982) Beschaffung und strategische Unternehmensführung. In: Szyperski N, Roth P (Hrsg) Beschaffung und Unternehmungsführung. Bericht des Arbeitskreises „Beschaffung, Vorrats- und Verkehrswirtschaft". Poeschel, Stuttgart, S 5–100

Wind Y, Mahajan V (1981) Designing product and business portfolios. Harvard Bus Rev 59(1):155–165. http://www.redi-bw.de/db/ebsco.php/search.ebscohost.com/login.aspx%3fdirect%3dtrue%26db%3dbuh%26AN%3d3867884%26site%3dehost-live

Wu Z, Pagell M (2011) Balancing priorities: decision-making in sustainable supply chain management. J Oper Manag 29(6):577–590. https://doi.org/10.1016/j.jom.2010.10.001

Zhu Q, Dou Y, Sarkis J (2010) A portfolio-based analysis for green supplier management using the analytical network process. Supp Chain Manag 15(4):306–319. https://doi.org/10.1108/13598541011054670

Ziegenbein A (2007) Supply Chain Risiken. Identifikation, Bewertung und Steuerung, 1. Aufl. vdf Hochschulverlag, Zürich

The manufacturer's authorised representative in the EU is Springer
Nature Customer Service Centre GmbH, Europaplatz 3, 69115 Heidelberg,
Germany. If you have any concerns regarding our products, please
contact ProductSafety@springernature.com

Printed and bound by CPI Group (UK) Ltd, Croydon, CR0 4YY
28/04/2026
02098502-0006